Rogers Brubaker
ロジャース・ブルーベイカー
佐藤成基／髙橋誠一
岩城邦義／吉田公記［編訳］

グローバル化する世界と
「帰属の政治」

移民・
シティズンシップ・
国民国家

明石書店

本書に収載された論文の翻訳権は、ブルーベイカー氏と
明石書店の間で直接取り結ばれた。

グローバル化する世界と「帰属の政治」
――移民・シティズンシップ・国民国家◉目次

第2部　「帰属の政治」と移民政策

第3部　認知的視座に向けて

凡例

・引用文献は表記の方法が第1～5章および第7章と第6章で異なっている。第1～5章および第7章では、本文内に丸括弧内に文献名の略記および引用箇所を示し、文末に「参考文献」を置いたが、第6章では、文献名および引用箇所を文末注で示している。これはそれぞれの原文のスタイルをそのまま踏襲したものである。

・読みやすくするために、原文にはない節や小見出しなどを挿入した箇所がある。

・原文で斜体字によって強調された箇所には傍点を付した。

・序章でブルーベイカーの著作・論文をゴチックで表記したが、これは原文にはないものである。

・訳者による注記は本文中の［ ］内に挿入した。

・各章は別々の論文として書かれたものだが、全体の統一感をとるために、原文の中で使われている「本論文では」などの語句は、「本章では」などのように変更してある。

序章　集団からカテゴリーへ
――エスニシティ、ナショナリズム、移民、シティズンシップに関する三十余年間の研究をふり返って

この本に収められた諸論文は、年来私が取り組んできたテーマと新たに芽生えてきた関心とをともに反映したものになっている。年来のテーマとはエスニシティ、ナショナリズム、移民、シティズンシップという相互に関連しあう諸問題をめぐるものである。また、新たな関心とは宗教的差異の政治に関するものであり、またエスニシティ、ナショナリズム、帰属の政治のトランスナショナルでグローバルな次元についてのものである。

三〇年を越える私の研究は、その関心の中心をエスニシティ、ナショナリズム、移民、シティズンシップに置いてきたが、それらと密接に関連する人種、言語、宗教、同一性と差異の政治などの問題

も扱ってきた。この領域に関する私の初期の著作は、チャールズ・ティリーが「大きな構造、大規模な変動、壮大な比較」（Tilly 1984）と呼んだ課題に取り組んだものになっている。『フランスとドイツの国籍とネーション』（Brubaker 1992=2005）では、フランスとドイツにおいて国籍《シティズンシップ》が移民に対してまったく異なった仕方で定義されたことについて説明しようと試みた。ドイツとフランスでの国籍をめぐる議論が、両国において歴史的に形成されたそれぞれに異なるネーション理解、すなわちフランスの国家中心的で同化主義的な理解とドイツのエスノ文化的で差異主義的な理解に結びついていたと私は論じた。より一般的に言えば、国籍を分析上の焦点に置き、それをヴェーバーの用語で言う社会的「閉鎖」の道具であり、その対象であると特徴づけることによって、領域的組織であると同時に成員《メンバーシップ》的結社でもある近代的国民国家の二重性、および内的に包摂的で外的に排他的な国籍の二重性について指摘したのである。

　現在の時点から見ると、同書でなされた分析には三つの主要な限界があったことを強調しておきたい。第一に、フランスとドイツの「ネーションの伝統」が論争の対象になり、支配的な文化的・政治的イディオムが対抗的なイディオムからの挑戦を受けていたことについても注意を向けてはいたが、ロジャース・スミス（Smith 2003）が「民の物語（stories of peoplehood）」と呼んだものの絶えず論争的で多義的な性質について、私は十分に強調してはいなかった。第二に、やがてその消滅が来ると繰り返し予測されているにもかかわらず、国民国家は同一化、帰属、組織化、政治的権威の主たる場であり、したがって広範囲にわたる研究にとっての適切な分析単位であり続けてはいるが、国民国家とそれぞれの「国民的モデル」を主要な分析単位に置く「方法論的ナショナリズム」の視座がもつ限界について、こんにちの私はよりはっきりと認識している。

第三の、そして最も重要な限界は、国家間の増大しつつある巨大な格差によって構造化された世界において、シティズンシップが生活機会《ライフチャンス》を形成するうえで果たす主要な役割を明らかにした一方で、『フランスとドイツの国籍とネーション』では現に存在する移民、すなわち繁栄し平和な国家の領土内に入国している人々の国籍へのアクセスに焦点を当てていて、潜在的な移民、すなわちまだ国家の領土内に入っていない人々については論じていないことである。しかしながらシティズンシップは、社会的閉鎖の道具として、潜在的移民の大多数がまずは領土内に足を踏み入れることを（非正規移民という不安定な地位においてでさえ）妨げることにより、国家の領域の外部においても深くかつ重要な作用を果たしている（Brubaker 2015: 19-21）。グローバルな次元において、繁栄し平和な国家の領土内で何千万もの住民が国籍を与えられていないという目に見える排除は、何十億もの非国民がそれらの国家の領土の中に入国できないという目に見えない排除に比べれば小さなものである。近代国家は厳格に封鎖されているわけではない。だが、領土の境界線は重要性を失うどころか、むしろ増している。二〇一五年にヨーロッパに大量の庇護申請者が流入したように、それと矛盾すると思われるようなエピソードがあるにしても。大多数の非国民を日常的に領土内から排除することによって、繁栄し平和な諸国の国民は広範な経済的・政治的・社会的・文化的な財や機会や自由（比較的クリーンな空気や水などの基本財だけでなく、公共の医療基盤、公共の秩序や治安などは言うまでもなく）の大部分を自分たちのために確保しておくことができる。国籍にもとづく領域の閉鎖が、こんにちの国家間の巨大な格差を生み出したというわけではない。だが、その格差を永続させる役割を果たしていることは事実である。

それは、人間の大部分を出生によって国に割り当て、縛り付けることによってなされる。このように割り当てられた地位（すなわち国籍）は、後続の世代にも持ち越される。国籍は単なる特権（「悪い」国籍をもつ人々にとってはハンディキャップ）ではない。それは相続された特権（あるいはハンディキャップ）であり、子の世代へと継承されるものなのである（Shachar 2009）。

私の次の著作『再フレーミングされるナショナリズム――新しいヨーロッパにおける民族問題とネーション』（Brubaker 1996, 未邦訳。以下、文献欄に記載のないものは未邦訳）において、地理的な焦点は東に移動した。だが、大規模な比較歴史・政治社会学の伝統の中には留まっている。同書は、共産主義以後と両世界大戦間期の東欧のナショナリズムを比較している。どちらのナショナリズムも、多民族国家が崩壊し、国民国家が誕生しようとしているなかで出現したものである。私が論じるところでは、これらのナショナリズムにおいて中心的な重要性をもつのは、(1)私が「民族化する国家」と呼ぶ国家、すなわちエスノ文化的に異種混在的でありながら、自らをエスノ文化的な意味での「中核民族」の国家であり、その「中核民族」のための国家として理解する国家、(2)民族化する国家において不満を抱く民族マイノリティ、(3)民族マイノリティが法的国籍によってではなくエスノ文化的な民族性によって帰属する外部の国家（「親族」国家ないし「祖国」国家）の三者のあいだのダイナミックな相互作用であった。民族化する国家のモデルを発展させ、他の国に住み、他の国の国籍を保有するエスノ文化的「親族」に志向する越境的ナショナリズムの独特な形態を明確にし、帝国の終焉によって常に起きる「民族的な脱混住化」による移住の社会的・政治的なダイナミズムを分析し、ネーションをエスノ人口学的な事実としてではなく、制度化された形式として、実践的カテゴリーとして、政治的主張として、また不確定な出来事として扱いながら、私はナショナリズム研究に対し、一貫してより関係論的でかつ構築主義的なアプローチの明確化に努めてきたのである。

私のその後の研究は新しい方向に向かった。それはマクロな次元での研究の限界や、私が「集団主義的」と呼ぶことになる実体論的な前提の強固さに対する不満を反映したものであった。この時期に書いた一連の分析的論文の多くが『集団なきエスニシティ』(2004a)に収録されているが、このなかで私はエスニシティ・人種・ネーションの研究での支配的な分析的立場について批判的に考察した。これらの論文をふり返るにあたり、そのなかの四つの論文をここで取り上げておこう。まず、同書と同名の論文「集団なきエスニシティ」は、「集団主義」(すなわち、境界づけられた集団を疑いの余地のない分析単位であり、社会的世界の基本的構成要素であるととらえる傾向のこと)への批判を展開し、境界づけられた集団を引き合いに出すことなくエスニシティを研究するための一連の戦略を提案した。この論文のタイトルは文字通りの意味で受け取ってはならない。エスニシティ研究のなかから集団概念を取り払うことが私の目的なのではなかった。私の目的は、集団としてではないエスニシティの作用の仕方について、エスニシティ研究の視点を広げることだった。境界づけられ、連帯している集団は、エスニシティの(より一般的には社会組織の)ひとつの様式である。しかしそれは様式のひとつにすぎない。「集団性(groupness)」は定数ではなく変数であり、あらかじめ前提とすることができないものである。それは想定上の集団ごとに異なるだけでなく、その内部でも変化する。それは強まることも弱まることもあり、例外的な(しかし持続不可能な)集合的沸騰の時点でその強度は頂点に達する。エスニシティはそのような例外時の集合性を必要とするものではない。エスニシティは境界づけられた集団において、境界づけられた集団を通じてのみ作用するわけではないし、また特にそのような作用の仕方が際立っているわけでもない。エスニシティはカテゴリー、図式《スキーマ》、出会い、同一化、用語法、物語、制度、組織、ネットワーク、出来事などにおいて、それらを通じて作用するものなのである。要するに、エスニシティの研究は（エスニック紛争の研究でさえ）、エスニック集団の研究に還元すべきではないし、エスニック集団の研究を中心に置くべきですらない。ドナルド・ホロヴィッツの権威ある（しかもなお不可欠な）著作（Horowitz 1985）のタイトルがそうであるにもかかわらず、エスニック紛争は常に「対立するエスニック集団」の問題ではない。

フレデリック・クーパーとの共著「「アイデンティティ」を越えて」は、人文社会諸科学において中心的かつ不可避な用語である「アイデンティティ」を批判的に分析したものである。「アイデンティティ」は多くの分析的研究において考察され、その多くが適切でありかつ重要である。しかし、この語はまた非常に曖昧であり、「ハード」な意味と「ソフト」な意味、集団主義的前提と構築主義的限定句、単一性と複数性、同一性と差異、永続性と変化などの含意のあいだで分裂している。私たちは、過剰に意味が込められ、きわめて意味が曖昧になっているこの「アイデンティティ」という語を批判的に分析した。単一で、持続的で、根本的な同質性を含意するような強い意味で理解されるならば、「アイデンティティ」はあまりに多くのことを意味しがちである。複数のアイデンティティ、流動的アイデンティティ、分裂するアイデンティティ、交渉されるアイデンティティなどのように弱い意味で理解されるなら、それはあまりに無意味になりがちである。この論文では、「アイデンティティ」という語によって行われてきた研究が、同一化とカテゴリー化、自己理解と社会的位置、共通性と結合といった多義性の比較的低い諸概念を組み合わせることによって、よりよい研究になると論じた。

「同化への回帰か？」（本書の第5章）は、一九七〇年代以後のリベラルな民主主義国での文化的異質性の理解と評価の方法における大規模な差異主義的（differentialist）転回を出発点にしている。この社会思想と公共政策でのムーブメントの結果として、様々な領域において「差異」に対する感受性が著しく高まり、「差異」の価値が認められ、「差異」が奨励されるようになった。この論文では、少なくとも移民の領域において、このムーブメントはすでに頂点を過ぎたと論じた。移民とその帰結に関する公共の言論、公共政策、学術研究において、緩やかな「同化への回帰」の証拠が見いだされた。私がここで「回帰」していると論じている同化は、分析上の信用度を失い、政治的にも評判の悪い、旧来の「同化主義的」に理解された同化ではなく、より分析的に複雑で規範的にも擁護可能なものとして理解されている同化である。

この論文が書かれてから二〇年近く経ったが、「同化への回帰」は強まり続けている。それは市民的統合を強調する新たな言論の風潮や、「並行社会」についての不安、強硬あるいは偏狭（illiberal）な形態のリベラリズムの台頭、より具体的には国籍テストの拡大や居住国の言語の習得の重視などに現われている。私が同化への回帰を指摘したことは正しかったが、それについての評価は今の私にはあまりに楽観的すぎたように思われる。大量のムスリム移民とその子孫の統合という重大な課題に直面したヨーロッパ諸国において、公共的言論や公共政策をめぐってますます中心を占めるようになっている偏狭なリベラリズムの形態の台頭を、私は予測していなかった。

「認知としてのエスニシティ」（本書の第6章）は、「認知的転回」の知的資源をエスニシティ・人種・ネーションの研究に持ち込もうとした論文である。認知的転回は、二〇世紀後半における人文諸科学での最も重要な知的発展のひとつであった。それは心理学を革新し、言語学での論争を再編し、人類学に新しい下位領域をつくり出し、人工知能や認知科学などの新たな研究分野を確立した。社会学においてもまた、認知的視座は新たな分析の方向性を切り開いた。しかし、エスニシティ研究においては、認知的転回はまだ始まったばかりであり、大部分が明示化されていなかった。マラ・ラブマンとピーター・スタマトフとの共著であるこの論文は、社会心理学と人類学における認知研究を参照しながら、エスニシティ研究で始まったばかりの認知的転回を強化し、拡張する方法を示唆したものである。認知的視座は、エスニシティ・人種・ネーションを非集団主義的な方法により、世界のなかの実体ではなく世界についての見方として概念化するための資源を提供する一方で、同時に現実における集団主義的な思考の根強さを説明することに役立つものであると私たちは論じた。

いま紹介した諸論文は、『トランシルバニアのある町におけるナショナリズムの政治と日常のエスニシティ』（Brubaker, Feinschmidt, Fox and Grancea 2006）のために協同で行った長期にわたるフィールドワークと並行して書かれたものである。それらの諸論文はこのフィールドワークの分析上の基礎になっているだけでなく、逆にフィールドワークが諸論文の素材にもなっている。マーギット・ファインシュミット、ジョン・フォックス、リアナ・グランシアとの共著であるこの本は、エスニシティとナショナリズムを「下から」と「上から」、ミクロ的視座とマクロ的視座の双方から研究しようとした試みであり、歴史的視座とエスノグラフィー的視座、制度的視座と相互行為的視座、政治的視座と日常経験的視座といった、ともに見られることのほとんどない対照的な視座を用いたものである。それはまた、エスニシティが深く根づき、強く政治化されている状況においてさえ、境界づけられた集団の用語法を引き合いに出すことなく、エスニシティの実りある分析が可能であることを示した試みでもあった。

このプロジェクトの出発点となったのは、クルージュというルーマニアの町（派手で挑発的なナショナリストであるルーマニア人の市長によって支配されている）における激しい感情をともなったナショナリズムの政治と、町の多数派ルーマニア人と少数派ハンガリー人たちに見られるエスニシティとネーションの日常的経験や実践とのあいだの著しいギャップであった。この本の第一部は、共産主義以後のこの町の政治化されたエスニシティの勃興を一連の歴史的文脈のなかに位置づけながら、ナショナリズムの政治を分析している。より長い第二部は「日常のエスニシティ」に焦点を当て、ルーマニア人であること、あるいはハンガリー人であることが日常生活において重要にな<ruby>っ</ruby>た場合（常に重要であるというわけではないが）、いかにして重要になっていたのかについて分析している。私たちは、人々が日常生活においてエスニシティやナショナリズムにとらわれることがなく、むしろ日々の生活のやりくりをすること、出世をめざすこと、（多くの人々にとって）生活から逃れることなどについての実用的関心にとらわれながら生活している様子を示した。しかしこの著作はまた、エスニシティやネーションが日常生活において、いつ、いかにして重要となるのかを説明している。例えば、日常的な自己あるいは他者を指し示す際のアイデンティティ同定のやりとり、どの言語を話すのか、あるいは異民族間で結婚する場合、いかに子どもを育てるのかという選択、ハンガリー人たちの学校、教会、メディア、社交サークルなどをともなった社会的並行世界（そこでこの町のほとんどのハンガリー人が暮らしている）の制度化された活動などの場面において、エスニシティやネーションが重要になるのである。『差異の根拠』（Brubaker 2015）は、『集団なきエスニシティ』の続編である。『集団なきエスニシティ』と同様、『差異の根拠』は文化的差異の社会的組織化と政治的表現に関する新たな視座を発展させようとしている。しかし、この論文集は新しい四つの研究の方向性から生まれたもので、その四つの方向性は現代の差異の政治にとってますます顕著になっている四つの文脈にそれぞれ関わっている。その四つの文脈とは格差の回帰、生物学の回帰、聖なるものの回帰、そしてエスニシティ・ナショナリズム・シティズンシップの政治におけるトランスナショナルでグローバルな次元である。

近年におけるアメリカ合衆国やその他の国における格差の劇的な拡大とリーマンショックによってもたらされた静かなる破壊は、新たに格差に対する公共的および学術的関心を集めた。もちろん格差は社会科学における永続的なテーマであり、社会理論や社会調査の対象として消滅したことはない。しかし、文化的・言説的転回に影響を受けた研究は格差よりも同一性と差異に、また資源の格差よりも承認の格差に関心を集中させた。人種、エスニシティ、ジェンダーの研究者たちも文化的転回に追従するあまり、分業、生産の組織化、強制手段の統制などに基礎づけられた構造的な格差の形態に対する注意力を失った。

最近の一〇年余り、差異の研究における文化的・言論的転回は頂点を過ぎたように思われる。そのことが、経済的危機と格差の悪化という文脈のなかで、格差の構造的源泉を差異の文化的次元に接続しなおすという試みへと私を駆り立てた。『差異の根拠』の冒頭の論文は、差異のカテゴリーが格差の生産・再生産にいかに関係してきたのかを分析することによって、この新たな研究に寄与している。この論文は、影響力のあるチャールズ・ティリーのカテゴリー的格差の理論を批判的に検討することから出発し、シティズンシップ、ジェンダー、エスニシティ（人種だけでなく、ある形態の宗教までをも含むように広く理解されたもの）のカテゴリーがいかに格差を生み出し、維持するように作用するのかを明らかにしながら、それぞれのカテゴリーのきわめて異なった作用の仕方について考察した。さらにこの論文は、搾取と機会の蓄積というティリーの議論に対する代替案として、差異のカテゴリーが格差の創出・再創出に向かう三つの一般的過程（人の地位への配分、人の社会的生産、地位の社会的定義）について素描する。

二つ目の主要なテーマは生物学の回帰である。二〇世紀の最後の数十年間、人種とエスニシティの学術的理解は決定的に「生物学を越える」方向へと動いてきたように思われる（一般人の理解はそうでないかもしれないが）。しかし、ヒトゲノム計画以後、生物学が大々的に回帰してきた。遺伝子にもとづいて人間の差異を理解し説明する方法が、エスニシティ・人種・ネーションに関する一般人の理解を再形成し、生物医学的研究の実践を変化させ、新たな種類の政治的主張を促し、すでに定説になっていたようにも思われた構築主義的な理論に挑戦しつつある。遺伝子にもとづく差異の説明は、人種とエスニシティの理解にとってきわめて曖昧な含意をもっている。一方で、それはアイデンティティに対する庶民の本質主義的な理解を強化する危険性があるが、他方では全人類の解消しがたい混交性や各個人の遺伝子的固有性（遺伝子情報にもとづく個別化医療が見込まれているように）を際立たせ、「純粋」ないし明確に境界づけられた集団の概念の解体へと寄与しうる。『差異の根拠』の第二章は、エスニシティ・人種・ネーションの理論と実践にとって「生物学の回帰」がもつ含意について考察している。

現代の差異の政治にとって十分に理論化が進んでいない第三の文脈は、聖なるものの回帰である。世俗化の理念は近代性《モダニティ》論のなかで中心的な位置を占めており、宗教社会学を組織化する主要なパラダイムになってきた。世俗化は理論家によって様々に理解されてきたが、一般的には⑴他の社会生活の領域からの宗教の分化、⑵宗教的信念ないし実践の衰退、⑶宗教の私事化という三つの過程のうちの一つ、あるいはそれ以上を意味するものである。ホセ・カサノヴァ（Cassanova 1994）が論じるように、分化を示す強い証拠はあるが、衰退を示す証拠は（ヨーロッパ以外では）薄弱である。私事化の仮説についての証拠は、興味深いことに相反するものを含んでいる。宗教（あるいはそれと近似する霊的なもの）は多くの人々にとって（西洋に限ったことではないが、特に西洋において）、ますます個人的で、主観的で、私的な物事に、すなわち公共的な場とは関係のない心の問題になってきた。しかし最近の数十年間、カサノヴァが「公共宗教」と呼ぶものの復活が目覚ましい。一世代前の世俗化論が予期していたことに反して、宗教は非政治化された私的領域のなかに安全に隔離され続けることを拒否するようになった。宗教は公共領域に入り込み、公共生活の組織化に関する主張を行うようになっているのである。

公共宗教の復活は、多様性や多文化主義、差異の政治などに関する私たちの理解の仕方にとって重要な含意をもつ。社会が世界中でより多様かつ多元的になっているということは自明になっているが、いかに社会がより多様になっているのかについてはほとんど説明がなされない。多様性についての議論は（学術的討議でも、より広い公共的議論でも）、問題となる多様性があたかも人種、エスニシティ、ジェンダー、セクシュアリティに限られたものであるかのように、しばしば宗教についてはきわめて無関心なままに進められている。しかし最も激しい争点となる多様性の形態（一部の政治理論家が「深い多様性」と呼ぶもの）は、ますます根源的に宗教的な世界観や宗教的な生活様式に根ざしたものになっている。

　宗教の研究とエスニシティ・人種・ナショナリズムの研究はほぼ別個の研究領域となってきた。両者のあいだでの実りある学問的交流もほとんどない。このような相互の分離は、双方の研究領域にとって不利なものであった。『差異の根拠』は、宗教をエスニシティとナショナリズムの研究により緊密に統合することにより、この分離を修正しようとしている。同書の第三章は、宗教的多元性の政治と言語的多元性の政治を比較することでその修正を行っている。宗教と言語はともに自己自身と他者とを同定する方法であり、宗教的および言語的共同体の名において承認、資源、再生産への主張が行われる。しかし、双方は異なった方法で政治化される。言語は広範に普及し、不可避性の程度が高く、また言語の再生産は政治権力に依存する度合いが高い。そのため、言語は（近代という条件において）宗教よりも広範に政治化される（しかも宗教はある程度私事化されることが可能である）。しかし宗教的伝統のもつ強固な規範の力と宗教的権威の至高性の主張ゆえに、宗教が公共の場に入れば、その政治化はより深淵で、より対立的なものになる。過去数百年間、言語は政治的に争点化される度合いがはるかに高かったが、西洋において宗教はそれほどでもなかった。しかし最近の数十年間、文化的差異の政治の最前線として、宗教が再出現してきたのである。

『差異の根拠』の第四章は、宗教とナショナリズムの関係を研究する四つの方法を指摘し、それについて批判的に分析した。第一の方法は、宗教とナショナリズム（エスニシティと人種を含めて）とを類比的現象として扱うものである。第二の方法は、その起源、力、特定の事例における固有の特徴など、ナショナリズムに関する事象を宗教によって説明する方法を明示するものである。第三の方法は、宗教をナショナリズムの一部として扱い、相互の浸透や絡み合いについて明示化するというものである。第四の方法は、ナショナリズムの特殊宗教的な形態を仮定するものである。この章は結論において、ナショナリズムを特殊世俗的な現象とする理解を考察しなおし、批判されることの多いこの理解を限定付きで肯定している。ナショナリズムと宗教はしばしば密接に絡み合っている。しかし、宗教の語彙とナショナリズムの語彙が相互に絡み合っているような場合でさえ、それぞれにおける正当化の根本的な論理と構造は異なっている。ナショナリズムの政治は「ネーション」の共有された公共的理解を前提にし、それを軸に展開される。この理解においては、ネーションは「それ自身」の政治組織体を獲得する権利をもち、その政治的権限は「ネーション」に由来するかぎりにおいて正当であるとされる。一面において、このような政治的論理と文化的理解の構造の発展と波及は、世俗化の過程によって、すなわち経済、社会、政治が宗教領域から分化し、それぞれの原理によって支配される自律した領域であるとする理解の発生によって可能になるのである。

「分析のカテゴリーと実践のカテゴリー」（Brubaker 2013）（本書の第7章）はヨーロッパの移民諸国におけるムスリムの研究を批判的に省察したものである。『差異の根拠』には収録されていないものの、この小論（もともとは学術雑誌『エスニシティ・人種研究（*Ethnic and Racial Studies*）』の「客員論説」として書かれたものである）は宗教と差異の政治に関する一連の研究に属するものである。「ムスリム」は分析のカテゴリーであると同時に社会的、政治的、宗教的な実践のカテゴリーとしてますます顕著なものとなり、また論争の多いものになっている。分析のカテゴリーと実践のカテゴリーは相互に使い回されている。そのため研究者にとっては、自分たちが用いるカテゴリーに対し、批判的で自己反省的なスタンスをとることが重要である。この論文は、実践のカテゴリーとしての（すなわち自己と他者の同定のカテゴリーとしての）「ムスリム」の使われ方が近年変化してきたことについて概観し、結論において分析のカテゴリーとしての「ムスリム」の使用法について注意喚起的な論評を行っている。

『差異の根拠』の最後の三章は、エスニシティ・ナショナリズム・シティズンシップの政治のトランスナショナルかつグローバルな次元に関連したものである。最近の二〇年間、多くの研究者がトランスナショナルないしポストナショナルな世界への根本的転換を想定してきた。彼らは、新しい交通通信のインフラストラクチャーが越境的なつながりを強化し、国境線を越えた人、財、メッセージ、イメージ、思想、文化的生産物の流れをコントロールする国家の能力を浸食していると論じた。彼らはまた、このような変化が国民国家の領域的・制度的枠組からアイデンティティ、忠誠心、主観的意識を切り離すことで、政治と文化の関係性を再編成しているとも考えていた。

「ディアスポラ」は、このような「ポストナショナル」と想定された世界における文化的差異の社会的組織化と政治的表現を理論化する試みにおいて、中心的なカテゴリーとして浮上してきたものである。「ディアスポラ」をめぐる発言が近年、学問の世界の内外で爆発的に広がった。しかし、このカテゴリーが蔓延するとともに、その意味は様々な方向へと拡張された。「「ディアスポラ」のディアスポラ」（Brubaker 2005=2009）（もとの論文は『エスニシティ・人種研究』に掲載され、その邦訳が二〇〇九年に公刊されている）は、このような近年のディアスポラをめぐる研究を批判的に考察したものである。この論文は意味論的・概念的・学問領域的空間におけるこの概念の「離散《ディアスポラ》」の跡をたどり、ディアスポラを構成すると理解され続けている三つの中核的要素（離散、祖国志向、境界維持）について分析し、ディアスポラを境界づけられた実体としてではなく、イディオム、スタンス、主張として扱うことを提案している。この論文はまた、帰属の組織化が近年において根本的に転換しているとする主張に疑問を投げかけている。その後退や衰微が繰り返し主張されているにもかかわらず、国民国家は急速にグローバル化しつつある世界においても依然として帰属の決定的要因であり、国民国家における帰属と、国民国家への帰属をめぐる闘争はメンバーシップ政治の最も重要な形態であり続けている。例えば、移民は国家のコントロールを逃れるどころか、ますます精巧な規制とコントロールを受けている。もちろん、これは国境が密閉されているという意味ではない。しかし国家が（あるいはヨーロッパのシェンゲン協定圏が）人の国境を越えた流れを規制する能力を失っているということを示す兆候はない。

たしかにディアスポラとトランスナショナリズムに関する研究は、忠誠心、アイデンティティ、主観的意識が領土の境界線を横断して展開している様を明らかにしている。しかしそれは、ナショナルなメンバーシップ政治の形態からポストナショナルなメンバーシップ政治の形態への転換をともなうものでもなければ、移民とメンバーシップの国家中心的な組織化の形態から、非国家的な組織化の形態への転換を引き起こすものでもない。国家と国境外の住民とのあいだの結合や国境外の住民の「祖国」国家への主張は拡大しているし、また強力にもなっている。しかしこのような外的メンバーシップの新たな形態は、国家を越えた《トランスステート》ものでもネーションを越えた《トランスナショナル》ものでもない。それはむしろ越境的ナショナリズムの形態なのである。それ自体として、この越境的ナショナリズムは国民国家モデルの適応と拡張であり、国民国家を越えたものではない。

「移民、メンバーシップ、国民国家」（本書の第1章）は、これらの越境的ナショナリズムの新たな形態を、国民国家におけるメンバーシップと帰属の政治のより広い文脈のなかに位置づけたものである。この論文は帰属の政治の内的次元と外的次元を区別している。内的次元は、継続して国家の領土的境界内に位置づけられながらも、国家のメンバーではない（または完全なるメンバーではない）ような人々に関わるものである。外的次元は、継続して国家の領土的境界と法的権限の外部に位置づけられながらも、国家と「その」国民《ネーション》に（ある意味で）帰属していると主張する（またはそう主張されている）人々に関わるものである。この論考は、帰属の政治の内的次元と外的次元の四つの源泉を指摘している。国境を越えた人の動き、人を越えた国境の動き、主流派住民とマイノリティ住民とのあいだの深く持続的な格差、帝国の残存する遺産《レガシー》がその四つの源泉である。

「ドイツと朝鮮における越境的メンバーシップの政治」（Brubaker and Kim 2011）（本書の第4章）もまた、トランスナショナルかつグローバルな次元に関する一連の研究に属している（しかしこの論文は『差異への根拠』には収録されていない）。ジェウン・キムとの共著であるこの論文は、冷戦期およびポスト冷戦期におけるドイツと朝鮮の国境外の民族同胞（東欧と旧ソ連に住むドイツ人、日本と中国に住む朝鮮人）への政策の変化を検討しながら、越境的ナショナリズムの二つの典型的事例を比較と歴史の視座から論じている。「民族的ドイツ人」と「在外朝鮮人」はしばしば前政治的で自律的なエスノ民族的実体として扱われ、ドイツと朝鮮の越境的なメンバーシップ政治はエスニック・ナショナリズムの明瞭な事例としてみなされてきた。しかしこの論文では、国境外の住民の「民族同胞」としての地位は所与のエスノ人口学的な事実ではなく、国境を越えた政治の場における表象・主張・闘争のなかで争点とされ、その闘争を通じて構築されたものであり、よってその政治的場のあり方に依存していること、そして国家がこの歴史的に特殊で多様な形態をとる政治的闘争にとって中心的であることを示している。

自己理解と主張提起のカテゴリーとしての「ディアスポラ」のグローバルな波及と制度化は、社会的・政治的理解の基本的諸カテゴリーのセットが波及し、制度化する広範な過程の一事例である。その諸カテゴリーのセットには、ネーション、エスニシティ、人種、宗教、先住者、マイノリティなどのカテゴリーが含まれていて、そのすべては多様な人々を概念化し、組織化し、構成する方法として、世界中で様々な形態と程度において制度化されてきた（Brubaker 2012）。これらが一緒になって、「近代のカテゴリー的基盤構造《インフラストラクチャー》」とも呼ぶべきもの（あまりに大げさすぎる標語は危険だが）の一部を形づくっている。

近年、「複数の近代」に関する活発な研究（Eisenstadt 2000; Spohn 2003）が、西洋起源の諸制度や文化的理解の単一のパターンへの収斂という考え方に挑戦してきた。そしてこの研究は、制度的パターンおよび文化的・政治的なプログラムやモデルの解消不可能な多様性を強調している。『差異の根拠』の最後の章「ナショナリズム、エスニシティ、近代」（本書の第3章）は、持続する制度的・文化的な多様性を十分に認識しながらも、エスニシティとナショナリズムに関する「単一の近代」の主張の妥当性を唱えている。「単一の近代」の視座は、ナショナリズム、エスニシティ、人種、およびそれに関連したカテゴリーを文化的理解、社会的組織化、政治的主張提起の基本形式として生み出し、維持してきた社会経済的・政治的・文化的な過程のグローバルで相互に連結しあう性質に焦点を当てる。またこの視座は、様々な形態のナショナリズムや政治化されたエスニシティに文化的・制度的資源を提供する修辞的イディオム、組織形態、政治的テンプレートのセットがワールドワイドに波及していることを明らかにする。

ネーション、人民《ピープル》、シティズンシップといった相互に関連しあうイディオムは（人種、宗教、権利、革命などのイディオムと同様）、著しく融通無碍で適応性が高い。それらは政治組織体を正当化するために用いられるだけでなく、その正当性に挑戦し、新たな政治組織体を要求し、あるいは既存の政治組織体内での自治や資源の分け前を主張するためにも用いられる。抽象的カテゴリーとしてのネーションや人民《ピープル》は、様々な方法で想像されうる。例えばネーションは国籍、歴史、言語、血統、人種、宗教、生活様式、あるいは共有された政治経験などに基礎づけられたものと理解される。「単一の近代」の視座は、ネーション、人民《ピープル》、シティズンシップなどからなる近代の思想と制度形態の「パッケージ」の中核的要素と、その融通無碍な適応性や絶えざる論争性の双方を理解可能にする。

本書は「ネーションの名において」（Brubaker 2004b，本書の第2章）というもうひとつの論文を収録している。この論文は、規範的な問題に直接取り組んでいるという点において、他の論文とはやや異なった位置にある。ネーションをエスノ文化的事実ではなく政治的主張として扱うことで、この論文は「ネーション」が実践のカテゴリーとして、政治的イディオムとして、また主張としていかに作用するのかを考察している。「ネーションの名において」語るとは何を意味するのか。またそのような実践をいかに評価すべきなのか。この論文では、「ネーション」を時代錯誤で擁護不可能なカテゴリーであるとする、あるいは少なくともきわめて疑わしいカテゴリーであるとする広く受け入れられた見方に異を唱えながら、現代アメリカの文脈においてナショナリズムと愛国主義の包摂的な形態を限定付きで擁護する議論の概略について述べている。ナショナリズムと愛国主義はシティズンシップのより強固な形態を発展させることに役立ち、再配分的な社会政策を支援し、移民の統合を促進し、さらには攻撃的な単独行動主義に走る外交政策の展開を抑制する役割さえ果たしうるとこの論文では論じている。アメリカ合衆国や他の国で排外主義的でポピュリスト的なナショナリズムが高まっている現在、ナショナリズムの言論が排除への可能性をもつことについてあらためて注意を促す必要などないだろう。しかし「ネーション」への排外的な訴えに驚かされている人々は、ネーションを完全に放棄してしまうのではなく、それへの代替となるネーション理解（代替となる「人民の物語」）を提案すべきであろう。「ネーション」は、排外的ナショナリストに譲り渡してしまうにはあまりに重要なカテゴリーだからである。

私の近著『トランス――不安定なアイデンティティの時代におけるジェンダーと人種』（Brubaker 2016）は、文化的差異の社会的組織化と政治的表現に関する私の研究を拡張し、身体的差異の社会的組織化と政治的表現をも含めたものになっている。二〇一五年夏、（オリンピックの金メダリストのブルース・ジェンナーとして知られていた）ケイトリン・ジェンナーがトランスジェンダーとしてカミング・アウトした直後、全国黒人地位向上協会（NAACP）の幹部で政治活動家のレイチェル・ドレザルが彼女の両親によって白人であると「公表」された。それによりアメリカでは、ジェンダーと人種の流動性に関する激しい論争がメディア上で引き起こされた。もしジェンナーが正当に女性として同定することができるのであれば、なぜドレザルは正当に黒人として同定することができないのか。この書は「トランスジェンダー」と「トランスレイシャル」という論争的な一対の概念を出発点に置きながら、安定的かつ生まれつきで曖昧さがないと長らく理解されてきたジェンダーと人種が、いかに過去数十年間、異なった方法と程度において、変更と選択の力にさらされるようになってきたのかについて描いている。トランスジェンダーのアイデンティティは、目のくらむスピードで周辺から主流へと上昇し、エスノ人種的な境界は不鮮明になった。逆説的なことに、性は人種よりもはるかに深い身体的基礎をもっているにもかかわらず、性やジェンダーの選択や変更は人種の選択や変更よりも広く受け入れられている。しかし、ドレザルの黒人であるという主張を受け入れる者はほとんどいないにもかかわらず、人種的アイデンティティはますます流動的になっている。祖先の系譜は血統上ますます混じりあったものとして理解されるようになり、アイデンティティを人種的に規定する権威を失っている。人種とエスニシティは、ジェンダー同様、単に私たちがもつものとしてではなく、私たちが行うものでもあると理解されるようになっているのである。人種とエスニシティをトランスジェンダー経験の多面的レンズ（そこにはあるカテゴリーから別のカテゴリーへの移動だけでなく、既存のカテゴリーのあいだの中間的な立ち位置や既存のカテゴリーを越えた立ち位置が含まれる）を通して再考することにより、同書『トランス』では人種カテゴリーの可塑性、不確定性、恣意性を強調している。

ジェンダーの問題に持続的に取り組んだことは、私の研究に新しい展開をもたらした。しかし基本的な社会的カテゴリーの作用への関心は私の研究を統合する一貫した特徴である。ピエール・ブルデューによる実体論的思考への批判に従いながら、私は集団ないし実体からカテゴリーへの視点の転換を試みてきた。例えば「市民」「ネーション」「人種」「エスニシティ」「宗教」「言語」「ジェンダー」などを集団ないし実体としてではなく、それらを認知的に把握するカテゴリーとしてとらえようという視点への転換である。集団ではなくカテゴリーを出発点とすれば、問われる問題も異なってくる。集団を起点とするのであれば、その集団は何を欲しているのか、その集団は自分たちや他の集団の人々をどのように考えているのか、その集団は他の集団との関係のなかでどのように行動するのかなどが問われることになる。そうなると私たちは、ほぼ自動的に、集団に行為者性、利害関心、意志などを帰属させる実体論的な用語法によって誘導されてしまうのである。カテゴリーを起点とするのであれば、私たちの関心の焦点は実体ではなく過程や関係へと導かれる。それにより私たちは、いかに人々や組織がカテゴリーを用いて物事を行っているのか、いかにカテゴリーが社会的相互作用を水路づけ、常識的な知識や判断を組織化しているのかを明示し、カテゴリーがたどる組織上および言論上の経路、すなわちカテゴリーが行政的ルーティンにおいて確立され、神話・記憶・語り《ナラティブ》のなかに埋め込まれる諸過程を分析することができるのである。そこで私たちは、カテゴリーの政治を「上から」の視点と「下から」の視点の双方から研究することができる。「上から」の視点において、私たちはカテゴリーがいかに提起され、宣伝され、課され、制度化され、言論上明断化され、組織上確立されたものになるのかを研究することができる。「下から」の視点において、私たちはいかにカテゴリー化された者が彼らに課されたカテゴリーを占有し、内面化し、破壊し、回避し、変化させるのかを（すなわちカテゴリーの「ミクロ政治」を）研究することができる。

誰がどのカテゴリーにアクセスできるのか、そして誰がそのカテゴリーに属するメンバーのために確保されている社会空間、法的・政治的権利、社会経済的機会にアクセスできるのか。誰がカテゴリーの境界を管理《コントロール》し、巡視《パトロール》しているのか。いかに時間とともにカテゴリーの境界は変化するのか。いかに新たなカテゴリーが（そしてそのカテゴリーによって名づけられた新種の人々が）成立するのか。（人種やジェンダーのように）生物学的あるいは文化的に継承されていると一般に理解されているカテゴリーのメンバーになろうとする場合、その選択にはどの程度の限界があるのか。濃密な分類の格子《グリッド》が交差する世界において、カテゴリーの中間やカテゴリーを越えた立ち位置で生きることは可能なのか。これらの問いが『トランス』という本の中核にある。しかしこれらの問いはまた、三〇年以上にわたり私の研究を意義づけてきたものでもある。

【参考文献】

Brubaker, Rogers., 1992, *Citizenship and Nationhood in France and Germany*, Cambridge, Mass.: Harvard University Press.［=2005，佐藤成基・佐々木てる監訳『フランスとドイツの国籍とネーション――国籍形成の比較歴史

社会学』明石書店〕
——., 1996, *Nationalism Reframed: Nationhood and the National Question in the New Europe*, Cambridge and New York: Cambridge University Press.
——., 2004a, *Ethnicity without Groups*, Cambridge, Mass.: Harvard University Press.
——., 2004b, "In the Name of the Nation: Reflections on Nationalism and Patriotism," *Citizenship Studies* 8(2): 115-27.〔=本書第2章〕
——., 2005, "The 'Diaspora' Diaspora," *Ethnic and Racial Studies* 28: 1-19.〔=2009，赤尾光春訳「「ディアスポラ」のディアスポラ」臼杵陽監修，赤尾光春・早尾貴紀編集『ディアスポラから世界を読む――離散を架橋するために』明石書店，三七五－四一〇頁〕（*Grounds for difference* に再録）
——., 2012, "Principles of Vision and Division and Cohort Succession: Macro-Cognitive and Demographic Perspectives on Social Change," Paper presented to Successful Societies Research Program, Canadian Institute for Advanced Research, May 12, 2012.
——., 2013, "Categories of Analysis and Categories of Practice: a Note on the Study of Muslims in European Countries of Immigration," *Ethnic and Racial Studies* 36: 1-8.〔=本書第7章〕
——., 2015, *Grounds for Difference*, Cambridge: Harvard University Press.
——., 2016, *Trans: Gender and Race in an Age of Unsettled Identities*, Princeton: Princeton University Press.
Brubaker, Rogers., Margit Feischmidt, Jon Fox and Liana Grancea., 2006, *Nationalist Politics and Everyday Ethnicity in a Transylvanian Town*, Princeton: Princeton University Press.
Brubaker, Rogers and Jaeeun Kim., 2011, "Transborder Membership Politics in Germany and Korea," *Archives Européennes de Sociologie/European Journal of Sociology* 52(1): 21-75.〔=本書第4章〕
Casanova, José., 1994, *Public Religions in the Modern World*, Chicago; London: University of Chicago Press.
Eisenstadt, S. N., 2000, "Multiple Modernities," *Daedalus* 129(1): 1-29.
Horowitz, Donald., 1985, *Ethnic Groups in Conflict*, Berkeley: University of California Press.

Shachar, Ayelet., 2009, *The Birthright Lottery: Citizenship and Global Inequality*, Cambridge, Mass.: Harvard University Press.

Smith, Rogers., 2003, *Stories of Peoplehood: The Politics and Morals of Political Membership*, Cambridge and New York: Cambridge University Press.

Spohn, Willfired., 2003, "Multiple Modernity, Nationalism and Religion: A Global Perspective," *Current Sociology* 51: 265-86.

Tilly, Charles., 1984, *Big Structures, Large Processes, Huge Comparisons*, New York: Russell Sage Foundation.

第 1 部

グローバル化する世界と国民国家

第1章　移民、メンバーシップ、国民国家

1.「国民国家」というカテゴリー

国民国家について語るとき、私たちは果たして何について語っているのだろうか。国民国家という語は、相互に（名目上の）独立を承認しあうすべての政治組織体を指すのにしばしば用いられている。しかし分析的に見ると、この用語法は曖昧なものである。なぜなら、この政治組織体は、国家とネーションを構成するすべての根本的な次元と側面においてきわめて多様なものだからである。すなわち国民国家は、規模、構造、強さ、能力、富、結合力、文化的同質性、その他あらゆる次元・側面において多様なのである(1)。

分析上、より興味深いのは、「国民国家」が分析的あるいは規範的な理念型を指すための語として

用いられていることである。分析的な理念型としての国民国家が政治的・社会的・文化的組織のモデルであるのに対し、規範的な理念型としての国民国家は政治的・社会的・文化的組織のためのモデルである。(2) 前者の意味において「国民国家」は分析のカテゴリーであり、社会的世界を理解するのに用いられる。後者の意味において、それは社会的世界を構成する実践のカテゴリーであり、社会的世界を形成・再形成する闘争のなかで用いられる現代政治の用語目録の中核となる語である。(3)

いずれの場合においても、すなわち社会科学の分析的イディオムとしても、現代政治の実践的イディオムとしても、「国民国家」はきわめて理念化されたかたちでしばしば理解され、表象される。ここで言う「理念化」とは、何より論理的な意味においてであり、必ずしも規範的な意味においてではない。国民国家を厳しく批判する者でさえ、「国民国家」の基本的な「論理」や性質をとらえるものとされる理念化された概念モデルを引き合いに出す。

国民国家の理念化された概念モデルは、フランス革命期に姿を現わし、その後ほぼ二世紀のあいだに理論的省察と政治的実践の双方を通して精緻化されたものであり、国民と国家の緊密な連結ないし一致を仮定している。より明確に言うと、このモデルは国家の領土、ネーションの領域、ネーションの文化、市民などを結びつける一連の地理的配置や一致の原理を前提に置いている（Wimmer 2002: Chapter 3; Brubaker 1990: 380-1）。このモデルによると、実在する領域組織としての国家の境界は、「想像された共同体」（Anderson 1991）としてのネーションの境界と一致すべきであるとされる。政治組織体と文化は一致すべきである。すなわち、特有の国民文化が国家の領土にくまなく普及しながらも、その範囲は国家の境界線までで留まるべきであり、国家の内部は文化的に同質だが、国家のあいだには明確な文化的境界があるべきとされる。また、国家の領土と国民（citizenry）とは一致すべきである。すなわち、国家のすべての永住者が完全な国民であり、すべての国民が理想的にはその国の居住者であるべきとされる。最後に、文化的ナショナリティと法的シティズンシップ（国籍）とは同一の広がりをもつべきである。すなわち、すべてのエスノ文化的ネーションのメンバーは国民であり、またすべての国民はエスノ文化的な意味でのネーションのメンバーであるべきとされる。

このモデルは、移動とメンバーシップに対して重要な論理的帰結をもたらす。国民国家は垂直的・水平的の両面で、内部は流動的だが外部に対しては境界づけられた空間として解釈される。それは、地理的かつ社会的な移動が自由な空間である（Gellner 1983）。しかし、地理的な移動（例えば財、思想、メッセージ、文化的パターンの流通）は明確に境界づけられていると理解される。国民国家の内部における移動は通常のことであり、また（労働力や住宅の市場の円滑な機能や文化的な同質化に寄与するがゆえに）促進されるべきことでもあるが、国民国家間の移動は例外的である。移動をめぐる現実の制度が、このように理念化されたモデルに近いかぎり、移動は国家内の同質性および国家間の異質性と相互に結びつけられる。つまり、人の内的な移動は内的な文化的同質性の原因であるとともに結果なのであり、同じように移動にとっての外的障壁も国家間の文化的差異の原因であるとともに結果なのである。

2. 帰属の政治

この理念化された国民国家の概念モデルは、グローバル化するトランスナショナルな世界における帰属の政治にとって何らかの意義をもつものだろう。しかし、これから私が論じるのは、そのモデルがこんにちにおけるメンバーシップや帰属の政治の主な特徴を明らかにするのに役立つだけでなく、こんにちの帰属の政治を引き起こすのにも寄与しているということである。そのモデルは、政治的・社会的・文化的組織のモデルとしては時代遅れになっているが、政治的・社会的・文化的組織化のためのモデルとしては依然として重要である。文化と政治組織体、永住と完全なメンバーシップ、そして文化的ナショナリティと法的シティズンシップのあいだの一致の確立あるいは回復の要求は、こんにちの帰属の政治に意味や大義名分を与え続けている。その要求の一部はこんにちの状況に適合するよう再解釈されてきたが、そうした再解釈は、国民国家の概念モデルが乗り越えられたというよりも、その柔軟な適応力を示しているのである。

まずは、四つの区別をすることから始めよう。第一に、私が論じる帰属の政治は、国民国家レベルについてだけであり、他の次元や場のものではない。広い意味における帰属の政治は、きわめて多種多様な場で行われる。「誰が帰属するのか」という問いは、都市、地域、職場、クラブ、結社、教会、労働組合、政党、部族、さらには家族といった様々な場で論争の対象となるものであり、それゆえに広い意味において政治化されるのである（Walzer 1983; Bauböck 2003）。

しかし、国民国家はメンバーシップをめぐる論争の場の一つにすぎないものの、他にはない意義をもち続けている。実際、より歴史的な視角から見ると、国民国家は帰属の場としてますます重要になってきたと見ることができる。なぜなら、直接的、介入的、集権的になっていく統治様式の発展が、「メンバーシップの国家化（étatisation）」と呼ばれるもの（ミシェル・フーコー〔Foucault 1984: 318〕に依拠したジェラール・ノワリエルの議論〔Noiriel 1997: 28〕にならう）を引き起こしたからである。それまで他の組織や集団が行ってきた財の供給（もし供給されていればの話だが）を国家が引き継ぐようになったことで、多くの重要な財へのアクセスが、国家のメンバーシップ［すなわち国籍や永住資格等］をもつかどうかによって媒介されるようになったのである（Loveman 2005）(4)。

第二に、国民国家におけるシティズンシップの政治と国民国家への帰属の政治は、実践的にはしばしば密接に関連しているものの、分析的には区別することができる。周辺化されたあるいはマイノリティの住民に対し、彼らの形式的な国家のメンバーシップについて疑問や異論が出されることはない。彼らは何の曖昧さもなくただ一つの国家、すなわち彼らが居住している国家に帰属している。しかしそのような場合でも、彼らの実質的なメンバーシップやシティズンシップの地位についてはしばしば疑問や異論が出される。すなわち、彼らがシティズンシップの実質的な諸権利にアクセスでき、それらを享受できるのかどうかや、彼らを想定上の「国民社会」の完全なメンバーとして実質的に受け入れるのかどうかについて、疑問や異論が提起されることは少なくない。このような場合、帰属の政治は少なくとも直接的な意味で移民によって引き起こされたものではなく、様々な形態の社会的閉鎖・差別・周辺化によって引き起こされているのである。例えば、T・H・マーシャル（Marshall 1950）やラインハルト・ベンディクス（Bendix 1977）の研究と結びついて発展した戦後初期のアングロ・アメリカン系のシティズンシップの政治社会学は、このような実質的な市民的帰属を論じていた。具体的には労働者階級（彼らの国民国家での形式的メンバーシップには疑問の余地はなかった）の市民的編入についてである。また、その流れを汲むタルコット・パーソンズの研究では、アフリカ系アメリカ人の市民的編入が議論された（Parsons 1965）。

帰属の政治が移民に反応して起こる場合でさえ、国家への形式的帰属の政治と、国家における実質的メンバーシップないしシティズンシップの政治とを区別することができる。例えばヨーロッパにおける移民労働者の市民的・政治的・社会的権利に関する多くの研究は、形式的帰属ではなく実質的シティズンシップ（すなわち「市民権」）について論じてきたが、そこでの焦点は、国家における特定のメンバーシップの地位に依存しない権利である（Brubaker 1989; Soysal 1994; Chauvin and Garcés-Mascareñas 2012）。

第三に、帰属の政治のフォーマルな側面とインフォーマルな側面とを区別したい。例えば法律上の国籍（つまり国家のメンバーシップ）のように、コード化されたフォーマルな規則を用いて専門の職員が管理しているメンバーシップがある。しかし、よりインフォーマルな意味でのネーションのメンバーシップは、専門の職員ではなく普通の人々によって、帰属する者とそうでない者、つまり私たちと彼らについての暗黙の了解にもとづいて日常生活のなかで管理されている[5]。同一化とカテゴリー化、包摂と排除にまつわるこうしたメンバーシップをめぐる日常的実践は、コード化された公式でフォーマルなメンバーシップの形式と一致しないことがしばしばである。「ペーパーフランス人（français de papier)」という表現に示されるように、フォーマルには包摂されていても、インフォーマルには排除されているかもしれない。あるいは、非正規移民がNGOや学校、教会など地域の組織から支援を得てきた事例に関する研究が示唆するように、フォーマルには排除されていても、インフォーマルには包摂されていることもありうる(6)。

第四は以下の議論で最も重要なものだが、帰属の政治の内的な次元や場と、外的な次元や場とを区別したい。内的な帰属の政治とは、国家の領土内にいながらも（完全に）その国家の成員ではない人々、あるいは彼らのメンバーシップの条件に異議が唱えられるような人々に関わるものである。外的な帰属の政治とは、国家の領土や統治範囲の外部にいながらも、国家やその国家の国民《ネーション》への何らかの意味での帰属を主張する（あるいは主張される）人々に関わるものである。

こうした内的な帰属の政治と外的な帰属の政治は、三つのかたちで結びつけられる。

まず第一に、内的な政治と外的な政治は、国家間で相補的に結びつくことがある。すなわち、ある国家において内的メンバーシップの政治の焦点となる人々が、別の国家で外的メンバーシップの政治の焦点になることがある。こうした相補的な結合は、しばしば移民を通じて発生する。例えばメキシコ人移民やその子孫の場合、彼らはアメリカ合衆国では入移民《イミグラント》として内的な帰属の政治の主体になるが、メキシコでは出移民《エミグラント》として外的な帰属の政治の主体であり客体となる（Fitzgerald 2009）。しかし移民が発生していない場合でも、内的メンバーシップ政治と外的メンバーシップ政治が相補的に結びつくことがある。冷戦後の東ヨーロッパを例にとると、ハンガリー系エスニック・マイノリティは、ハンガリーの近隣国において内的な帰属の政治の焦点であると同時に、ハンガリー自体においても外的な帰属の政治の焦点である（Brubaker et al. 2006）。

第二に、内的な帰属の政治と外的な帰属の政治は、ある特定の政治的状況において特定の国家の内部で絡み合うことがある。例えば、一九九〇年代のドイツの事例がある。この時、東ヨーロッパや旧ソ連からの民族的ドイツ人移民（いわゆるアウスジードラー）の特権的な移住やシティズンシップの地位をめぐる議論が、ゲストワーカーやその子どもたちをシティズンシップから排除するドイツ国籍法のあり方をめぐる議論と複雑に絡み合うことになった。アウスジードラー（特に増加している旧ソ連からのアウスジードラー）のドイツ語能力の低さは、ゲストワーカーのドイツ生まれの子どもたちが話す流暢なドイツ語と比較されることになった。そこで次の問題が浮上した。アウスジードラーはドイツ語をほとんどあるいはまったく話せないにもかかわらず、完全なシティズンシップにくわえ特権まで享受している一方で、トルコ系ゲストワーカーの子どもたちはドイツで生まれ育ち、流暢なドイツ語を話すにもかかわらず、その大部分が外国人のままであるのはなぜなのか、と。

第三に、内的な帰属の政治と外的な帰属の政治は、時系列的に結びつけられることがある。この結びつきは、国家の外的メンバーシップの政治によって、外部メンバーの入移民が促進・誘発されるときに起こる。大規模な再移住による外部メンバーの内部化は、彼らが完全に統合されず受け入れられない場合（いつもそういうことが起きている）、あるいは彼らが受ける特権や給付が憤慨をもたらしたり異論を申し立てられたりする場合、新たに内的なメンバーシップ政治を引き起こすことになるだろう。ここでもまた、東ヨーロッパ出身の民族的ドイツ人に対するドイツの政策が例となる。一九五〇年代の外的なメンバーシップ政治では、国境外の民族的「親族《キン》」に対する移住や国籍上の特権が確立されたが、冷戦期の出国制限のため、再移住者の流入は限定的だった。一九八〇年代末になると制限が解除され、再移住者の大規模な流入が起きた。そして、彼らが享受した様々な特権や給付、さらには統合の明らかな欠如が原因で、内的なメンバーシップ政治が新たに引き起こされ、彼らの特権的な編入条件が争点化されたのである（Brubaker and Kim 2011 = 本書第5章）。

3．理念化されたメンバーシップ・モデルと帰属の政治

先に述べたように理念化された国民国家の概念モデルの中心には、領土と国民の一致、国家とネーションの一致、政治組織体と文化の一致、法的なシティズンシップとエスノ文化的なナショナリティの一致などの一連の一致の原理がある。もちろん実際には、そうした一致が完全に実現することはめったにない。しかし、その理念化されたモデルに意味がないというわけではない。理念化されたモデルを明示的・暗示的に参照することで問題のあるものとして表象される、このような一致の欠如こそが、内的な帰属の政治と外的な帰属の政治の双方を引き起こすのである。

先に素描した一致に特徴づけられる「完璧」な（規範的にではなく論理的あるいは概念的な意味で）国民国家から成る仮定の世界では、メンバーシップ政治は存在しないだろう。なぜなら、誰がどこに帰属しているかは明らかなのだから。メアリー・ダグラスの言う「場違いの問題」（Douglas 1994）が存在しないのであれば、国民国家への内的あるいは外的な帰属の政治も存在しないのである。

また、国民国家におけるメンバーシップの政治も存在しないだろう。こうした「完璧」な国民国家から成る仮定の世界には、周辺的で未編入のマイノリティ住民は定義上いない。そこでの国民国家とは、理念化された概念モデルが表象するもの、そのものである。すなわちそれは、階級、地域、エスニシティ、カーストなどによる根本的な分裂のない未分化で流動的な全体性、内部において平等で移動のある空間、そして内的には同質的で外的には境界づけられた社会文化的・社会政治的な領域なのである。

当然のことだが、現実の国家はこのように理念化されたモデルに合致していない。どのように合致しないのかを明らかにすることで、内的および外的な帰属の政治をもたらす要因を特定するのに役立つだろう。移民は、最もわかりやすい要因である。移民によって、移住先の国家に多少なりとも永続的な居住者が相当数発生することを考えれば、理念化された国民国家モデルの中心となる一致を移民がいかに攪乱することになるのかは容易に理解できる。しかし移民について議論する前に、内的・外的な帰属の政治をもたらすその他三つの布置状況について説明したい。

第一の布置状況は、帝国解体後に特徴的なものである。そこで内的および外的なメンバーシップ政治は、国境を越える人々の移動ではなく人々を越える国境の移動によって生み出される。そのような状況の古典的な事例としては、多民族的だったハプスブルク帝国、オスマン帝国、ロマノフ帝国の解体後の戦間期の中東欧があり、また同じような状況が一九九〇年代のソ連、ユーゴスラビア、チェコスロバキアの解体によってつくり出された。帝国解体の後、政治空間が大規模に再編成され、それまでの広域的な多民族国家の領域に国民国家を自称する新しい（あるいは新たに再編された）一連の国家が発生したことにより、常に多くの住民が新しい国民国家の境界の「間違った」側に取り残されることになった。これらの住民は、居住や（通常は）法的な国籍にもとづいてある国家に帰属しつつ、他方でエスノ文化的なナショナリティにもとづいて近隣の国家に帰属する。そして、このようなエスノ文化的なナショナリティと法的な国籍との一致の欠如が、内的および外的双方の帰属の政治を発生させるのである。ポーランドやチェコスロバキアといった国々における大規模な民族的ドイツ人マイノリティは、戦間期の最も重要な例である。彼らは、居住国では内的な帰属の政治の、またヴァイマル・ドイツとナチス・ドイツに対しては外的な帰属の政治の主体であり客体だった。ポスト冷戦期の状況において、大規模なロシア人やロシア語話者のマイノリティがウクライナ、カザフスタン、エストニア、ラトビアなどのソビエト後継国家では内的な帰属の政治に参加し、またロシアに対しては外的な帰属の政治に参加した（Brubaker 1996; 2011）。

第二の布置状況では、ある国家での内的な帰属の政治と他の国家での外的な帰属の政治とのあいだで、帝国解体後の状況に見られるような相補的な結びつきは発生しない。ここで争点になるのは、外部に「祖国」をもたない周辺的ないしマイノリティ住民たちのメンバーシップの地位である。そこでの帰属の政治は、国境を越えた人々の移動や人々を越えた国境の移動によってではなく、（地理的空間でなく社会的空間における）移動の欠如によって生み出される。アーネスト・ゲルナーは、これを「エントロピーへの障害」と呼んだ。これは、社会空間における「個人の無規則的・エントロピー的な移動と拡散の必要性」により農業社会の固定的な構造、階層的分断、下位集団が国民国家の「流動的な全体性」のなかで浸食されていくという近代の一般的傾向に抵抗する特徴・構造・過程のことを意味している（Gellner 1983: 63-4）[7]。エントロピーに抵抗する集団は、「社会全体に均等に分散している」のではなく「社会全体のどこか一部分」、ここでの関心に即して言えば特に社会空間の低層に集中している（Ibid.: 64-5）。ゲルナーにとって重要になるのは、エスノ人種的または一部のエスノ宗教的に固有な特徴をもった人々（例えばアフリカ系アメリカ人やヨーロッパのムスリム移民とその子どもたち）の事例である。なぜなら、人種的および（場合によっては）宗教的な特徴は、経済的・社会的空間における不均等な配分と結びつきながら、しばしば世代を越えて持続するからである。こうした状況は、流動的で平等主義的な社会空間としての国民国家という理念化された概念モデルの基準から見ると主要な例外的事態となる。そのため、これらの集団の実質的なメンバーシップやシティズンシップの地位をめぐる内的な帰属の政治が生み出されるのである[8]。

内的なメンバーシップの政治をもたらす第三の状況は、帝国の遺産《レガシー》の残存である。帝国の遺産は、しばしば都合よく忘却されたり周辺化されたりする（Kymlicka 1995: 20ff.）[9]。アメリカの文脈で言えば、移民国家という自己表象において見落とされた人々がいる。「彼らの祖先は、合衆国に自発的、あるいは非自発的にやって来たのではない。そうではなく、合衆国が大陸を横断し、さらにはカリブ海・太平洋地域へと容赦なく拡大するなかで彼らのもとにたどり着いたのである」（Thernstrom 1983: 248, quoted in ibid.: 21; Mann 2005: Chapter 4）。当初、征服によって編入された人々は、殺害や疫病、死に至るような苛酷な移送によって絶滅させられたり、完全に統合・同化させられたりしていなければ、内的メンバーシップ政治の対象になりうる。その政治は二つのレベルで行われる。一つは大規模な政治組織全体のレベルであり、もう一つは大規模な政治組織体によって自治や（制限付きの）主権が承認された小規模の編入政治組織体（アメリカの文脈で言えば、連邦政府に承認された部族やプエルトリコのような特別な地位を有する編入領土）のレベルである。

メンバーシップ政治をもたらすこれらの状況に共通しているのは、いずれも理念化された国民国家の概念モデルの中核となる一致の論理に抵触するものと理解することはできないということである。より正確に言うと、非時間的で論理的な見方をすれば、これらの状況は概念モデルから逸脱していると理解できるが、歴史的な見方をすれば、それが以前の一致状況から離反したとか、以前の一致に抵触したなどと理解することはできない。これらの状況がもたらす不一致は目新しいものではなく、国民国家を自称する国家を最初から特徴づけてきたものなのである。

4．移民と帰属の政治

同様のことが、内的・外的なメンバーシップ政治をもたらす要因としての移民に関しても言える。大規模な越境移民が多少なりとも永住することで、新たな不一致がもたらされたり、既存の不一致を顕在化させたりする。しかし、移民によって生み出される不一致は、最初から国民国家間システムの現実的作用の一部だった。歴史的な意味ではなく、非時間的で論理的な意味においてのみ、移民が国民国家の理念化された概念モデルを構成する一致に抵触すると言えるのである。

この点を念頭に置きつつも、移民が理念化されたモデルから離反する様式について検討するのは、やはり発見的な意味で有益であろう。まず最も明らかなのは、移民の定住が長期居住とシティズンシップのあいだに乖離を生み出し、その結果、内的な（そして相補的に外的な）メンバーシップ政治が起こるケースである。内的には、完全な形式的シティズンシップ（すなわち国籍）の取得条件をめぐる論争にくわえ、実質的メンバーシップの形態や市民的編入をめぐる論争が発生する。包摂的な方針がとられる場合、この内的な帰属の政治は、移民とその子孫の形式的および実質的なメンバーシップの地位を、定住国にしっかりと生活が根づいた長期居住者（越境的なつながりは維持されているにせよ）としての境遇に適合させていくことに重点が置かれる。

国籍なき定住という変則性は、移民の第二・第三世代にとって特に顕著となる。出生地主義（特定の領土内での出生にもとづく国籍の付与）による自動的な市民的編入の規定がない国の場合、移民やその子孫たちは居住国において、そこが彼らの知る唯一の国かもしれないにもかかわらず、いつまでもその国の国籍をもたないままになる。このような彼らの境遇は、一九九九年にドイツで一定の出生地主義的な要素が導入されるに至る論争において重要だった（Triadafilopoulos and Faist 2006）。しかし、移民第二・第三世代が形式的には国民である場合でも、彼らが実質的には完全なメンバー（つまり完全な国民）ではないということもありうる。複数世代にわたる形式的シティズンシップ（国籍）なき居住という最も看過しえない変則性が解消されるにつれ、ヨーロッパの移民第二・第三世代をめぐる帰属の政治は完全な実質的シティズンシップ（市民的・政治的・社会経済的な諸権利）をめぐる闘争へと次第に転換している。

しかし、移民が引き起こすのは、居住とシティズンシップの不一致だけではない。移民（また場合によっては彼らの子孫）が定住国の想像の国民共同体の外部の存在だと理解されるのであれば、移民は国民と国家（やや異なる言い方をすれば文化と政治組織体）のあいだの不整合ないし不一致を生み出すことになる。この第二の不一致は、移民は国家の完全なメンバーになる前にネーションのメンバーにならなければならないとする主張を前提とした、より制限的、あるいは少なくともより同化主義的な帰属の政治を引き起こすことになる。ヨーロッパの多くの国々において、メンバーシップの条件をめぐる闘争の重点は、より差異主義的な政策や実践の実験期を経て、最近二〇年ではこのような同化主義的な方向へと回帰してきた（Brubaker 2001 = 本書第1章；Joppke 2004）。そのため「シティズンシップの文化化」（Hurenkamp et al. 2012）について語る研究者も現われた。

長期居住とシティズンシップの不一致ゆえに、移民は定住国における内的な帰属の政治だけでなく、出身国における外的な帰属の政治をも引き起こす。一方で、居住とシティズンシップの不一致は祖国において問題とみなされることがある。その場合、出移民が元国籍を維持したり、子どもに国籍を継承させたりすることができなくなることもある。しかし近年では、その不一致が好機であるとみなされるようになっている。後者の観点から帰属の政治は、出移民との結びつきの維持、彼らの資源や専門知識の動員、他国で国籍を取得しても祖国の国籍を保持しやすくすること、選挙、財産所有、送金などへの祖国の関わりを進めることなどをめぐって行われている。(10)

5. 国境外の親族《キン》と外的な帰属の政治

外的な帰属の政治に関する最近の研究では、主として近年の移民に焦点が当てられている。これは、グローバル化やトランスナショナリズムといった題目で括られているような政治、経済、文化、テクノロジー、社会関係の最近の変容について強調する研究に歩調を合わせたものである。その見方においては、これらの変容によって人間、財、イメージ、データ、思想、政治プロジェクト、社会運動などが新たに拡散し、制御不能な越境的流動の世界が生み出され、そこで忠誠心、アイデンティティ、連帯、メンバーシップの構造がますます国境線を横断していくものとされる。

しかしこの研究は、それ以前の移民の流れによって引き起こされた外的な帰属の政治にはほとんど関心を寄せないため、そこでの外的な帰属の政治についての理解はあまりに現在中心的なものである。そこでは、現段階での資本主義のグローバル化、近年の通信・運輸インフラの発展、そしてトランスナショナル、ディアスポラ的、ポストナショナル、ポストモダンといった世界への歴史的転換（とされるもの）に先行する、外的な帰属の政治をもたらす要因が看過されているのである。

移民と外的な帰属の政治に関する最近の研究で見過ごされている重要な問題を浮き彫りにする、二つの事例を検討してみよう[11]。東ヨーロッパや旧ソ連のドイツ人と日本や中国の朝鮮人は、想定上の彼らの「祖国」国家の観点から三つの特徴を共有している。第一に、彼らが長きにわたり、「祖国」国家の領土外に居住してきたこと。ドイツ人の場合、一度も「祖国」国家に住んだことがない人々も多い。第二に、彼らが（ほとんどの場合）「祖国」国家の国籍を有していないこと。実際のところ、彼らは（ほとんどの場合）それをもつことができなかった。というのも、彼らの祖先が移住したとき、ドイツも朝鮮も自前の国籍をもつ近代国民国家として存在していなかったからである。しかし第三に、これらの国境外の住民はドイツや朝鮮のネーションに帰属しているものと表象され、異論が出されなかったわけではないが、「祖国」国家に対する正当な主張を有するものと理解されてきた。

西ドイツや統一後のドイツ、そして韓国や場合によっては北朝鮮が、こうした国境外の住民を「我が同胞」として扱い、彼らに権利や特権を拡大してきたのはなぜだろうか。より一般的には、他ではないある特定の人々がいかにして、またなぜ、居住国以外の国家に「帰属している」と解釈されているのだろうか。

これは、外的な帰属の政治に関するこれまでの研究でめったに取り上げられてこなかった問いである。これまでの研究は、国境外の住民の存在を当然視する傾向があり、国家が（他ではない）ある特定の国境外の住民を「我が同胞」として同定し、構成する社会的・政治的過程に大きな関心を寄せてこなかったのである。そこでの研究対象は、国境外の親族を比較的問題なく同定できるような状況に限られていた。国境を越える人々の最近の移動、あるいは人々を越える国境の最近の移動が、祖国とその国境外の出移民のあいだ、あるいは領土的に再編されしばしば「縮小」された国家と新たに国境外に生じたエスノ民族的親族のあいだに、比較的明瞭な関係を生み出すものだったからである。いずれの状況においても、これらの国境外の住民は比較的明瞭に境界づけられ、同定することができた。それは単に彼らが出移民だったからとか、エスノ民族的な親族だったからというだけではなく、当該の「祖国」国家の国民ないし元国民、あるいはその子孫だったからでもあった。

　ドイツや朝鮮のケースでは、国境外の親族の同定ははるかに複雑だった。中東欧のドイツ語話者は、彼らが何世紀にもわたって存在してきたその大半において、ドイツとは何ら特別なつながりをもたなかった。ドイツはそもそも一八七一年まで、統一国家として存在さえしていなかったのである。一八七一年以降でさえ、散在するドイツ語話者のコミュニティとドイツのつながりは希薄であり、また（第一次大戦までは）政治的にも重要でなかった。戦後の西ドイツ国家が彼らを国境外の民族同胞として包摂し、彼らに権利や特権を拡大するようになったのは、様々な出来事の複雑な連鎖を通してのことだった。それらの出来事には、第一次大戦におけるドイツの敗戦、民族至上主義的《フェルキッシュ》ナショナリズムの台頭、ナチスの東方拡大と国境外のドイツ人の再定住化運動、ソビエトによる中央アジアへのドイツ人追放、戦後のチェコスロバキアやポーランドなどの国々からの民族的ドイツ人の追放、東ヨーロッパ共産主義体制下での出国制限政策（および同化主義的文化政策）などが含まれている。しかし、ポスト冷戦期には、国境外の民族同胞に拡大された特権を正当化するのが次第に困難になり、徐々に廃止されていった。このように、東ヨーロッパや旧ソ連における国境外のドイツ人は、状況依存的かつ一時的にドイツに帰属していると定義されたにすぎないのである。

　朝鮮の事例における国境外の親族の同定は、様々な理由から問題をはらみ、論争の対象となった。朝鮮半島から中国東北部、日本、ロシア沿海地方への大規模な出移民は一九世紀末に始まり、日本の植民地支配下で増加した。これらの移民とその子孫たちは、現地の理解においては明らかに朝鮮人であるとみなされた。そしてその理解は、帝国内のどこに住んでいようが彼らを朝鮮人として登録した朝鮮人戸籍を植民地体制が別個に設けたことによって強化された。しかし、帝国の崩壊と朝鮮の分断が帰属の問題を複雑化した。植民地化以前の朝鮮の王朝が近代的国籍法を採用していなかったため、植民地期の移民は朝鮮国籍をもっていなかった。それゆえ、彼らと二つの脱植民地国家とのつながりは、法的に曖昧だったのである。

冷戦中、北朝鮮は在日朝鮮人に帰国を奨励した（それは一定の成功を収めた）のに対し、韓国は彼らとの政治的連携を求め、彼らに韓国国民として登録するよう促した。しかし両国とも、ソ連や中国にいる国境外の朝鮮人のことは見過ごした。冷戦後、地政学的な緊張が緩和したことで、韓国は中国朝鮮族に新たに関心を寄せるようになった。彼らは、長い議論を経た後、韓国において国境外の「親族」として認められた。つまり、朝鮮のケースが浮き彫りにするのは、国家がある特定の（しかしその他ではない）国境外の民族同胞を受け入れるようになるに至る、論争をはらんだ状況特定的な過程である。ドイツの事例と同様に朝鮮の事例もまた、国家が国外のある住民を「国家に属する民」として認定し、承認し、あるいは主張する社会的・政治的過程を明らかにしている。

6. 国民国家とナショナリズム——その順応性と変容

移民は人類史と同じくらい古いが、メンバーシップや帰属の問題も同じように古い。近代国民国家の発展は移民とメンバーシップを根本的に再編し、両者を国民国家の分類と規制の格子のなかに組み入れた。国民国家を越えた移動が現在、脱国民的《ポストナショナル》な様式で移民やメンバーシップを再編していると論じる者がいるが、そのような歴史的転換を示す証拠はほとんどない。

移民は国家のコントロールを逃れるどころか、ますます精巧な規制やコントロールのテクノロジーのもとにおかれている。国境が密閉されているわけではないが、国家（そしてシェンゲン協定圏）が越境する人の移動を規制する力を失ったわけでもない。また、メンバーシップが国民国家を迂回したり飛び越えたりするかたちで再編されているわけでもない。グローバル化する世界のなかでも、国民国家は依然としてメンバーシップを決定する重要な場であり、また国民国家における帰属の闘争と国民国家への帰属の闘争はメンバーシップ政治の最も重要な形式であり続けているのである。

居住とシティズンシップの一致、ネーションのメンバーシップと国家のメンバーシップの一致、文化と政治組織体の一致など、理念化された国民国家モデルの中心となる一致を攪乱することで、移民は長いあいだ内的・外的両方の帰属の政治を発生させてきた。そこで内的な帰属の政治は、ある国家において長期居住者でありながら、その国家の完全なメンバーではない人々に関わるものである。また外的な帰属の政治は、他の国の長期居住者（しばしば他の国の国民）でありながら、「祖国」国家ないし「親族」国家、あるいはその国家の国名となっているネーションに帰属していると表象されうる人々に関わるものである。

最近の学術的な関心は、主に外的な帰属の政治に向けられている。たしかに近年、外的なメンバーシップの新たな形態が制度化されるようになってきているが、先例がないわけではない。外的なメンバーシップの政治には、一九世紀末から二〇世紀初頭にかけて数多くの例がある。さらに、最近の外的な帰属の政治の形態は、ポストナショナルでもトランスナショナルでもなく、越境的ナショナリズムの形態なのである。それは国民国家の超越を予兆するものではなく、むしろ国民国家モデルの順応性や持続する重要性を示しているのである。

ナショナリズムはきわめて可塑的で、適応力のある政治的イディオムである。その適応力は、外的なメンバーシップ政治をめぐる最近の傾向が証明している。こんにち、ナショナリズムの言語はある特定の国境外の住民をネーションのメンバーとして同定し、認定するために、また彼らとの結びつきを維持ないし再確立することを正当化するために用いられている。他の文脈において、ナショナリズムの言語は特定の国境外の住民を事実上「除名する」ためにも用いられてきた。

私たちが目にしているのは、メンバーシップ政治におけるナショナルな様式からポストナショナルな様式への転換でもなければ、ましてや移民とメンバーシップの組織化における国家中心的な様式から非国家的な様式への転換でもない。むしろ、私たちが目にしているのは国家と国境外の住民との結びつきの拡大と強化であり、「祖国」国家に対する国境外の住民の主張の拡大と強化である。両者はともにナショナリズムの言語において正当化されているのである。

しかしながら、国民国家の概念モデルの解釈のされ方は変容している。本章で論じてきた様々な理念化された一致の原理（国家の境界とネーションの境界の一致、政治組織体と文化の一致、長期居住と完全なメンバーシップの一致、文化的ナショナリティと法的シティズンシップの一致など）は、首尾一貫したものではない。それらは様々な方法で優先順位が付けられ、解釈される。最近の外的なメンバーシップ政策の高まりは、これらの一致がより領域化されない方法で解釈される方向へと変化していることを示している。例えば国家とネーションの一致は、国家の境界とネーションの（想像された）境界との一致を意味している。こうした領土的一致の解釈は、戦間期ヨーロッパにおいて強い不安定化をもたらす失地回復主義的《イレデンティスト》な主張を引き起こした。しかし、国家とネーションの一致は別様に解釈することもできる。すなわち、国家の領土内に居住していない国境外のネーションのメンバーに対して、政治組織体の力の及ぶ範囲を［領域的境界を変更することなく］拡大することとして解釈することも可能なのである。領域的な解釈よりもこちらの解釈の方が、近年の外的なメンバーシップ政治の形態に影響を与えてきた。

このような意味では、トランスナショナリズムやポストトナショナリズムに関する研究が、領域性の重要性の低下を強調するのは正しい。しかし、この点は誇張されるべきではない。国民国家が根本的に領域的な組織であることに変わりはないのである。しかしまた、国民国家はメンバーシップの組織でもあり（Brubaker 1992: 22-3）、そのメンバーシップの境界線は国家の領域的境界を越えてますます拡大している。しかしながら、このように新しい外的メンバーシップの形態は、国家を越えた《トランスステート》ものでも、ネーションを越えた《トランスナショナル》ものでもない。それは越境的ナショナリズムの形態として、国民国家モデルの拡張と適応を示すものであり、国民国家の超越を示すものではないのである。

［注］

1　たしかに、一五〇〇年ごろに見られる政治組織体の多様性の幅（小公国や都市国家、緩やかな部族連合から、新興の官僚制的な領土的政治組織体、そして広大な帝国に至るまで）は、中央集権的で官僚制的な領域国家の軍事的な成功によって、続く数世紀のあいだに相当に狭まった（Tilly 1975）。この政治組織体の多様性の収斂は、国家が担う業務において明らかである。どの国家も、教育、医療、社会福祉、係争解決、経済活動の規制などの問題に、少なくとも名目上の責任を負ったのである（Meyer 1987）。収斂は、国家の形式的な構造のいくつかの側面においても明らかである。その構造は、官僚制的な行政スタッフをともなう合法的支配とヴェーバー（Weber 1978: 217ff.）が呼んだものに特徴づけられるからである。また、政治的組織体の収斂は正当化の基本的な様式にも明らかである。一般的に「人民」や「ネーション」の主権に何らかの方法で訴えている。しかしこんにちの国家はそのネーション・ステート性、つまり「ネーション」と「ステート（国家）」が結合する程度や様式においてきわめて異なる。名目上の国民国家（ネーション・ステート）には、以下のような形態が含まれる。例えば、韓国や日本のように比較的単一民族的な国家（しかし、両国ともますます多くの移民人口を抱えるようになっている）、カナダやオーストラリア、また多くのヨーロッパ諸国のように主として大規模な移民によって生じた複数のエスニシティからなる住民をもつ国家、アフリカ系、先住民、移民の様々な混合から生じた複数のエスニシティからなる複雑な形態をもつ南北アメリカ大陸の国家、ベルギーやスペインのように明らかに二つないし多数の民族からなる国家、インド、ロシア、インドネシア、中国、レバノン、ナイジェリアのような多数のエスニシティからなる複雑な政治組織体などである。

2　「のモデル（model *of*）」と「ためのモデル（model *for*）」の区別は、Geertz（1973: 93）にならった。

3　分析のカテゴリーと実践のカテゴリーの区別は、ブルデューの研究の中心をなしている（例えばBourdieu［1991］を参照されたい）。それは、人類学で用いられるエティックな構成とエミックな構成の区別、ないし分析的カテゴリーと民俗的カテゴリーの区別におおよそ類似している（Banton 1979）。

4　近年のいくつかの国における一部の社会的給付からの国家の後退は、こうした長期的変容における本質的な変化を示すものではない。

5　フォーマルな帰属とインフォーマルな帰属の区別は、国民国家レベルだけでなく、他の集合レベルや場についても当てはまる。クラブや教会、家族、あるいは結社のフォーマルなメンバーシップはインフォーマルな受容をともなうわけではない。つまり、フォーマルなメンバーシップはインフォーマルに異論を唱えられたり、覆されたりすることがある。

6　非正規移民の部分的で暫定的な市民的編入は、フォーマルな排除とインフォーマルな編入という対立軸では十分に理解できないとChauvin and Garcés-Mascareñas（2012）は述べる。彼らによると、非正規移民の不安定な編入においてはフォーマルな側面が重要である。というのも、その不安定さはフォーマルな法や規制それ自体の領域のなかで矛盾、緊張、曖昧さを生み出している国家の法や規制の複雑さによって可能になっているからである。

7　「必要性（needs）」というゲルナーの機能主義的な用語法のもつ困難については、O'Leary（1998: 51ff.）を参照されたい。

8　これらの事例における内的なメンバーシップ政治は、外的なメンバーシップ政治と相補的に対応しあうものではない。なぜなら、これらの周辺化されたマイノリティには、彼らが同一化する外部の「祖国」となる国民国家がないからである。しかしながら、このような布置状況におけるメンバーシップ政治が、外部への参照を常に欠いているというわけではない。例えば先住民は、ロマに見られるように（Vermeersch 2005）、近年の様々な国際フォーラムの場で主張を展開してきた（Tsing 2007）。

9　ネーション形成における（特に形成時の暴力に関する）忘却の本質的重要性については、Renan（1996 [1882]: 45）を参照されたい。

10　数多くの文献の中から、例えばBarry（2006）、Fitzgerald（2006）、Green and Weil（2007）、Dufoix（2011）を参照されたい。ヨーロッパにおける二重国籍に対する事実上および法律上の寛容さの増大については、Faist（2007）を参照されたい。

11　ドイツと朝鮮の事例に関する議論は、Brubaker and Kim（2011＝本書第4章）に依拠している。その他の事例に関してはJoppke（2005）を参照されたい。

【参考文献】

Anderson, Benedict., 1991, *Imagined Communities: Reflections on the Origin and Spread of Nationalism,* Revised ed., London: Verso.〔=2007, 白石隆・白石さや訳『定本　想像の共同体――ナショナリズムの起源と流行』書籍工房早山〕

Banton, Michael., 1979, "Analytical and Folk Concepts of Race and Ethnicity," *Ethnic and Racial Studies* 2(2): 127-38.

Barry, Kim., 2006, "Home and Away: The Construction of Citizenship in an Emigration Context," *NYU Law Review* 81: 11-59.

Bauböck, Rainer., 2003, "Reinventing Urban Citizenship," *Citizenship Studies* 7(2): 139-60.

Bendix, Reinhard., 1977, *Nation-Building and Citizenship: Studies of our Changing Social Order*, Los Angeles: University of California Press.〔=1981, 河合秀和訳『国民国家と市民的権利（全2巻）』岩波書店〕

Bourdieu, Pierre and John B. Thompson., 1991, *Language and Symbolic Power*, Cambridge, Mass.: Harvard University Press.

Brubaker, Rogers., 1989, "Membership without Citizenship: The Economic and Social Rights of Noncitizens," in Rogers Brubaker, ed., *Immigration and the Politics of Citizenship in Europe and North America*, Lanham, Md.: The German Marshall Fund of the United States and University Press of America.

――., 1990, "Immigration, Citizenship, and the Nation-State in France and Germany," *International Sociology* 5(4): 379-407.

――., 1996, *Nationalism Reframed: Nationhood and the National Question in the New Europe*, Cambridge: Cambridge University Press.

――., 2011, "Nationalizing States Revisited: Projects and Processes of Nationalization in Post-Soviet States," *Ethnic and Racial Studies* 34: 1785-814.

Brubaker, Rogers and Jaeeun Kim., 2011, "Transborder Membership Politics in Germany and Korea," *Archives Européennes de Sociologie/European Journal of Sociology* 52(1): 21-75.

Brubaker, Rogers, Margit Feischmidt, Jon Fox and Liana Grancea., 2006, *Nationalist Politics and Everyday Ethnicity in a Transylvanian Town*, Princeton: Princeton University Press.

Douglas, Mary., 1994, *Purity and Danger: An Analysis of the Concepts of Pollution and Taboo*, New York: Routledge.［=2009, 塚本利明訳『汚穢と禁忌』ちくま学芸文庫］

Dufoix, Stéphane., 2011, "From Nationals Abroad to 'Diaspora': The Rise and Progress of Extra-Territorial and Over-State Nations," *Diaspora Studies* 4(1): 1-20.

Faist, Thomas, ed., 2007, *Dual Citizenship in Europe: From Nationhood to Societal Integration*, Aldershot, England and Burlington, VT: Ashgate.

Fitzgerald, David., 2006, "Rethinking Emigrant Citizenship," *New York University Law Review* 81(1): 90-116.

——., 2009, *A Nation of Emigrants: How Mexico Managers Its Migration*, Berkeley: University of California Press.

Foucault, Michel., 1984, "Le pouvoir, comment s'exerce-t-il?" in Hubert Dreyfus and Paul Rabinow, *Michel Foucault, un parcours philosophique: Au-delà de l'objectivité et de la subjectivité*, France: Gallimard, pp.308-21.［=1996, 山形頼洋訳『ミシェル・フーコー――構造主義と解釈学を超えて』筑摩書房］

Geertz, Clifford., 1973, *The Interpretation of Cultures*, New York: Basic Books, Inc.［=1987, 吉田禎吾ほか訳『文化の解釈学（全2巻）』岩波書店］

Gellner, Ernest., 1983, *Nations and Nationalism*, Ithaca: Cornell University Press.［=2000, 加藤節監訳『民族とナショナリズム』岩波書店］

Green, Nancy L. and Francois Weil, ed., 2007, *Citizenship and Those Who Leave: The Politics of Emigration and Expatriation*, Urbana: University of Illinois Press.

Hurenkamp, Menno, Evelien Tonkens and Jan Willem Duyvendak., 2012, *Crafting Citizenship: Negotiating Tensions in Modern Society*, Palgrave Macmillan.

Joppke, Christian., 2004, "The Retreat of Multiculturalism in the Liberal State: Theory and Policy," *The British Journal of Sociology* 55(2): 237-57.

——., 2005, *Selecting by Origin: Ethnic Migration in the Liberal State*, Cambridge, Mass.: Harvard University Press.

Kymlicka, Will., 1995, *Multicultural Citizenship: A Liberal Theory of Minority Rights*, Oxford: Oxford University Press.［=1998, 角田猛之・石山文彦・山崎康仕監訳『多文化時代の市民権 —— マイノリティの権利と自由主義』晃洋書房］

Loveman, Mara., 2005, "The Modern State and the Primitive Accumulation of Symbolic Power," *American Journal of Sociology* 110: 1651-83

Mann, Michael., 2005, *The Dark Side of Democracy: Explaining Ethnic Cleansing*, Cambridge; New York: Cambridge University Press.

Marshall, T. H., 1950, *Citizenship and Social Class: And Other Essays*, Cambridge: Cambridge University Press.［=1993, 岩崎信彦・中村健吾訳『シティズンシップと社会的階級 —— 近現代を総括するマニフェスト』法律文化社］

Meyer, John W., 1987, "The World Polity and the Authority of the Nation-State," in George M. Thomas, John W. Meyer and Francisco O. Ramirez, eds., *Institutional Structure: Constituting State, Society, and the Individual*, Newbury Park: Sage, pp.41-70.

Noiriel, Gérard., 1997, "Représentation Nationale et Catégories Sociales: L'exemple des Réfugiés Politiques," *Geneses* 26: 25-54.

O'Leary, B., 1998, "Ernest Gellner's Diagnoses of Nationalism: a Critical Overview, or, What is Living and What is Dead in Ernest Gellner's Philosophy of Nationalism?" in John A. Hall, ed., *The State of the Nation: Ernest Gellner and the Theory of Nationalism*, Cambridge: Cambridge University Press, pp.40-88.

Parsons, Talcott., 1965, "Full Citizenship for the Negro American? A Sociological Problem," in Talcott Parsons and Kenneth B. Clark, eds., *The Negro American*, Boston: Houghton Mifflin Co.

Renan, Ernest., 1996 [1882], "What Is a Nation?" in Geoff Eley and Ronald Grigor Suny, eds., *Becoming National*, New

York: Oxford University Press, pp.42-55.［=1997，鵜飼哲訳「国民とは何か」鵜飼哲ほか訳『国民とは何か』インスクリプト］

Soysal, Yasemin Nuhoglu., 1994, *Limits of Citizenship: Migrants and Postnational Membership in Europe*, University of Chicago Press.

Thernstrom, Stephan., 1983, "Ethnic Pluralism: The U.S. Model," in C. Fried, ed., *Minorities: Community and Identity, Life Sciences Research Reports*, Heidelberg: Springer Berlin, pp.247-54.

Tilly, Charles., 1975, "Reflections on the History of European State-Making" and "Western State-Making and Theories of Political Transformation," in Charles Tilly, ed., *The Formation of National States in Western Europe*, Princeton: Princeton University Press, pp.3-83 and 601-38.

Triadafilopoulos, Phil and Thomas Faist., 2006, "Beyond Nationhood: Citizenship Politics in Germany Since Unification," *Paper prepared for 2006 Meeting of the Canadian Political Science Association*, http://www.cpsa-acsp.ca/papers-2006/Faist-Triadafilopoulos.pdf

Tsing, Anna., 2007, "Indigenous Voice," in Marisol de la Cadena and Orin Starn, eds., *Indigenous Experience Today*, New York: Berg, pp.33-67.

Vermeersch, Peter., 2005, "Does European Integration Expand Political Opportunities for Ethnic Mobilization?" *46th Annual Convention of the International Studies Association,* Honolulu, Hawaii: ISA Annual Meeting Paper Archive.

Walzer, Michael., 1983, *Spheres of Justice*, New York: Basic Books.［=1999，山口晃訳『正義の領分――多元性と平等の擁護』而立書房］

Weber, Max., 1978 [1922], *Economy and Society*, Guenther Roth and Claus Wittich, eds., Berkeley: University of California Press.［(引用箇所)=1970，世良晃志郎訳『支配の諸類型』創文社］

Wimmer, Andreas., 2002, *Nationalist Exclusion and Ethnic Conflict: Shadows of Modernity*, Cambridge: Cambridge University Press.

第2章　ネーションの名において
――ナショナリズムと愛国主義の考察(1)

1.「ネーション」を問う

一二〇年前、フランスの偉大な学者・著作家のエルネスト・ルナンは、「ネーションとは何か」と題した講義をパリのソルボンヌ大学で行った。ルナンの講義は、普仏戦争から一二年後に行われたものである。その戦争の結果、フランスはアルザス・ロレーヌ地方を失ったが、そこはドイツ語人口が大半を占めることを理由に、ドイツのナショナリストたちが要求していた土地であった。ルナンはその要求に反発して、ネーションの「民俗誌的」定義と彼が呼ぶもの、つまり人種、言語、文化などの客観的と想定される共通性にもとづいてネーションの境界を引こうとする試みを強く批判した。ルナンによれば、ネーションとは本質的に主観的な現象であり、「共に生きる意志」に基礎づけられたものである。有名なメタファーだが、彼はネーションを「日々の人民投票」とみなしたのであった(Renan 1996 [1882])。

このネーションについての説明は、いまだ説得力があり、こんにちでも十分に読む価値がある。しかし、私が注目したいのはルナンの答えではなく、問いの方である。というのは、彼の答えは見事なものだが、彼が提起した「ネーションとは何か」という問いには、問題がないわけではないからである。ルナン以来、数えきれないほどの研究者が問うてきたこの問いは、ネーションを実質主義的に定義すること、つまりネーションを実体とみなすよう促している。ネーションがとらえどころのない定義しにくいものであるとしても、この問いそれ自体がある種の実質的な実体であるとする確信を反映しているのである。

私は、「「ネーション」というカテゴリーはどのように作用するのか」という、やや異なる問いを立ててみたい。このように問いを立てることで、「ネーション」をカテゴリーや語彙とみなし、ナショナリズムを特定の用語法、政治的イディオム、そして「ネーション」という語彙やカテゴリーの使用法とみなすところから出発すべきであることが示される。また、それとともに、ネーションを集合体、実体、共同体などとする日常的な理解は排除されるのである。

そこで私が出発点とするのは、ネーションはエスノ人口学的あるいはエスノ文化的な事実ではなく、政治的な主張であるという前提である。それは、人々の忠誠心、関心、連帯に関わる主張である。事実ではなく主張としてネーションを理解すれば、「ネーション」が単なる分析のカテゴリーではないことがわかる。「ネーション」は、その描写に用いられる言語から独立した世界を描写するために用いられるのではない。むしろ、世界を変え、人々が自分自身を理解する方法を変え、忠誠心を動員し、エネルギーを発火させ、要求を明確化するために用いられるのである。ルナンの一世代後、マックス・ヴェーバーが「ネーション」を価値概念（Wertbegriff）、つまり価値の領域に属する概念として特徴づけた際にも、これと同様のことが理解されていた（Weber 1964 [1922]: 675, 677; 1978 [1922]: 922, 925）。より今日的な言い方をすれば、ネーションとは何より実践のカテゴリーであって、分析のカテゴリーではないと言えるかもしれない。

私は、「ネーション」というカテゴリーを分析の道具として用いるのではなく、むしろ分析の対象としたい。私が問うのは、「ネーションとは何か」ではない。「ネーション」が実践のカテゴリーとして、すなわち政治的イディオムあるいは主張としてどのように作用するのかである。「ネーションの名において」語るとは、どういう意味なのか。また、そうした実践はどのように評価すべきなのか。それは擁護可能で、涵養されるべき実践なのか。あるいは、良く言えば時代錯誤、悪く言えば危険な実践なのだろうか。

これらの規範的な問いに対して、私は一般的な答えを出そうとはしない。なぜなら、説得力のある一般的な答えなど出せないと考えるからである。それほどに「ネーション」は、あまりにも広い文脈のなかで、あまりにも多様な活動のために用いられているのである。本章の後半で規範的な問いを扱う際には、現代アメリカの文脈に話を限定する。だがまずは、「ネーション」としての主張が様々な状況下でどのように作用するのか、いくつかの異なる仕方について検討することから始めよう。

2.「ネーション」の用いられ方

ナショナリストが「ネーション」として想像する共同体は、文脈によって国家の領土や国民と一致しないことがある。そのような場合、ネーションの主張は、既存の領土的・政治的秩序に異議を唱えるものとなる。そこでは、政治地図の変更の要求が表明されるか、せめてその可能性がほのめかされる。この主張は、必ずしも独立国家の要求をともなうわけではないが、少なくとも、何らかの自律的な政治組織体の要求、しかも想定上のネーションの、想定上のネーションのためのものとして機能しうる政治組織体の要求を通常はともなうものである。これに該当するのは、一九世紀の中東欧における古典的な第一波のナショナリスト運動である。また、現代の例としては、パレスチナ人やフランデレン人、アチェ人、タミール人など、その他多くのナショナリスト運動がある。

こうしたネーションの主張は、何よりもまずネーションの想定上のメンバーに向けられている。それは、人々が自分自身を理解し、同定する方法を変えることを求めるものである。例えばそこには、それまで宗教、地域、皇帝の臣民といった非ナショナルな観点から自己を理解していた人々に、ネーションのメンバーとして自己を再定義させる主張が含まれるだろう。また、異なるネーションのメンバーとして、自己を理解させる主張もある。例えば、スペイン人ではなくバスク人やカタルーニャ人である、トルコ人ではなくクルド人である、カナダ人ではなくケベック人であるなどと人々に納得させようとする主張である。

ネーションの主張は、その想定上のメンバーだけでなく、その主張を公認する立場にある者にも向けられる。影響力のある非国家的アクターも重要だろうが、主張を公認する力は、何よりまず国家にある。ここでネーションの主張を公認するとは、想定上のネーションにある種の公式の承認を与えたり、ネーションのために何らかの公式の制度的実体（独立国家という大きな報賞までも含めた）を創設することなどを意味している。

これがナショナリスト運動、すなわち想定上のネーションのために政治組織体を創設する運動の文脈での「ネーション」カテゴリーの基本的な作用であるが、他の文脈において「ネーション」カテゴリーはまったく異なる用いられ方をする。すなわち、既存の領土的・政治的秩序に異議を唱えるのではなく、既存の政治組織体のナショナルな一体性の感覚を創り出すために用いられるのである。これは、しばしばネーション・ビルディングと呼ばれる営為《プロジェクト》である。最近私たちは、この語をよく耳にするようになっている。［一九世紀にイタリアが統一された直後に］イタリアの政治家であるマッシモ・ダゼリオが「私たちはイタリアをつくった。今や私たちは、イタリア人をつくらなければならないのだ」と述べたのは有名だが、彼がその時に呼びかけていたのは、まさにこのネーション・ビルディングの営為だった。またネーション・ビルディングの営為は、脱植民地国家のリーダーたちが取り組んだ（そしてまだ取り組んでいる）ことでもある。その成功の程度は様々だが、全体として見れば特に見事な成功を収めているわけではない。彼らは独立を獲得したものの、住民は地域やエスニシティ、言語、宗教といった点で、根深い分裂を残したままである。こんにちのイラクにおいて「ネーション」カテゴリーを一般原則として動員することができるのもまた、この営為を目的としたものである。すなわちシーア派とスンニ派、クルド人とアラブ人、そして北部と南部の分裂を越えて連帯を涵養し、忠誠心に訴えるために「ネーション」カテゴリーを動員することができるのである。(2)

似たような文脈において、「ネーション」カテゴリーが別の方法で用いられることもある。そこで「ネーション」カテゴリーは、エスノ言語的・エスノ宗教的・エスノ地域的な差異を越えた「国民的《ナショナル》」なアイデンティティに訴えるために用いられるのではない。国民全体とは区別される「中核的」なエスノ文化的「ネーション」〔すなわち国家の中枢を担う特定の「民族」〕の利益のために政治組織体の「所有権」を主張し、さらに国家をその中核的「ネーション」の、中核的「ネーション」のための国家として定義ないし再定義するために、「ネーション」カテゴリーが用いられるのである（Brubaker 1996: 83ff.）。このように「ネーション」を用いる例としては、インドのヒンドゥー・ナショナリストがあげられる。彼らは、「ヒンドゥーらしさ（Hindutva）」を基盤とする国家、すなわちエスノ宗教的なヒンドゥー「ネーション」の、ヒンドゥー「ネーション」のための国家としてインドを再定義しようと試みるのである（Van der Veer 1994）。いうまでもなく、ここで「ネーション」が用いられるなかで、そのメンバーからムスリムは排除される。他の文脈でも、似たようなエスノ文化的な中核的ネーションの名における国家の「所有権」の主張は、他のエスノ宗教的・エスノ言語的・エスノ人種的な集団を排除することになる。

アメリカなどのような比較的安定し、長く続いている国民国家においても、このように「ネーション」が排他的に作用することはある。例えば、アメリカのネイティビスト運動や現代ヨーロッパの極右のレトリック（「フランス人のためのフランス」や「ドイツ人のためのドイツ」）の例があげられる。しかしそれとはまったく異なり、「ネーション」が根本的に包摂的なものとして作用することもある。[3] そこで「ネーション」は、国家の全市民を（おそらくはすべての長期滞在者をも）含むべく、包摂的に定義された「ネーション」のメンバー間の相互連帯を動員するように作用するのである。こうした意味でネーション概念の喚起は、内的な差異や区別を乗り越えようとする、あるいはせめて相対化しようとする試みであるといってよい。それは人々に対し、自分自身を何か別の集合体ではなく、そのネーションのメンバーとして考えさせる（つまり彼らのアイデンティティや利害関心を明確にする）試みである。ネーション概念に訴えることは、自動的にそうなるわけではないにせよ、強力なレトリック資源となりうる。

このように「ネーション」を喚起することに対し、アメリカの社会科学者や人文科学者は、総じて懐疑的であり、敵対的でさえある。それはしばしば、時代遅れだとか偏狭的、幼稚、後退的、あるいは危険であるとさえみなされる。彼らの多くにとって、「ネーション」は疑わしいカテゴリーなのである。

愛国心を称揚するアメリカの研究者はほとんどいないし、また私たちの多くは、愛国心を称揚する者に懐疑心を抱く。なぜなら、愛国心の称揚は不寛容、排外主義、軍国主義、さらには誇大な国民的自尊心や攻撃的な外交政策と結びついてきたという真っ当な理由がしばしばある。筆舌に尽くしがたい悪事（およびその他の様々なより小さな悪）が、「エスニック」なネーションだけでなく、想定上「シビック」なネーションの名においても行われてきたのである（Mann 2004）。しかし、これだけでは、ネーションに対する圧倒的に否定的なスタンスを説明するには十分でない。なぜなら、筆舌に尽くしがたい悪事やその他の様々なより小さな悪は、ネーション以外の多くの想像の共同体、例えば国家、人種、エスニック集団、階級、政党、宗教的信仰の名においてもまた行われてきたからである。

3.「ポストナショナリズム」の議論

ナショナリズムは「二〇世紀最大の政治的恥辱」であるとジョン・ダンが述べているように(Dunn 1979: 55)、ナショナリズムは危険であり、私たちの時代の大きな悪事と密接に結びついているとする理解がある。だが、それにくわえ、ネーションの喚起に対しては、より広い意味での疑念がある。その疑念は、私たちはポストナショナルな時代に生きているとする、広く普及した時代診断に由来する。つまり、一九世紀には「ネーション」カテゴリーが経済的・政治的・文化的な現実にどれほどよく適合していたとしても、こんにちの現実にはますます不適合になっているというわけである。この見方においてネーションとは、根本的に時代錯誤のカテゴリーである。また、ネーションの喚起は、たとえ危険ではなくても、こんにちの社会生活を構造化する基本原理に合わないものなのである(4)。

ポストナショナリスト的な見方は、経験的主張、方法論的批判、規範的議論をあわせもったものである。それぞれについて順を追って、簡潔に述べていこう。まず経験的主張では、国民国家の力の衰退や重要性の低下が強調される。人間、財、メッセージ、イメージ、思想、文化的生産物のかつてないほどの移動に揺るがされたことで、国民国家は社会的・経済的・文化的・政治的な生活を「囲い込み」（Mann 1993: 61）、枠づけ、統治する力を次第に喪失してきたとされる。また、国民国家は国境を管理し、経済を規制し、文化を形成し、様々な越境的問題に取り組み、国民の感情や思考に関与する能力を喪失したと論じられる。

私の考えでは、こうした命題は誇張されすぎている。それは、九・一一が国家主義の急激な復興を引き起こしたということだけが理由ではない。[5] 多くのポストナショナリズム論の中心をなすEUでさえ、「国民国家を越える」直線的あるいは明確な動きを見せていないからである。ミルワードが論じたように、ヨーロッパにおける超国民的な権威に向けた当初の限定的な動きは、国民国家の権威を回復し、強化する作用を果たしたし、またそう意図されたものでもあった（Milward 1992）。また、冷戦終結時の中東欧では、政治空間がナショナルな境界線に沿って大がかりに再編されたが、それが示唆するのは、ヨーロッパの大部分が国民国家を越えるどころか、国民国家へと回帰していったということである。[6]「短い二〇世紀」は、以前の多民族的《マルチナショナル》な政治空間が大規模に国民《ナショナル》化されたことにより、中東欧がポスト国民的《ナショナル》な時代ではなく、ポスト多民族的《マルチナショナル》な時代に突入したのとともに終結したが、その幕開けの時にもまた、同じような政治空間の変容があった。たしかにネーションは、国家を正当化する普遍的な公式であり続けているのである。

最近の文献で述べられているように、国境は「かつてないほど抜け穴が多い」（Sheffer 2003: 22）と言えるだろうか。いくつかの点ではそうかもしれない。しかし他の点、特に人の移動に関して言えば、国境管理の社会的技術は発達を続けてきた。国家が国境管理能力を全般的に喪失したとは言えない。実際のところ、前世紀のあいだは逆の流れが優勢だった。パスポートやビザから統合的なデータベース、そして生体認証装置に至るまで、国家はますます精巧な身元確認・監視・管理技術を配備してきたのである。国際移住によって生活状況を改善しようと試みる世界の貧しい人々は、一世紀前よりも厳しい国家の規制の網に直面している（Hirst and Thompson 1999: 30-1, 267）。しばしば主張されるように、現代の移民は規模と速さの面で、かつてないほどのものなのだろうか。実はそうではない。一人あたりで換算すると、一世紀前のアメリカへの国際移民の流れは、最近数十年よりもきわめて大きかったし、またグローバルな規模の移民の流れは、一九世紀末から二〇世紀初頭に比べ「結局のところ、わずかに小さい」（Held et al. 1999: 326）。では、現代の移民は、出身国とのつながりを維持しているのだろうか。もちろん、維持している。しかし、移民は一世紀前にも電子メールや廉価な通信手段なしに、それを維持したのである。また、ポストナショナリズムの理論家の示唆とは反対に、彼らがこんにち出身国とのつながりを維持する方法が、国民国家の基本的な乗り越えを意味しているのかどうかは明らかでない(7)。グローバル化する資本主義は、経済を規制する国家の力を低下させたのだろうか。疑いなく低下させた。しかし、それ以外の領域では、〔喫煙、ペットの飼育、家族関係、中絶など〕これまで私的な行為とみなされてきた領域に対する規制が行われるようになり、国家の規制力は弱まるどころか、より厳格なものになっている（Mann 1997: 491-2）。

方法論的な批判とは、長きにわたり社会科学が「方法論的ナショナリズム」に苛まれてきたとするものである。方法論的ナショナリズムとは、「国民国家」を「社会」と等価的なものとして扱い、グローバルあるいはその他の越境的な過程や構造を軽視して、国民国家の内部の構造や過程に注目する傾向のことである（Centre for the Study of Global Governance 2002; Wimmer and Glick-Schiller 2002）。それへの批判は誇張されがちであり、また一部の歴史学者や社会科学者が越境的なフローやネットワークに関して長年行ってきた研究の成果を見落としているとはいえ、真実を言い当てたものではある。

しかし、この批判の後には何が来るのだろうか。もし、国民国家の次元にくわえ、多様な次元で組織化された社会的過程の研究が促されるのならばよいだろう。しかしながら、もしもこの方法論的な批判が（しばしばそうであるように）国民国家の重要性の低下に関する経験的な主張と結びつき、それゆえに国家レベルの過程や構造から注意をそらすとすれば、方法論的ナショナリズム批判というアカデミックな流行が、善かれ悪しかれ組織化の基本的次元であり、また権力の基本的な焦点であり続ける国民国家を軽視するリスクへとつながる。

国民国家をめぐる規範的な批判は、二つの方向からなされる。上からの批判として、コスモポリタニズム論の議論は、国民国家ではなく人類全体が私たちの道徳的な想像力や政治参加の主要な地平を定めるべきだとしている（Nussbaum 1996）。下からの批判として、多文化主義やアイデンティティ・ポリティクスの議論は、［エスニシティやジェンダーなどの］集団的アイデンティティを称賛し、そのアイデンティティに対し、より広範で包括的な帰属を越えた特権的地位を与える。

コスモポリタニズム論は、強いものと弱いものに分けることができる。強いコスモポリタニズム論によると、連帯の中心、相互責任の領域、シティズンシップの場として、国民国家を特権的に扱う理由などないとされる[8]。国民国家は、道徳的に恣意的な共同体である。なぜなら、そのメンバーシップは、ほとんどが出生の巡り合わせ、つまり出生地や家系という道徳的に恣意的な事実によって決定されるからである。弱いコスモポリタニズム論においては、国民国家の境界が私たちの道徳的な責任や政治へのコミットメントの限界を定めるべきでないとされる。この論点は否定しがたいものである。ネーションがいかに開かれており、「加わることが可能（joinable）」であっても（この点については後述）、ベネディクト・アンダーソンが考察したように、それは常に限界づけられた共同体として想像されている（Anderson 1991）。それは、本質的に偏狭的で、不可避的に特殊なものなのである。普遍主義の最も頑強な批判者でさえ、国民国家の境界の外にいる人間が私たちの道徳的な想像力や政治的エネルギー、そしておそらくは経済的資源についてさえ、人類の仲間として何らかの請求権を有していることにきっと同意するだろう。(9)

国民国家をめぐる規範的な批判の第二の系統である多文化主義的な批判は、それ自体様々な形態をとる。ある者は、文化的差異を容赦なく抑圧する同質化の論理を理由に、国民国家を批判する。また、（アメリカを含む）たいていの想定上の国民国家は、実際のところ国民国家《ネーション・ステート》ではなくマルチナショナルな国家であり、その国民は国家への忠誠心を共有しているかもしれないが、共通のナショナル・アイデンティティなどもってはいないと主張する者もいる（Kymlicka 1995: 11）。しかし、多文化主義やアイデンティティ・ポリティクスの立場からなされる国民国家への主な異議申し立ては、明確な内容のある議論というよりも、国家大のアイデンティティや忠誠心に代わる集団的アイデンティティや忠誠心を涵養し、称賛しようとする一般的な意向からなされるものである。

4. ナショナリズムの限定的な擁護

こうしたコスモポリタニズムと多文化主義の二方面からの批判に対し、私は現代アメリカの文脈に限定して、ナショナリズムや愛国主義の擁護論を展開したい(10)。ナショナリズムや愛国主義の両面神的《ヤヌス》な特徴については、以前から指摘されてきた。その暗い側面《ダークサイド》について、私は十分に認識している。東ヨーロッパのナショナリズムを研究してきた者として、おそらく私はその暗い側面についてよく知っているし、またナショナリズムや愛国主義がそちら［東ヨーロッパ］だけでなくこちら［アメリカ］でも暗い側面をもつということを理解している。しかし、社会科学や人文科学で優勢なアンチナショナル、ポストナショナル、トランスナショナルなどのスタンスは、（少なくともアメリカの文脈において）国民国家レベルでの連帯、相互責任、シティズンシップを涵養することの然るべき理由を曖昧にする恐れがある。

愛国主義を擁護する者のなかには、ナショナリズムと区別してそれを擁護する者もいる(11)。私はそうした立場をとらない。なぜなら、善い愛国主義と悪いナショナリズムを区別しようとすれば、それらがもつ本来のアンビバレンスや多形性が見逃されるからである。愛国主義もナショナリズムも、固定的な性質をもつものではない。それらは、きわめて柔軟な政治的言語であり、故郷《パトリア》、祖国、国、ネーションなどに訴えて政治的論議をフレーミングする方法である。これら二つの語は、含意や共鳴性がいくぶん異なる。したがって、愛国主義とナショナリズムの政治的用語法は、完全に重複しているわけではない。しかしながら、それらが実際に重複している部分もかなりあり、双方の語を用いることによって非常に多種多様な活動が行われうるのである。したがって、ここでは二つを一括して検討したい。

私は、愛国主義とナショナリズムが次の四つの点で有益なものになりうることを示したい。それらは、より強固な形式のシティズンシップの発展、再分配的な社会政策に対する支持の提供、移民統合の促進、そして攻撃的な単独行動主義的外交政策の展開の抑制に寄与しうる。

第一に、ナショナリズムと愛国主義は、市民的参加を動機づけ、維持することができる。自由民主主義国家は、コミットメントのある能動的な市民を必要とすると論じられることがある。それゆえ、そうした市民を生み出し、動機づける愛国主義が必要なのである。こうした議論には、国家や社会が「必要とする」とされるものについての機能主義的な議論の一般的な弱点がある。実際のところ、自由民主主義国家は、大部分が受動的でコミットメントのない市民たちとでもどうにかやっていけるだろう。しかし、ここで機能主義的に議論を展開する必要はない。コミットメントをもち、積極的に参加する市民は必要でないかもしれないが、だからと言って、そのような市民が望ましくないというわけではない。そして、愛国主義は市民的参加の涵養に寄与することができる。愛国主義は、アイデンティティ集団の境界を越えた連帯や相互責任の感情を生み出すことができるのである。ベネディクト・アンダーソンが述べたように、ネーションは「深く水平的な同志愛」（Anderson 1991: 7）として理解される。こうした想像の共同体の仲間との同一化によって、彼らの問題はある程度、私の問題であり、その問題に私も特別な責任をもつ感覚が養われる。(12)

国への愛国主義的な同一化（これは私の国、私の政府だという感情）は、政府の行動に対する無関心ではなく、むしろ責任感覚の定着に寄与する。いうまでもなく、政府の行動に対する責任感覚は、それに対する同意を含意しているわけではない。その責任感覚は、恥、憤慨、怒りといった強い感情さえも生み出し、それらの感情が政府の政策への抵抗を基礎づけ、動機づけることもあるだろう。愛国主義的なコミットメントは、そうした反政府的な感情を弱めるのではなく、激化させる傾向がある。リチャード・ローティが述べたように、「人が自国の行動に対してもつ恥の感情は、その国が自分の国だという感情の程度に応じている」（Rorty 1994）[13]。愛国主義的なコミットメントは、市民的参加を動機づけ、維持するエネルギーや情熱を提供しうるのである。

第二に（これはより具体的なものだが）、愛国主義やナショナリズムは、再分配的な社会政策に対する支持を提供することができる。このような政策が正当なものとみなされるには、階級横断的な連帯や相互責任が求められるが、ナショナリズムはその連帯感や責任感を生み出すことができる。近年における格差の劇的な拡大[14]には様々な原因があり、そのなかには公共政策とは関係がないものもある。しかし、公共政策は格差の拡大に抗する作用を果たしたのではなく、むしろそれを急激に加速化させてきた面がある。左派がアイデンティティや文化の問題に没頭し、政治的レトリックの全般的な「文化化」によって根本的な経済問題に注目することが困難となっていた時期に、このような格差の拡大が起きたことは決して偶然ではない[15]。

第三に、ネーションの言語は、移民の統合促進に寄与することができる。ナショナリズムの批判者たちは、ナショナリズムがむしろ逆の作用を果たすと論じることが多い。つまり、ナショナリズムはエスニシティや文化が異なる他者を排除し、国民国家の同質化の論理は「差異」の承認を拒否するというわけである。しかしながら、ナショナリズムや国民国家を物象化しないように注意すべきである。どちらも特定の時間・場所・状況のなかでしか存在しない。他のカテゴリー概念と同じように、常に「ネーション」は包摂的であると同時に排他的である。人々が同一カテゴリーのメンバーとして一括りに集団化される際、いつも彼らは他のカテゴリーのメンバーと異なるものとして特徴づけられる。しかし、ナショナリズム一般、「ネーション」一般について、何か興味深いことを論じることはできない。むしろ興味深い問題は、「ネーション」が、状況に応じて包摂のために使われたり、あるいは排除のために使われたりする際の、それぞれの状況における「ネーション」の使用法である。

ベネディクト・アンダーソンは、ナショナリズムを評価した感銘深い文章のなかで、ネーションは「血ではなく言語によって思い描かれる」がゆえに、「いずれは加わることができる（joinable in time）」ものであると述べた。これは、ナショナリズム一般に関する他の言明と同じように、あまりに包括的すぎるものである。それは、ネーションが様々なかたちで想像されるがゆえに、ネーションへの加わり方もまた様々であるという事実を曖昧にしている。様々なネーションが様々なかたちで想像されるだけでなく、同一のネーションが時を変えて（また実際のところはしばしば、時を同じくして様々な人によって）様々なかたちで想像されるのである。

「ネーション」は時に、国家の市民とは異なるエスノ文化的な共同体として想像されることがある。そのように「ネーション」が想像される場合、ナショナリズムは内的にも外的にも排他的になりうる。なぜならそのような「ネーション」は同国の定住者だけでなく、国民同胞でさえも、そのネーションの外部者、ともすれば敵とさえ定義することがあるからである。もちろん、こうした内的排除の醜悪な事例、つまり偏狭なアメリカニズムやネイティビズムの事例はアメリカ史に数多くある（Higham 1995; Smith 1997）。しかしながら、総じてアメリカというネーションは、既存のメンバーおよび将来のメンバーによって、相対的に開かれていて加わりやすいもの（疑いなく他のほとんどのネーションよりもはるかに加わりやすいもの）として想像されてきた。この文脈において、アンダーソンの抒情的表現はきわめて適切である。最近数十年間、アメリカのネーションは政治的に過激な立場をとる陣営において以外、常にこのように想像されてきた。このような広く共有されたネーションの想像の仕方は、九・一一の衝撃の後でも存続していると私は考えている。「ネーション」が主として、「いずれは加わることができる」（実際、比較的短期間に加わることのできる）ものとして想像されているとすれば、たしかにナショナリズムは移民統合のための価値ある資源として役立ちうる。

こんにち移民について論じる多くの研究者は、この見方に異を唱えるだろう。彼らによれば、移民はアメリカ社会に同化せずに、固有の文化やアイデンティティを維持し、しばしばトランスナショナルないしディアスポラ的なエスニック「共同体」を形成している。私の見方では、これらの研究者や多くのエスノ政治的な活動家が信奉する「差異主義」的な用語法は、規範的にも経験的にも問題がある。規範的に言えば、差異の賞賛は、エスニックな差異を越えた共通性を明確化し、その共通性にもとづいて行動することを困難にする。経験的に言えば、最近数十年間の社会思想や公共政策における大きな差異主義的転回にもかかわらず、実際のところ、アメリカの移民第二・第三世代が様々な側面で同化し続けている（つまり、他のアメリカ人と似たようになり続けている）ことを示す事実がある（Alba and Nee 2003)。

最後に、外交政策や安全保障の領域はどうだろうか。ここで「進歩的」な愛国主義を主張するのは難しいだろう。愛国主義が市民的参加を促進し、再分配的な社会政策を支持し、移民統合を促進するのに寄与しうる点については、同意する者がいるかもしれない。しかし、そのような者でさえ、外交政策や安全保障問題と関連づけてネーションの用語を使用することや、愛国主義のシンボルを喚起することには躊躇するだろう。ネーションと愛国主義の言語的・視覚的シンボルが、九・一一の後、テロ攻撃を「犯罪」ではなく「戦争」の用語法でフレーミングする致命的決断と深く結びついていると、彼らは論じるだろう。彼らによれば、ネーションと愛国主義のシンボルはまた、外交政策における攻撃的な単独行動主義、誇張され本質化された「私たち」と「彼ら」の対立図式、過剰な国民的自尊心、そして独善的・道徳主義的な善悪二元論のレトリックとも深く結びついているのである。

私は、愛国主義の高まりに対するこのような留保の力を評価している。それは、たとえ彼らが九・一一以後の愛国主義をいくぶん一面的に描き、FOXニュースがすべての愛国的アメリカ人を（狂信的愛国主義者でさえも）代弁しているわけではないことを忘れているとしてもである。しかし、幾人かの批評家（例えばMoyers〔2003〕）が示唆しているように、ナショナリズムと愛国主義がこのように広く九・一一以後の攻撃的単独行動主義や独善的善悪二元論と結びつけられて理解されているからこそ、「国旗を奪還する」ことがいっそう喫緊の課題となる。つまり、論戦に加わり、「ネーション」の表徴が喚起されている条件に異を唱えることが、より喫緊の課題となるのである。愛国主義の感情喚起的な用語や強力な図像《アイコン》は、誰かの独占が許されるべきものではない。国旗は、たとえ多くの知識人がその力に感染せず、むしろそれに不快感を覚えるとしても、はかり知れないほど強力な土着のシンボルなのである。国旗というシンボルの力や、その力を借りて「ネーションの名において」語る権利は、「愛国者法」という名の法律のために「愛国者」の語を強奪しようとする者の手に譲り渡されるべきではない。この法律は、安全保障上の利得という疑わしい名目のために、行政権力に対する司法のチェックを弱めるという点で、「非愛国的」あるいは「非アメリカ的」と呼びうるものなのである。九・一一以後の政策を批判する者は、広い意味での祖国の安全保障にコミットし、またネーションとしてのアメリカ合衆国の定義の一部である自由（それは反対意見をもつ自由も含む）の護持にコミットする愛国者として、効果的な主張を立てることができるのである。

もちろん、何が「私たちをネーションと定義する」のかという問いは、単純な事実の問題ではない。それは公的な語り《ナラティブ》の問題であり、物語《ストーリー》によって形成・再形成される自己理解の問題なのである（Somers 1994: 619）。そのような物語化された自己理解には、豊富なレパートリーがある。その中にはきわめて広く共有された自己理解もあれば、それほど共有されてはいないものもある。また、それらの自己理解は時間とともに変化するものでもある。つまり、ある時に「私たちをネーションと定義するもの」は、私たちをネーションと定義するものをめぐる進行中の議論における一時的な均衡にすぎない。ネーションの名において進行している現在の政策を批判する者は、その進行中の議論に参加して物語を語り、自分自身の自己理解を表明する必要がある。

市民的な私生活中心主義や受動性、格差の拡大や公共サービスの衰退、社会からの富裕層の離脱、差異主義やアイデンティティ・ポリティクスの過剰、アメリカの外交政策を特徴づける善悪二元論的なレトリックや単独行動主義などに憂慮を覚える者の観点からすると、国民レベルでの連帯、相互責任、市民的コミットメントを涵養することは望ましいように思われるだろう。もちろん、国民よりも広い連帯や共感を涵養すること、つまり道徳的な想像力を地球上のすべての人々を包摂するまで拡大することもまた、望ましいことである(16)。しかし、ナショナルな連帯や同一化を涵養することもまた、喫緊に必要である。ここで私は、国民的プライドのことを言っているのではない。国民的プライドであれば、アメリカには十分過ぎるほどある。私が言っているのは、国民同胞との連帯であり、また国民同胞に対する責任感である。さらに、ネーションの名において政府が行うこととの同一化であり、またそれに対する責任感である。アメリカのシティズンシップの活力の乏しさは、このような連帯、コミットメント、責任感の弱さと直接に関係している。

こうしたナショナルなシティズンシップの弱さは、多元的で分化したシティズンシップのポストモダニスト的主導者にしてみれば心配する類のものではない。その弱さは、サブナショナル、トランスナショナル、スープラナショナルなレベルでますます多様化する他のシティズンシップによって補われるものである。シティズンシップ研究には、グローバルなシティズンシップ、エコロジカルなシティズンシップ、エコフェミニスト的シティズンシップ、エスニックなシティズンシップ、文化的シティズンシップ、多文化的シティズンシップ、ディアスポラ的シティズンシップ、テクノロジー的シティズンシップ、コーポレート・シティズンシップ、職場のシティズンシップ、ローカル・シティズンシップ、セクシュアル・シティズンシップ(17)などを論じたものがあるが、以上の列挙は決して網羅的なものではない。

このように急成長しているシティズンシップ研究は、国民国家の境界の内部やその境界を越えた数多くのシティズンシップの場に対して注意を喚起してきた点において有益ではあるものの、ナショナルなシティズンシップの持続的な重要性を見落とすリスクもある。世界情勢のなかで、国民国家は決定的な力の中心であり続けている。たとえ不完全であれ、国民国家は公共圏と制度的形式を備えた唯一の重要な力の中心であり、それがある程度の有意味で効果的な市民参加を可能にしている。そうであるがゆえに、ナショナルなシティズンシップ（そしてまたナショナルな連帯や愛国主義）は歴史の墓場に葬り去られるべきではないのである。

［注］

1　本章の先行版は、デトロイトで二〇〇三年九月一一日から一二日にかけて開催された学会「愛国主義の多面性（The Many Faces of Patriotism）」のために準備されたものである。

2　しかしながら、こうした分裂の深さ（占領軍に対する共同の抵抗も、部分的ないし一時的にしかその分裂を架橋することはできないであろう）を前提とすれば、政治組織体を求めるナショナリスト運動のために「ネーション」を動員する場合も、イラクのネーションではなくクルドのネーションの名において行った方が容易であるということになるかもしれない（Wimmer 2003）。

3　一部の論者は、アメリカの「ネーション」など存在しない、つまり共有されたアメリカの文化的「ナショナリティ」によって定義される人々などいないと論じている。つまり、アメリカという国家《ステート》があり、そこにアメリカ市民はいるものの、アメリカ・ネーションは存在しないというわけである。この見方では、アメリカ合衆国はヨーロッパの国民国家《ネーション・ステート》とは異なる。アメリカ合衆国は厳密な意味では決して国民国家《ネーション・ステート》ではなく、マルチナショナル国家《ステート》あるいは非ナショナルな国家《ステート》なのである。また、アメリカは特有の文化的ナショナリティをもった国民国家《ネーション・ステート》であると論じる者もいる（Hollinger 1995; Lind 1995）。もし、ネーションが、エスノ人口学的あるいはエスノ文化的な事実ではなく、政治的主張であることを認めるのであれば、問題は、どちらの見方が正しいかとか、アメリカの文化的ナショナリティが存在するのかどうかといったことではない。むしろ、アメリカのネーションの主張（あるいはその否定）が、政治的論議のなかでどのように作用しているかである。

4　この主題に関する数多くの文献のなかでも、Kearney（1991）、Soysal（1994）、Habermas（1996）、Appadurai（1996）を参照されたい。

5　国民国家の衰退論に対する批判については、Mann（1997）を参照されたい。

6　この点に関する詳しい議論は、Brubaker（1996: 1-3）を参照されたい。

7　例えば Hollinger（1995: 151ff.）、Waldinger and Fitzgerald（2003）、Koopmans and Statham（1999）を参照されたい。

8　マーサ・ヌスバウムはナショナリティを「道徳的に意味のない性質」であるとし、またネーションの境界を「道徳的に恣意的なもの」と特徴づけている（Nussbaum 1996: 5, 14）。しかし、私が「強いコスモポリタニズム論」と呼ぶものを彼女が展開しているのかどうかは、明確でない。なぜなら彼女は、教育はよりコスモポリタン的なものにすべきであると論じながら、教育上特にアメリカの伝統に注目することを正当なものとみなしているからである（Nussbaum 1997: 68）。

9　例えば Walzer（1983）を参照されたい。ウォルツァーは「それなしでは共同体が存在しえないような閉鎖する権利」を擁護しながら、同時にその権利の限界、および「貧しい部外者」が主張しうる正当な要求について詳しく述べている。

10　ここで私は、歴史家のデイヴィッド・ホリンジャーの議論を部分的に踏襲する。彼は、ナショナルな連帯の重要性について説得力に富む主張を行ったが、それはエトノス（民族）の主張と人類の主張との中間に位置づけられるものである（Hollinger 1995）。他にも左派の何人かの論者が、愛国主義やナショナリズムを擁護してきた（Reich 1992; Lind 1995; アフリカ系アメリカ人の視点からは Wilkins〔2001〕）。一方、少数とはいえ増加しつつある政治理論研究においてリベラル・ナショナリズムが主張されている（Tamir 1993; Miller 1995; Canovan 1996）。しかし、これらの見方は、少なくとも学界においてはかなり異端である。

11　例えば Viroli（1995）を参照されたい。また、こうした区別に関する近年の議論としては、Vincent（2002）がある。

12　この点について短いが説得力に富む議論として、Taylor（1996）を参照されたい。

13　*New York Times*, 一九九四年二月一三日。「愛国主義者は、国の恥辱を最初に経験する」（Appiah 1998: 95）も参照されたい。

14　例えば Reich（1992）、あるいはより最近のものとして Krugman（2002）を参照されたい。

15　Gitlin（1995）、Hollinger（1995）、Lind（1995）、Barry（2001）を参照されたい。この系列の議論に関する徹底的な論議と批判として、Banting and Kymlicka（2003）を参照されたい。彼らによると、多文化主義政策と福祉国家の衰退の関連性を示す証拠は見いだせない（ただし、アメリカの場合はそうした関係が当然ありうることを、彼らは認めている）。しかしながら、彼らも認めているように、検討した証拠というのは、言論やレトリックと再分配政策へのコミットメントとの関連性に関するものではない。ここでの議論（そして前掲の著者の議論の少なくとも一部）は、政策それ自体よりも政治的言論の効果、すなわち主張をフレーミングし、アイデンティティを定式化する主たる方法がもたらす効果について、より直接的に論じている。

16　実際のところ、一部の道徳哲学者が論じるところによれば、私たちは道徳的な想像力の範囲をさらに押し広げ、ネーションのみならず人類の範囲をも越えて、複雑な神経組織で痛みを感じることのできるすべての動物をも包摂すべきである。

17　これらのシティズンシップの形態の多くについて論じたものとして、Isin and Wood（1999）を参照されたい。

コスモポリタン的民主主義に関する一貫性のある研究としては、Held（1995）がある。また、個々の非ナショナルなシティズンシップの研究については、多くのなかでもDobson（2003）、Evans（1993）、Holmwood and Siltanen（1994）、Kymlicka（1995）、Laguerre（1998）、Pettus（1997）、Roche（2002）、Smart and Smart（2001）、Weis et al.（2002）を参照されたい。

【参考文献】

Alba, Richard and Victor Nee., 2003, *Remaking the American Mainstream: Assimilation and Contemporary Immigration,* Cambridge, MA: Harvard University Press.

Anderson, Benedict., 1991, *Imagined Communities: Reflections on the Origin and Spread of Nationalism*, Revised ed., London: Verso.［=2007, 白石隆・白石さや訳『定本　想像の共同体――ナショナリズムの起源と流行』書籍工房早山］

Appadurai, Arjun., 1996, *Modernity at Large: Cultural Dimensions of Globalization*, Minneapolis, MN: University of Minnesota Press.［=2004, 門田健一訳『さまよえる近代――グローバル化の文化研究』平凡社］

Appiah, Kwame A., 1998, "Cosmopolitan Patriots," in Phenq Cheah and Bruce Robbins, eds., *Cosmopolitics: Thinking and Feeling Beyond the Nation*, Minneapolis, MN: University of Minnesota Press.

Banting, Keith and Will Kymlicka., 2003, "Do Multiculturalism Policies Erode the Welfare State?," paper presented to Colloquium Franqui "Cultural Diversities vs. Economic Solidarity".

Barry, Brian., 2001, *Culture and Equality: An Egalitarian Critique of Multiculturalism*, Cambridge, MA: Harvard University Press.

Brubaker, Rogers., 1996, *Nationalism Reframed: Nationhood and the National Question in the New Europe*, Cambridge: Cambridge University Press.

Canovan, Margaret., 1996, *Nationhood and Political Theory*, Cheltenham: Edward Elgar.

Centre for the Study of Global Governance, London School of Economics and Political Science., 2002, Draft report on 'Workshop on Methodological Nationalism,' 26-27 June 2002, available online at: www.lse.ac.uk/Depts/global/Yearbook/methnatreport.htm.

Dobson, Andrew., 2003, *Citizenship and the Environment*, Oxford: Oxford University Press.［=2006, 福士正博・桑田学訳『シチズンシップと環境』日本経済評論社］

Dunn, John., 1979, *Western Political Theory in the Face of the Future*, Cambridge: Cambridge University Press.［=1983, 半沢孝麿訳『政治思想の未来』みすず書房］

Evans, David T., 1993, *Sexual Citizenship: The Material Construction of Sexualities*, London: Routledge.

Gitlin, Todd., 1995, *The Twilight of Common Dreams: Why America is Wracked by Culture Wars*, New York: Henry Holt.［=2001, 疋田三良・向井俊二訳『アメリカの文化戦争——たそがれゆく共通の夢』彩流社］

Habermas, Jürgen., 1996, "The European Nation-State—its Achievements and its Limits: on the Past and Future of Sovereignty and Citizenship," in Gopal Balakrishnan, ed., *Mapping the Nation*, London: Verso.

Held, David., 1995, *Democracy and the Global Order: From the Modern State to Cosmopolitan Governance*, Stanford, CA: Stanford University Press.［=2002, 佐々木寛ほか訳『デモクラシーと世界秩序——地球市民の政治学』ＮＴＴ出版］

Held, David, Anthony McGrew, David Goldblatt and Jonathan Perraton., 1999, *Global Transformations: Politics, Economics, and Culture*, Stanford, CA: Stanford University Press.［=2006, 古城利明ほか訳者代表『グローバル・トランスフォーメーションズ——政治・経済・文化』中央大学出版部］

Higham, John., 1955, *Strangers in the Land: Patterns of American Nativism, 1860-1925*, New Brunswick, NJ: Rutgers University Press.

Hirst, Paul and Grahame Thompson., 1999, *Globalization in Question*, 2nd edition, Cambridge: Polity Press.

Hollinger, David A., 1995, *Postethnic America: Beyond Multiculturalism*, New York: Basic Books.［=2002, 藤田文子訳『ポストエスニック・アメリカ——多文化主義を超えて』明石書店］

Holmwood, John and Janet Siltanen., 1994, "Gender, the Professions, and Employment Citizenship," *International Journal of Sociology* 24(4): 43-66.

Isin, Engin F. and Patricia K. Wood., 1999, *Citizenship and Identity*, Thousand Oaks, CA: Sage.

Kearney, Michael., 1991, "Borders and Boundaries of State and Self at the end of Empire," *Journal of Historical Sociology* 4(1): 52-74.

Koopmans, Ruud and Paul Statham., 1999, "Challenging the Liberal Nation-State? Postnationalism, Multiculturalism, and the Collective Claims Making of Migrants and Ethnic Minorities in Britain and Germany," *American Journal of Sociology* 105(3): 652-96.

Krugman, Paul., 2002, "For Richer," *New York Times Magazine*, 20 October.

Kymlicka, Will., 1995, *Multicultural Citizenship: A Liberal Theory of Minority Rights*, Oxford: Oxford University Press.［=1998，角田猛之ほか監訳『多文化時代の市民権――マイノリティの権利と自由主義』晃洋書房］

Laguerre, Michel S., 1998, *Diasporic Citizenship: Haitian Americans in Transnational America*, New York: St. Martin's Press.

Lind, Michael., 1995, *The Next American Nation: The New Nationalism and the Fourth American Revolution*, New York: Free Press.

Mann, Michael., 1993, *The Sources of Social Power: The Rise of Classes and Nation-States, 1760-1914*, Cambridge: Cambridge University Press.［=2005，森本醇・君塚直隆訳『ソーシャルパワー：社会的な〈力〉の世界歴史Ⅱ――階級と国民国家の「長い19世紀」（全2巻）』ＮＴＴ出版］

――., 1997, "Has Globalization Ended the Rise and the Rise of the Nation-State?," *Review of International Political Economy* 4(3): 472-96.

――., 2004, *The Dark Side of Democracy: Explaining Ethnic Cleansing*, Cambridge: Cambridge University Press.

Miller, David., 1995, *On Nationality*, Oxford: Clarendon Press.［=2007，富沢克ほか訳『ナショナリティについて』風行社］

Milward, Alan S., 1992, *The European Rescue of the Nation-State*, Berkeley, CA: University of California Press.

Moyers, Bill., 2003, "Reclaiming the Flag," *Rolling Stone*, 15 May; available online at: http://www.buzzflash.com/contributors/03/02/28 moyers.html.

Nussbaum, Martha C., 1996, "Patriotism and Cosmopolitanism," in Joshua Cohen, ed., *For Love of Country: Debating the Limits of Patriotism*, Boston, MA: Beacon Press.［=2000, 辰巳伸知・能川元一訳『国を愛するということ――愛国主義の限界をめぐる論争』人文書院］

――., 1997, *Cultivating Humanity: A Classical Defense of Reform in Liberal Education*, Cambridge, MA: Harvard University Press.

Pettus, Katherine., 1997, "Ecofeminist Citizenship," *Hypatia* 12(4): 132-55.

Reich, Robert B., 1992, *The Work of Nations: Preparing Ourselves for 21st-Century Capitalism*, New York: Vintage Books.［=1991, 中谷巌訳『ザ・ワーク・オブ・ネーションズ――21世紀資本主義のイメージ』ダイヤモンド社］

Renan, Ernest., 1996 [1882], "What is a Nation?," in Geoff Eley and Ronald G. Suny, eds., *Becoming National: A Reader*, New York: Oxford University Press.［=1997, 鵜飼哲訳「国民とは何か」『国民とは何か』インスクリプト］

Roche, Maurice., 2002, "The Olympics and 'Global Citizenship'," *Citizenship Studies* 6(2): 165-81.

Rorty, Richard., 1994, "The Unpatriotic Academy," *New York Times*, 13 February.

Sheffer, Gabriel., 2003, *Diaspora Politics: At Home Abroad*, Cambridge: Cambridge University Press.

Smart, Alan and Josefine Smart., 2001, "Local Citizenship: Welfare Reform, Urban/Rural Status, and Exclusion in China," *Environment and Planning* 33(10): 1853-69.

Smith, Rogers., 1997, *Civic Ideals: Conflicting Visions of Citizenship in U.S. History*, New Haven, CT: Yale University Press.

Somers, Margaret R., 1994, "The Narrative Constitution of Identity: a Relational and Network Approach," *Theory and Society* 23: 605-49.

Soysal, Yasemin N., 1994, *Limits of Citizenship: Migrants and Postnational Membership in Europe*, Chicago, IL: University of Chicago.

Tamir, Yael., 1993, *Liberal Nationalism*, Princeton, NJ: Princeton University Press.［=2006，押村高ほか訳『リベラルなナショナリズムとは』夏目書房］

Taylor, Charles., 1996, "Why Democracy Needs Patriotism," in Joshua Cohen, ed., *For Love of Country: Debating the Limits of Patriotism*, Boston, MA: Beacon Press.［=2000，辰巳伸知・能川元一訳『国を愛するということ――愛国主義の限界をめぐる論争』人文書院］

Van der Veer, Peter., 1994, *Religious Nationalism: Hindus and Muslims in India*, Berkeley, CA: University of California Press.

Vincent, Andrew., 2002, *Nationalism and Particularity*, Cambridge: Cambridge University Press.

Viroli, Maurizio., 1995, *For Love of Country: An Essay on Patriotism and Nationalism*, Oxford: Clarendon Press.［=2007，佐藤瑠威・佐藤真喜子訳『パトリオティズムとナショナリズム――自由を守る祖国愛』日本経済評論社］

Waldinger, Roger and David Fitzgerald., 2003, "Transnationalism in Question," manuscript.

Walzer, Michael., 1983, *Spheres of Justice: a Defense of Pluralism and Equality*, New York: Basic Books.［=1999，山口晃訳『正義の領分――多元性と平等の擁護』而立書房］

Weber, Max., 1964 [1922], *Wirtschaft und Gesellschaft*, Köln: Kiepenheuer & Witsch.［(引用個所)=1954，濱島朗訳「勢力形象。「國民」」『権力と支配』みすず書房］

——., 1978 [1922], *Economy and Society: An Outline of Interpretive Sociology*, in Guenther Roth and Claus Wittich, eds., Berkeley, CA: University of California Press.

Weis, Lois et al., 2002, "Puerto Rican Men and the Struggle for Place in the United States: an Exploration of Cultural Citizenship, Gender, and Violence," *Men and Masculinities* 4(3): 286-302.

Wilkins, Roger W., 2001, *Jefferson's Pillow: The Founding Fathers and the Dilemma of Black Patriotism*, Boston, MA: Beacon Press.

Wimmer, Andreas., 2003, "Democracy and Ethno-Religious Conflict in Iraq," *Survival* 45(4): 111-34.

Wimmer, Andreas and Nina G. Schiller., 2002, "Methodological Nationalism and the Study of Migration," *Archives Européennes de Sociologie/European Journal of Sociology* 53(2): 217-40.

第3章　ナショナリズム、エスニシティ、近代

1．はじめに――「複数の近代」の再検討

「複数の近代」の概念は、近年の近代に関する洗練された議論のなかで中心的な位置を占めるようになっている。複数の近代を主張する人々は、彼らの理解する近代と、二〇世紀中期の近代化論とをはっきりと区別している。二〇世紀中期の理論家たちが、制度や文化的理解が西洋起源のパターンへと収斂するものだと考えたのに対し、近年の複数の近代論の理論家たちは収斂の概念を否定し、制度的パターンや文化的・政治的なプログラムやモデルには単純化不可能な複数性があるということを強調している。

エスニシティ、ナショナリズム、そして国民国家は、複数の近代の議論において中心的な主題に

なっている。二〇世紀中期の理論家たちは、これらの主題の理解について根本的に解釈を誤っていたとされている。彼らは、エスニシティを（宗教とともに）公的には重要ではない、私的な事柄の残滓だとして退け、ナショナリズムを原則としてシビックで、世俗的で、包摂的なものとして扱い、国民国家が忠誠心を結集し、魅力的で包摂的なナショナル・アイデンティティをつくり出す力を過度に強調しすぎてきたといわれている。対照的に、複数の近代の観点は、近年の政治化されたエスニシティの勃興、ナショナリズムのエスニックないし宗教的形態、またその他の排他的形態の持続性、国民国家の限られた統合力などについて、二〇世紀中期の理論家よりも優れた理解を提供するものだとされている。

複数の近代についての研究は、近代に関する研究の活性化に大きな貢献を果たした（Spohn 2001）。しかしながら、「単一の近代」の概念がいまもって有意義であると主張することもできる。本章では、エスニシティ、ナショナリズム、国民国家の領域に焦点を当てながら、この主張の概要について論じたい。本章の議論は三つの部分にわかれる。まず、複数の近代の議論に関する逆説的な特徴を示す。次に、エスニシティ、ナショナリズム、国民国家に関する近代化論の失敗についてのよく知られた批判を修正する。結論では、ナショナリズムや政治化されたエスニシティについて「単一の近代」の観点がもつ利点を概観する。

2. 近代――単一か複数か

複数の近代論にとって中心的なのは、分析的に区別される二つの問いである。[1] 一つ目は、収斂についての問いである。現代社会は、一つの制度的パターンや一つの文化的・政治的プログラムやモデルに収斂するのだろうか。[2] あるいは、多様な制度的パターンや多様な文化的・政治的プログラムやモデルが持続したり、出現したりするのを目の当たりにするのだろうか。共産主義の崩壊と冷戦の終焉は、近代化論の再評価と、収斂の概念の復活をもたらした（Alexander 1995; Fukuyama 1992）。しかし、この復活は短命に終わった。条件付きの収斂論が議論され続けてはいる（Marsh 2008; Schmidt 2010; 2011）。だが、ある特定の西洋の制度的パターン、文化・政治的プログラムへの収斂を予測するような、二〇世紀中期にきわめて優勢だった収斂論を支持する理論家は、今はほとんどいない。政治、経済、法律、宗教、その他の領域における複数の制度的パターン、同じく複数の（多くの場合明確に異なる）文化的・政治的プログラムやモデルが依然として重要であることについて、現在では幅広い同意がある。

二つ目の問いは、これら複数の制度的パターン、文化的・政治的プログラムの近代性に関わるものである。あるものは近代的であり、他のものは伝統的で反近代的なものとして特徴づけるべきであろうか。近代の程度をランク化することは可能なのか。あるいは、それらすべてを等しく近代的なものだとし、近代の程度に差異があるのではなく、近代の種類が異なるものだとするのか。伝統と近代の対比は、ジャーナリズムや公共の議論においていまだに一般的なものである。また、いくつかの経験的調査は、様々な社会を近代という尺度にもとづいてランク化することにより、近代を操作化し続けてきた。しかし、多くの研究者、おそらく大多数の現代の比較歴史学者は、そのような尺度にもとづいて制度的配置をランク化することに躊躇するだろう。強固に反近代主義的で明確に「伝統主義的」な文化・政治的プログラムが、実はいかなる有益な分析上の意味においても「伝統的」ではなく、少なくともいくつかの点において近代的であるとすることによって最もよく理解できるということが研究者のあいだで広く同意を得ている。

しかし、反近代的な文化・政治的プログラムや社会運動は、どのような基準によって、はっきりと近代的であると特徴づけられるのであろうか。最も説得力のある複数の近代論者であるシュメル・アイゼンシュタットは、以下のように答えている。反近代とされるプログラムや運動は、実際のところ三つの点において近代的な特徴をもつ。第一に、それらは再帰的であるという点において、すなわち「自律的な人間の行為作用を通じて」実現されうる諸々の社会的・政治的可能性のオプションがあるという感覚をもっているという点において、近代的である(3)。第二に、そのようなプログラムや運動は、その「高度に政治的でイデオロギー的」な性格において、またその抵抗や制度構築の様式において近代的である。第三に、それらは「ジャコバン主義」的な点において近代的である。アイゼンシュタットによれば「ジャコバン主義」とは、「意識的政治行為による、人格や個人的・集合的アイデンティティの全体的な再構築」へのコミットメントを意味している（Eisenstadt 2000: 3, 19, 21）。

これらはたしかに興味深い議論ではある。しかし、同時に逆説的でもある。なぜならアイゼンシュタットは、複数の近代に関する彼の議論を確証するために、単一の近代という見方を主張しているからである。一方のレベルでは複数の近代があるとし、もう一方のより根本的かつ抽象的なレベルにおいてはただ単一の近代しかないとしている。単一の近代という見方の方が、分析的にはより根本的なものであるように見える。なぜならアイゼンシュタットは、広範な制度的パターン、様々な文化・政治的モデル、プログラムや運動を（明らかに反近代的なものも含めて）「近代的」なものと特徴づけているからだ[4]。

アイゼンシュタット自身は必ずしも常に「複数の近代」という言葉に満足しているようには見えないし、彼の著作においては代替となる分析的な用語が提示されてもいる。例えば、彼は「近代の文化プログラムの持続的な再解釈」について書いている。この議論において近代は単一の現象として理解されているが、それは継続的な批判と再解釈の対象にもなる。さらにこの批判には、西洋的なモデル、プログラム、制度的パターンへの挑戦も含まれる。アイゼンシュタットが言うように、この挑戦は、西洋から「近代の独占」を奪うことを目標にしている（Eisenstadt 2000: 24）。

ここで私は、「複数の近代」に代わるこちらの方の用語法（つまり近代を単一の現象とみなす用語法）を採用することにしよう。私は、ナショナリズムや政治化されたエスニシティを、近代に特徴的なものとして考察していきたい。このテーマを研究する者には誰にでも明らかなように、これらの現象は単一のパターンではなく、複数のパターン、様式、プログラムを示している。しかしながら、私はナショナリズムと政治化されたエスニシティについて、たとえそれらが動的に変化し、常に論争の対象になるとしても、単一の歴史的現象として理解された近代をあらわすものとして取り扱いたいのである。

3．近代化論批判を再訪する

エスニシティ、ナショナリズム、国民国家に関する二〇世紀中期の理論家たちの理解の欠点は、長いあいだ批判されてきた。第一に、よく知られた近代化論への批判によれば、近代化論はエスニシティを進化の残滓として無視し、それゆえ政治化されたエスニシティの持続性や再興について理論化することに失敗した。第二に、宗教を私的な領域へと限定してとらえる支持しがたい世俗化理論に傾倒した。それゆえ、多様な形態の公共宗教の生命力が持続し、しかも刷新されることについて理論化することができなかった。第三に、近代化論は、近代的なナショナリズムが原理的にシビックであり、世俗的であり、包摂的であるとする限定的な理解に依拠しており、それゆえエスニックなナショナリズム、宗教的なナショナリズム、排他的なナショナリズムの重要性が持続し、しかも刷新されることを認識することができなかった。第四に、近代化論は、忠誠心を引き出し、連帯を醸成し、主体性を再構築し、社会関係を再形成する近代国家の力を過大評価した。それゆえ、下位国家における、あるいは国家を横断する忠誠心、連帯、主体性、社会関係の重要性が持続し、しかも刷新されることを予期することができなかった。

二〇世紀中期の近代化論のいくつかの側面に関する批判的な指摘には、もちろんかなりの真実がある。しかし、こうした批判は誇張され、一般化されすぎてもいる(5)。そのことは、カール・ドイッチュ、アーネスト・ゲルナー、クリフォード・ギアーツという三人の研究者を考察することによって確認することができる。一九五〇年代と一九六〇年代初頭における彼らのエスニシティとナショナリズムについての研究は、近代化論から強い影響を受けている。

ドイッチュの一九五三年の著作『ナショナリズムと社会的コミュニケーション』は、ナショナリズムについての初めての自覚的な社会科学的研究のひとつである。現代の読者の目には多くの点で時代遅れになっていることはたしかだが、これは今でも最も興味深い研究のうちのひとつである。ドイッチュにとって、近代とは社会的流動化を意味する。それは都市に住み、農業以外の職に従事し、マス・メディアにさらされ、軍隊に徴兵され、学校で教育を受けたりする人々の割合が増加することによって示される（Deutsch 1953: 100）。ドイッチュの説明によれば、流動化された人々が、国民統合の営為《プロジェクト》と過程にとって困難な問題をもたらした。ドイッチュは、彼の故郷であるボヘミアや中東欧全域における複雑で処理しにくい「民族問題」の本質について個人的に深く精通していた。国民建設《ネーション・ビルディング》や国家建設《ステート・ビルディング》の営為《プロジェクト》についての彼の理解には、独善的なところや目的論的な思考はなかった。その営為《プロジェクト》が成功するのか失敗するのか。それが同化へと向かい、国民国家を強化するのか、あるいは差異化に向かい、民族紛争や国家の崩壊をもたらすのか。このような問いについて、ドイッチュは不可知論的な立場をとった。

ドイッチュの著作は、それ自体が社会構造的で疑似人口学的な還元主義であるという点、政治や文化的闘争を付随的現象として取り扱っているという点において、たしかに限界がある。しかし、近代化論に対するよくある批難からはまぬがれている。この著作は、社会的な過程、関係性、ネットワークに関する、複合的でダイナミックな見取り図を作成する方法について考察した先駆的試みとして、依然として重要である。最近では、ニール・フリグスタインによるヨーロッパ規模での社会統合のダイナミクスに関する研究のモデルとして、この著作が役立っている。またそれは、サブ・ナショナル、ナショナル、ないしトランスナショナルな範囲における流れ《フロー》・ネットワーク・動態的過程について見取り図を作成すること、モデル化を行うこと、計測することなどに関心をもつ研究者にとって、依然として読むに値する著作であろう。

アーネスト・ゲルナーのナショナリズムの理論は、一九八三年の著作が最もよく知られている。しかし、彼の議論が最初に生み出されたのは、それより二〇年も前のことである（Gellner [1964] 1974）。ゲルナーは近代化論の臆することのない特異な擁護者であった。彼のナショナリズム理論の核心も近代化論にある。ゲルナーにとって、近代を生み出す主要な要因となる事実は、複雑で持続的に変化する分業だった。分業こそが相対的に流動性・可動性が高い社会秩序を生み出すものだった。これが新しいコミュニケーション形式（「文脈から自由なコミュニケーション」とゲルナーが呼ぶもの）を必要とした（ゲルナーの機能主義的論法に由来するよく知られた問題については、ここではふれないことにする）。それはまた拡大され、包括的で、国家によって提供される新たな「族外教育（exo-education）」、すなわち読み書き能力を教え、方言ではなく標準化された言語と文化による非人格的なコミュニケーション・スキルを教えるような教育を必要とした。このような新しいタイプの社会秩序において、見知らぬ人との日常的なコミュニケーションの重要性が増すことにより、文化、特に言語がアイデンティティの中心的な指標として、主観的にも客観的にも重要な価値が置かれるようになった。これはまた、言語が強く政治化される現象（これは中欧出身のゲルナーにとって馴染み深いものだった）を説明することにも役立ったのである。[6]

ドイッチュの研究同様、ゲルナーの説明には政治的闘争や文化的創造性を認める余地がほとんどない。彼に対してもまた、社会経済的還元論であるという批難を浴びせることができるだろう。しかしゲルナーは、近代という条件の下において、それ以前にはないかたちで文化が政治的な問題になるのはなぜなのかについて、強力かつ簡潔に説明している。それは文化の政治化についての、あるいは政治の文化化についての説明であるといえる。[7]

本章の目的にとって、クリフォード・ギアーツは三人の中で最も興味深い人物かもしれない。こんにち彼は近代化論者として知られているわけではないし、ナショナリズムやエスニシティについての主要な理論家として知られているわけでもない。しかし、彼はハーバード大学の社会関係学部の大学院生としてタルコット・パーソンズや近代化論と密接な関係をもち、彼の初期の研究はその伝統の流れを汲むものであった。そのような彼の初期の研究のなかに、エスニシティやナショナリズムの分析に対して多大な貢献をなした長大な論文「統合革命」がある。この論文は一九六三年に彼によって編集された『古い社会、新しい国家――アジアとアフリカにおける近代の追求』というタイトルの本のなかに掲載されている。

こんにちこの論文が言及される場合、いわゆる「原初主義」の議論と関連づけられるのが一般的である。構築主義、状況主義、道具主義といった立場から、原初主義のエスニシティ概念を批判することがここ数十年のあいだ流行してきた。このような批判が問題なのは、それが誤っているからではない。むしろその批判があまりに正しすぎるため、真に批判されるもの自体が存在しないというところに、この原初主義批判の問題がある。原初主義的説明の批判者たちは、ギアーツの論文をその一例として引用している。たしかにギアーツは、近代化しつつある脱植民地国家を、原初主義的感情の疑似政治的渦が荒れ狂う（彼の独特の表現を用いて言えば）場として描いている（Geertz 1963: 126-7）。こんにちの多くの読者にとって、この表現は合理的で市民的な近代国家と、非合理的で伝統的・原初的なアタッチメントの「渦」という粗雑な二分法を示唆するものかもしれない。しかしながらギアーツの分析は、はるかに興味深くかつ巧妙なものである。

ギアーツの政治化されたエスニシティに関する説明は、決して原初的なものではない。「原初的アタッチメント」という概念でギアーツが意味していたのは、現地の人々の理解において自然で、前政治的で、不変なものとみなされていた紐帯のことであり、現地の人々の言論のなかでそのようなものとして表現されている紐帯のことだった。彼自身がその紐帯を、自然で、前政治的で、不変なものとして扱ったわけではなかった。彼の分析が実際に明らかにしたのは、そのような紐帯が脱植民地国家においてより大規模で、無限定的なエスニックな塊へと再結合され、集積化されていくことであり、さらにその紐帯が、地域、人種、言語、宗教などの境界に沿って構築され、国家全体の規模にいわば適合するように引き伸ばされていくことであった。結果として生まれたエスニックな紐帯の構造は、国家規模において単純化され、集中化された集団的敵愾心として作用するものであり、それはいかなる意味においても「伝統」の残滓ではなかった。ギアーツが強調するように、それは近代の産物であった。すなわち、脱植民地国家における政治生活の構造と規模への反応として、エスニックな紐帯が発生したのである（Geertz 1963: 155）。ギアーツは、エスニシティを原初的ないし過去の遺物であり、単なる私的な関心事へと後退していく運命にあるものと見てはいなかった。彼は、政治化されたエスニシティを、近代の政治的条件の下でこそ強化されるものとして見ていたのである。

ギアーツはまた、忠誠心を引き出し、連帯を醸成し、アイデンティティを再形成する近代国家の力を過大に評価していたわけでもない。ギアーツの論文のタイトルにある「統合革命」とは、アジアやアフリカのナショナリストのエリートたちが思い描いたような、あるいは学問的洗練の水準が低い近代化論者たちが考えたような「国民統合」のことではない。すなわちギアーツの「統合革命」は、成功し、完成した「国民統合」という最終地点に向かうことを想定したものではないのである。ギアーツは、脱植民地国家における国民形成《ネーション・ビルディング》の営為《プロジェクト》が抱える複雑さと困難について、ドイッチュ以上に敏感であった。「統合革命」とは、きわめて多様な住民が民主的で国民的であることを装う単一の国家、すなわち統治下にある人民の、人民のための国家を自称する国家へと結びつけられていく過程で生じる、重要な政治的変容を意味するものなのである。この脱植民地国家という新たな国家は、めざすべき目標として、そこから得られる報酬において、そして活動の場として、先行する植民地国家よりもはるかに重要なものとなった。この変容こそが、原初的とされる紐帯（と私が述べたもの）の再編と、政治化されたエスニシティの強化をもたらしたのである。ナショナリストであるエリートたちが思い描いた国民統合とは、その大部分が神話だった。だが、ギアーツが描き出した「統合革命」は事実だったのである。

4. エスニシティとナショナリズムに関する「単一の近代」の観点

ここで複数の近代の問いに立ち返ることにしよう。ヴィルフリート・シュポーンは、複数の近代の理論によってナショナリズムの現代的な形態を分析することができると主張している。シュポーンは、宗教や「エスニックで原初的」要素が「近代的なナショナル・アイデンティティやナショナリズムの近代的形態の本質的側面」であり、その変化しつつも持続する重要性を理解するためには、複数の近代という視座が必要であると論じている（Spohn 2003: 269）。そのうえでシュポーンは、世界の様々な地域におけるナショナリズムや宗教、世俗化過程の様々な編成と軌跡について、比較文明的視点から研究を進めている。

シュポーンの説明は、ニュアンスに富み洞察が深い。しかし私は、そこで複数の近代の概念が必要であるということには納得していない。ナショナル・アイデンティティの理解や表象が、世界の様々な地域において様々な仕方で宗教と絡み合っているというシュポーンの見方はたしかに正しい。さらにその他の多くの点において、過去三〇年間に発展した比較文学研究の多くがナショナリズム、エスニシティ、人種の編成や軌跡は時代と地域において様々であることを明らかにしてきた。しかし、これらの研究の知見も、単一な歴史的現象としての近代という理解と完全に両立していると私は主張したいのである。その近代が内的に複雑で、絶えず論争の対象となっているのはもちろんであるとしても。

ナショナリズムとエスニシティの研究において、「単一の近代」の観点は二つの利点をもつものと私は見ている。第一に、この観点は、ナショナリズムと政治化されたエスニシティを発生させ持続させた社会経済的・政治的・文化的な諸過程のグローバルな特性に焦点を当てることができる。この諸過程は、社会的世界の視界《ヴィジョン》と区分《ディヴィジョン》の基本原理として、自己と他者を同定する根源的方法として、また要求を掲げるための基礎的テンプレートとして、ナショナリズムと政治化されたエスニシティを発生させ持続させたのである。

社会経済的諸過程には、ドイッチュとゲルナーによって論じられた社会的流動化と分業化が含まれている。政治的過程には、後で論じる新たなタイプの政治組織体とパッケージ化された一連の近代的諸観念の波及が含まれる。文化的過程には、私がアイゼンシュタットについて論じた際に言及したもの、すなわち新しい再帰性の発展、自律的な人間行為者についての理解の拡張、政治活動による社会変動の可能性に関する感覚の拡大が含まれる。これらの諸過程のグローバルな特性を強調するということは、それらが画一的であると仮定することではない。その規模の大きさ、範囲の広さ、相互連関性の広がりについて、ここでは強調したいのである。

「単一の近代」の観点のもつ第二の利点は、様々な形態のナショナリズムや政治化されたエスニシティにとって利用可能な制度的・文化的素材を提供する、一連の組織形式と政治文化的テンプレートの波及を明らかにしているという点にある。波及の概念は、二〇世紀中期の近代化論者たちにとって中心的なものであったが、その後使われなくなってしまった。近代化論における、西洋の市民的で世俗的な国民国家モデルの波及に関するナイーブで目的論的な理解を批判するのは簡単である。しかしこれは、必ずしも波及の概念を用いてはならないということを意味するものではない。波及は実際に起きた。だが、何が波及し、波及がどのように進んだのかについては、さらに明らかにしていく必要がある。

ナショナリズムはその始まりから、国際的に用いられる言論だった。このことは、ナショナリズムがある場から他の場へと機械的にコピーされたことを意味するものではない。それがある新しい場において取り入れられれば、その地域の状況やそこでの闘争に適応し、地域固有の響きをもつ語法へと翻訳され、多様な土着の言論の伝統と混じりあうことになる（Anderson 1991; Chatterjee 1986; Calhoun 1997: 107）。にもかかわらず、ネーション、国家、シティズンシップ、人民主権などと結びついた観念・理想・組織モデルが一種の「パッケージ」を形成している。このパッケージには共通の核があり、それがパッケージ内の個々の観念や組織が様々な仕方で適合し、利用され、変容する際の共通の基礎を構成している。そして、フランス革命に続く二〇〇年間、この「パッケージ」はグローバルに波及していったのである。

パッケージは、組織的・制度的要素と文化的・イデオロギー的要素とを備えている。組織的要素には、官僚制的領域国家の基本形態が含まれている。もちろん、現代国家の形態は多種多様である。しかし長期的な歴史的観点から見て際立っているのは、ある一つのタイプの政治組織体が、他の多くのタイプの政治組織体を押しのけてグローバルに波及したということである。その政治組織体とは相対的に集権化され、社会への浸透性の高い領域国家のことである。それは間接的でなく直接的な統治を行い、官僚制的行政スタッフによるヴェーバーの言う「合法的」な権威によって支配される。さらに長期的な観点から見て際立っているのは、国家の大きさ、効率性、支配体制がそれぞれ様々であるにもかかわらず、国家が関わる活動の領域に収斂が見られることである。すなわち、ほとんどすべての現代国家は、教育、健康、社会福祉、係争処理、経済生活の規制などの問題について、少なくとも名目上は責任を負っているのである（Meyer 1987）。

文化的またはイデオロギー的要素（本書の第1章において別の角度から分析している）には、人民《ピープル》、ネーション、シティズンシップなど、相互に結びついた諸観念が含まれている。国家が支配する対象は臣民ではなく、（少なくとも潜在的には）活動的な市民として理解される。これらの市民は「人民」ないし「ネーション」として、単一の統一的集合体を構成するものと理解されるのである。また、この「人民」ないし「ネーション」は相対的に均質で、他と区別された一体性、アイデンティティ、性格などをもつものと理解される。最後に、国家の権威は「人民」や「ネーション」の主権やその「所有権」に言及することによって正当化される。つまり国家は、ある特定の「ネーション」の国家であり、ある特定の「ネーション」のための国家として理解されるのである。

このような人民、ネーション、シティズンシップなどからパッケージ化された用語は大変に融通無碍で適応性が高い。それは国家によって用いられるだけでなく、国家に対抗して用いられることもある。これらの用語は、ある政治組織体を正当化するのに用いられることもあるが、その正当性に意義を唱えたり、新たな政治組織体を要求したり、自律や資源を要求するためにも用いられる。さらに、人民やネーションの観念の内容（それは人民やネーションに一体性、性格、固有で特異なアイデンティティを与える）も様々な方法で語られる。それは国家や共有された政治的経験によって形成されたものと理解されることもあれば、国家に先行し、国家とは独立して存在する前政治的なものとして理解されることもある。それはシティズンシップ、歴史、言語、生活様式、祖先、人種、宗教などにもとづいて理解されるのである。

このような説明において、エスニック・ナショナリズムや宗教的ナショナリズムを理解するために「複数の近代」という概念は必要とされない。単一の近代の観点で十分なのである。問題は「近代がいくつあるのか」ではなく、近代それ自体をいかに特徴づけるのか、なのである。もし私たちが時代遅れで、偏狭で、独善的なヨーロッパ中心主義の近代理解にとらわれているのであれば、複数の近代の概念は説得力をもつかもしれない。しかし、もし「近代」がより柔軟で洗練された方法で理解されているとすれば（実際にかなりの研究がそのように理解しているが）、複数の近代という観点を主張する理由は著しく弱められることになる。

このことがナショナリズムやエスニシティの領域においてもつ意味は何だろうか。もしも私たちが、近代の国民国家と近代のナショナリズムが純粋に世俗的・市民的《シビック》であり、宗教とエスニシティは私的な領域に限定されるという時代遅れの理解にとらわれているのであれば、複数の近代の観点は力を発揮するだろう。しかし、ドイッチュ、ゲルナー、ギアーツの研究を再検討する際に私が示したのは、このような偏狭な理解は、一九六〇年代においてさえ決して近代についての唯一の理解ではなかったということである。こんにちであればなおさらだ。政治的近代についての、より柔軟な理解にもとづく研究がこれまでも長らく存在していた（例えばWimmer 2002）。そこでの議論は、国際的に流通する国家、ネーション、人民、シティズンシップのモデルが各地において柔軟に適応し、また絶えず批判され、論争の対象となっている様を明らかにしている。

5. おわりに――「単一の近代」の再評価

本章では、「単一の近代」の観点を支持するための二つの議論を行った。ひとつは論理的なもの、もうひとつは社会学的なものである。論理的議論は次のようなものである。複数の制度的パターンや文化的・政治的プログラムを（見かけ上は反近代的なものであっても）「近代的」と特徴づけるためにはいくつかの基準が必要である。この基準は、少なくとも抽象的な概念的レベルにおいて、単一の近代概念に依拠している。

社会学的議論は二つの側面からなる。第一に、ナショナリズムと政治化されたエスニシティを、文化的・政治的な理解、同定、主張形成の基本的形式として発生させ、持続させているグローバルに相互連関する社会経済的・政治的・文化的諸過程について論じた。第二に、過去二〇〇年間に世界的に波及してきた国家、ネーション、人民、シティズンシップの観念と組織のパッケージは、共通の核をもちながらも柔軟な適応性をもっていることについて論じた。

［注］

1　この節の見出しは、ウィトロックの著作（Wittrock 2000）のタイトルから借りたものである。ウィットロックは制度形態や文化的プログラムの複数性を認める一方で、本章で展開したものとは異なる観点からではあるが、単一のグローバルな条件としての近代という見方を擁護している。

2　二〇世紀中期の近代化論や収斂に関する議論については、Parsons（1966）、Levy（1966）、四〇年以上のあいだに書かれた論文を集めたInkeles（1998）を参照されたい。

3　再帰性については、Beck et al.（1994）を、この著作に対する批判としてはAlexander（2006）を参照されたい。

4　これに似た議論がシュミット（Schmidt 2010: 514, 530）によってなされている。単一のグローバルな近代についての主張は、Dirlik（2003）も参照されたい。

5　他の論者も指摘してきたように、一九七〇年代と八〇年代における近代化論に対する批判的反動があまりに力をもちすぎたため、主要な近代化論者の洗練された議論が無視される傾向があった。詳しくは、Alexander（1995）、Martinelli（2005）、Schmidt（2010）を参照されたい。

6　英語で書かれたナショナリズム研究における三人の著名な研究者ドイッチュ、ゲルナー、ハンス・コーンがプラハ出身だったという興味深い事実をここで記しておこう。この事実は単なる偶然ではない。

7　ゲルナーにとって「文化」とは、第一に言語を意味するものだったことはたしかである。イスラーム世界について長年関心を抱いてきたにもかかわらず、ゲルナーは宗教についてほとんど注意を払わなかった。

【参考文献】

Alexander, Jeffrey., 1995, "Modern, Anti, Post and Neo," *New Left Review* I/210: 63-101.

——., 2006, "Critical Reflections on 'Reflexive Modernization'," *Theory, Culture & Society* 13: 133-8.

Anderson, Benedict., 1991, *Imagined Communities: Reflections on the Origin and Spread of Nationalism*, Revised ed.,

London: Verso.［=2007, 白石隆・白石さや訳『定本　想像の共同体――ナショナリズムの起源と流行』書籍工房早山］

Beck, Ulrich, Anthony Giddens and Scott Lash., 1994, *Reflexive Modernization,* Cambridge, UK: Polity Press.［=1997, 松尾精文・小幡正敏・叶堂隆三訳『再帰的近代化――近現代における政治、伝統、美的原理』而立書房］

Calhoun, Craig., 1997, *Nationalism,* Minneapolis: University of Minnesota Press.

Chatterjee, Partha., 1986, *Nationalist Thought and the Colonial World: A Derivative Discourse?*, London: Zed Books.

Deutsch, Karl W., 1953, *Nationalism and Social Communication*, Cambridge: Massachusetts Institute of Technology Press.

Dirlik, Arif., 2003, "Global Modernity? Modernity in an Age of Global Capitalism," *European Journal of Social Theory* 6(3): 275-92.

Eisenstadt, S. N., 2000, "Multiple Modernities," *Daedalus* 129(1): 1-29.

Fligstein, Neil., 2008, *Euroclash: The EU, European Identity, and the Future of Europe*, New York: Oxford University Press.

Fukuyama, Francis., 1992, *The End of History and the Last Man*, New York: Free Press.［=2005, 渡部昇一訳『歴史の終わり――歴史の「終点」に立つ最後の人間』（上下）三笠書房］

Geertz, Clifford., 1963, "The Integrative Revolution," in Clifford Geertz, ed., *Old Societies and New States: The Quest for Modernity in Asia and Africa*, New York: Free Press of Glencoe, pp.105-57.

Gellner, Ernest., 1974 [1964], "Nationalism," in Ernest Gellner, *Thought and Change*, Chicago: University of Chicago Press, pp.147-78.

――., 1983, *Nations and Nationalism,* Ithaca: Cornell University Press.［=2000, 加藤節監訳『民族とナショナリズム』岩波書店］

Inkeles, Alex., 1998, *One World Emerging? Convergence and Divergence in Industrial Societies*, Boulder, CO: Westview Press.

Levy, Marion., 1966, *Modernization and the Structure of Society*, Princeton University Press.

Marsh, Robert., 2008, "Convergence in Relation to Level of Societal Development," *Sociological Quarterly* 49: 797-824.

Martinelli, Alberto., 2005, *Global Modernization: Rethinking the Project of Modernity*, London: Sage Publications.

Meyer, John., 1987, "The World Polity and the Authority of the Nation-State," in George M. Thomas, John W. Meyer and Francisco O. Ramirez, eds., *Institutional Structure: Constituting State, Society, and the Individual*, Newbury Park: Sage, pp.41-70.

Parsons, Talcott., 1966, *The Evolution of Societies*, Englewood Cliffs, NJ: Prentice-Hall.

Schmidt, Volker H., 2010, "Modernity and Diversity: Reflections on the Controversy between Modernization Theory and Multiple Modernists," *Social Science Information* 49(4): 511-38.

——., 2011, "How Unique Is East Asian Modernity?," *Asian Journal of Social Science* 39(3): 304-31.

——., 2012, "Conceptualizing Global Modernity: a Tentative Sketch," Working paper 191, Department of Sociology, National University of Singapore.

Spohn, Willfried., 2001, "Eisenstadt on Civilizations and Multiple Modernity," *European Journal of Social Theory* 4(4): 499-508.

——., 2003, "Multiple Modernity, Nationalism and Religion: A Global Perspective," *Current Sociology* 51: 265-86.

Wimmer, Andreas., 2002, *Nationalist Exclusion and Ethnic Conflict: Shadows of Modernity*, Cambridge: Cambridge University Press.

Wittrock, Bjorn., 2000, "Modernity: One, None, or Many? European Origins and Modernity as Global Condition," *Daedalus* 129(1): 31-60.

第2部

「帰属の政治」と移民政策

第4章　ドイツと朝鮮における越境的メンバーシップの政治
——国境外の民族同胞問題の再編成

（ジェウン・キムとの共著）

1．越境的メンバーシップ政治の比較分析——本章で論じる問題の概要

シティズンシップ、メンバーシップ、帰属に関する近年の研究において、国境を越えたメンバーシップやアイデンティティの同定《アイデンティフィケーション》の諸形式・諸次元に対し、より多くの関心が注がれるようになっている。その研究成果は次の二つのグループに分けることができるだろう。第一のグループはメンバーシップの政治と政策についてのもの、第二のグループはメンバーシップと帰属の経験や日常行動についてのものである。第一のグループの研究が着目してきた問題としては、国民国家が出移民や国境外の民族同胞とのつながりを確立ないし維持する活動、そのような国境外の住民のために国民国家がつ

くり出した新たなメンバーシップの地位、「祖国」国家において国境外のメンバーに権利や特権を与える一連の政策、そのような地位や政策をめぐる政治闘争、また、国家が国境外の住民とのつながりの強化を求めるようになった経済環境、二重の忠誠に対するそれまでの懸念を緩和し、二重国籍や他の越境的メンバーシップの形態を普及させた地政学的・文化的な条件などがある。(1)

それに対し第二のグループの研究は、メンバーシップと帰属の経験や日々の習慣を形成する社会的、文化的、経済的な構造・過程・日常行動を分析してきた。その研究は資本主義のグローバル化、コミュニケーションや交通の技術における近年の劇的な進歩、国境を越えたネットワークの拡大などがアイデンティティの同定、忠誠、連帯といかに関係しているのかに焦点を当ててきた。また、二重のアイデンティティやディアスポラ的なアイデンティティが顕著になってきたことに着目し、国境外の住民が彼らの「故郷」にあたる社会や地域コミュニティへのつながりや参加を維持し、再構築する一連の日常行動を分析してきたのも、こちらの系統の研究だった。(2)

本章は、ドイツと朝鮮における越境的メンバーシップの政治を分析することにより、第一グループの研究に寄与するものである。ここで越境的メンバーシップの政治とは、特定の国家の領土外に永続的に置かれながらも、その国家やその国家と結びついたネーション（国民・民族）に何らかのかたちで帰属するものとして表明された住民に対して向けられた、あるいはその住民自身によって生み出された政治的要求、制度化された日常行動、言論表象のことを意味している。(3) 本章で私たちは、冷戦期およびポスト冷戦期における西ドイツと東欧や旧ソビエト連邦におけるドイツ人との関係と、韓国（いくつかの文脈では北朝鮮）と日本や中国に住む朝鮮人との関係を比較したい。

このような比較研究は、個別の事例研究とテーマ別の概論が大部分を占めていた従来の研究を補完するものである。だが、特にここでドイツと朝鮮の比較を促しているのは、双方の事例における数多くの注目すべき類似性である。第二次世界大戦後のヨーロッパとアジアを襲った民族的な脱混住化をともなう大規模な移住は、占領下ドイツへのドイツ人の、また占領下朝鮮への朝鮮人の大量流入をもたらした。しかしこの脱混住化は、多くのドイツ人を東欧および旧ソ連に、また多くの朝鮮人を日本、中国、旧ソ連に残置したままにした。これらの国境を越えた民族同胞は、どちらの場合も犠牲者として表象されながら、越境的メンバーシップの政治の対象となり、冷戦期の地政学的・イデオロギー的な対立、押し付けられた国家の分割、そして後には（国境外のドイツ人と朝鮮人が大量にそれぞれの「祖国」に移住するようになると）西ドイツや韓国への大規模な労働移民の政治と深く絡み合うことになった。

こうした類似性にもかかわらず、ドイツと朝鮮の比較は、比較分析の通常の媒介変数《パラメター》の限界を超えている。(4) 文化的ないし文明的な文脈の相違、国家建設とナショナリズム運動のパターンとタイミングの相違、二〇世紀前半の歴史的軌跡の根本的な相違（そこには長期にわたる日本による朝鮮の支配とドイツにおけるナチスの独裁制、第二次大戦中におけるドイツと朝鮮人とのある意味で対極的な経験が含まれる）など、比較の前提となる媒介変数《パラメター》の大きな違いを考えると、この二事例の越境的メンバーシップ政治の比較研究は、そもそも比較研究として問題があるとみなすことができるだろう。

だが私たちは、これらの文脈と軌跡の違いは比較分析の障害となるものではなく、むしろ比較分析の射程を拡大し、より豊かなものにする機会になるものととらえている。私たちは朝鮮における近代国家の諸制度の発展の遅れ、ドイツと朝鮮の強制移住体制への取り込まれ方の相違、ナチス支配と日本の植民地支配の制度的遺産《レガシー》などの要因を比較分析に取り入れ、これらの諸要因と越境的メンバーシップの政治への関連性を明らかにしていこうと思う。通常の比較分析の事例の範囲を拡大することは比較分析を豊かにできるものだが、その理由は、このような一般に無視されているマクロな文脈的要因を分析の対象に置くからなのである。

ドイツと朝鮮の比較により、越境的メンバーシップの既存研究がもつ二つの限界について論じることが可能となる。第一に、これまでの研究は国境外の住民の存在を自明なものとみなす傾向があった。例えば、国家と最近出国した移民との関係、あるいは国境線の変更によって生み出された民族同胞と国家との関係のように、越境的メンバーの同定には比較的問題がないような事例に関心が集中していた。その結果、国家がどのように国境外の住民とのつながりを強化しようとしてきたのかということや、国家が国境外の住民に拡大した権利や特権についての分析が行われてきた一方で、これらの住民の構成のされ方それ自体について中心的に取り組まれてきたわけではなかった。すなわち、これまでの研究は、国家がいかにある特定の（だがその他ではない）国境外のある住民集団を「自身の」集団として同定し、構成してきたのかについて、一貫したかたちでは論じてこなかったのである。

本章で私たちが論じる事例は、越境的メンバーの同定が多分に問題をはらみ、論争の多いものだった。これらの事例の分析は、最近の出移民に関しての研究や、国境線の変更により出身国から切り離された民族同胞に対する越境的政策を扱った研究が、見えにくくしてしまった問題を明らかにするものである。越境的メンバーシップの政治は、まず第一に、アイデンティティ同定の政治である。国境外の住民は、それが国家の政策の対象となる以前に、国家に「帰属する」人々として同定され、構成されなければならない。そしてその同定は不確定であり、異議を唱えられ、可変的であり、無効化されることもある。国境外の住民の同定は、国家の象徴権力の一例である。象徴権力とはすなわち、名前をつけ、同定し、定義し、区別する力であり、分類し、カテゴリー化する力であり、その人物が誰であり、その事物が何であるのかを権威をもって特定する力であり、そうすることにより「集団を創出し、解消する」力のことである（Bourdieu 1991: 221; Loveman 2005）。越境的メンバーシップのカテゴリーの形成と変容（その明確化とそれをめぐる論争、その拡張と縮小）に着目することにより、私たちはこの象徴権力が、国家の領土的範囲の内部において行使されるだけでなく、領土の境界線を越えて投企《プロジェクト》され、国境外の住民集団の創出・再創出・解消に寄与しうることを示す。(5)

第二に越境的メンバーシップ政治の研究（特に国家と国境外の民族同胞の関係に焦点を当てた研究）は、越境的メンバーシップ政治をエスニック・ナショナリズムによって動機づけられたものとみなす傾向がある。それらの研究は、長らくナショナリズム論を整理するのに役立ってきたエスニックと「シビック」（あるいは国家中心的）というネーション理解とナショナリズムの形態の二分法に、少なくとも暗黙には依拠している。今ではこの二分法に異を唱える研究者が登場し（Yack 1996; Seymour et al. 1998; Brubaker 2004: Chapter 6; Joppke 2005）、シビック・ナショナリズムの概念に対しても、それがイデオロギー的な構築物であり、したがって分析的カテゴリーとしては疑わしいものとして広く批判されるようになっている。しかしその一方で、エスニック・ナショナリズムの概念それ自体はほとんど問題視されていないのである。

ドイツと朝鮮は、広くエスニック・ナショナリズムの典型的事例と考えられ（Kohn 1944; Shin 2006）、その越境的メンバーシップ政策はそれを強力に証明する実例とみなされてきた（Hogwood 2000; チョン 1999; 大田 2004, しかし重要な批判として Joppke and Rosenhek〔2002〕がある）[6]。したがって、ドイツと朝鮮は、私たちのようにエスニック・ナショナリズムの概念の説明的価値に疑問を唱えようとする場合、特に挑戦的で興味深い事例となる。ドイツと朝鮮における国境外の民族同胞の選択的かつ可変的な受け入れられ方について、エスニック・ナショナリズムの概念によっては説明できないというのが私たちの議論である。両国における越境的メンバーシップ政治は、既存の説明が想定してきた以上に地政学的な文脈や国家によるカテゴリー化の実践、政治闘争などによって形成され、構成されてきたのである。

私たちは本章での議論を以下のように進めていく。まず、この二つの事例における越境的メンバーシップの広範囲の歴史的文脈に関する主たる相違にくわえ、戦争直後の大規模だが不完全である民族的な脱混住化の移住をともなう歴史的文脈の相違を特徴づけるところから始める。続いて、形成と変容の主たる二つの時期について論じる。その第一期は冷戦最中の時期にあたる。この時代、ドイツと朝鮮は競合し、イデオロギー的に両極にあり、互いに正当性を否定しあう二つの国家に分割され、より広域的な同盟関係の中に埋め込まれていた。ここで私たちは、冷戦期の越境的メンバーシップの政治における次の五つの主要な相違点を指摘し、それらについての説明を行う。その五つの相違点とは、(1)分割と冷戦のイデオロギー的対立による越境的メンバーシップ政治の形成のされ方の明瞭な相違、(2)国境外の民族同胞の犠牲者として解釈のされ方の対称性、(3)当初の越境的メンバーシップの政治が、ドイツにおいては「内部」の民族同胞（すでにドイツで生活していた被追放者）に向けられていたのに対し、朝鮮では「外部」の民族同胞に向けられていたこと、(4)国境外の民族同胞が最初に受け入れられた際のその包摂範囲の相違、そして(5)この受け入れに対する国境外の民族同胞自身の反応の相違である。

私たちが検討する第二期はポスト冷戦期である。この時代、ドイツは統一し、朝鮮では相互の敵対が緩和し、また両国で民族同胞の移民が急激に増加し、それが経済的および政治的に他の形態の移民問題と絡み合っていた。私たちはここで、ポスト冷戦期の越境的メンバーシップにおける三つの主要な相違をとらえ、説明していく。その三つの相違とは、(1)民族同胞の流入を規制する入国、滞在、国籍の条項に関する明瞭な相違、(2)越境的メンバーシップの政治と移民政策全般との絡み合い方の対称性、そして(3)国境外の民族同胞に対するスタンスが次第に制限的になっていくドイツと、国境外の民族同胞の受け入れをさらに拡張しようとする韓国の相違である。ドイツにおいては冷戦の終結は越境的メンバーシップ政治の歴史のひとつのエピソードに結末をもたらしたのに対し、朝鮮では長らく忘れられてきた中国での「親族」に対する越境的メンバーシップ政治に遅まきの開始をもたらしたのである。

第一期と第二期の双方において、越境的メンバーシップの政治が発生する地政学的および国内的な文脈、越境的メンバーシップの形式を制度化させる国家のカテゴリー化実践、越境的メンバーシップの地位をめぐる政治闘争に対し、私たちは一貫した関心を注いでいく。これらの要因が合わさって、越境的メンバーシップ政治の両国での異なった輪郭と軌跡を説明することができるということを論じていく。結論において私たちは、ここでの分析が越境的メンバーシップ政治の研究にもたらす、より広範な含意について述べたい。

2. 歴史的文脈

ドイツと朝鮮における越境的メンバーシップの政治は、明確に異なったマクロ政治的な編成と軌跡によって深い影響を受けている。それゆえ本章は、関連する文脈と軌跡の簡単な（また必然的に図式的にならざるをえない）スケッチから始めることにする。焦点になるのは次の五つの主題である。

(1)政治的な構造と境界線の安定性あるいは不安定性
(2)定住と移住のパターン
(3)国家建設のタイミング
(4)二〇世紀前半における地政学的位置と政治的軌跡
(5)終戦直後の移住と民族的な脱混住化

主要な対照性の第一は、朝鮮半島における政治構造と境界線の長期的安定性と、中央ヨーロッパにおける慢性的不安定性との相違である。一つの君主国が、重大な内的・外的な挑戦を受けずに数百年間朝鮮半島を支配してきた。この政治組織体は近代国民国家のように文化的に均質ではなく（また、均質化を進めるわけでもなく）、住民は文化的に階層化され、そのエリート層は広域的な中華文明世界に属していた。しかしこの政治組織体は、エリート層のあいだに（またある程度はより広い住民層のあいだに）一定程度の文化的一体性をともなった、地理的に明瞭でかつ永続する政治的集合体への帰属感覚を醸成する原国民的《プロトナショナル》な国家として理解することができるだろう（Duncan 1998）。

中央ヨーロッパの政治的風景はこれとはまったく異なっていた。この地域には小規模の司教管轄区、諸侯の領国、自治都市等から巨大な帝国まで、また政治単位間の緩やかな連合や連盟から近代化を進める堅固に集権化された政治組織体まで、当惑するほどに多様な政治単位が属していたのである。既存の政治組織体の境界線は、戦争や支配者間の婚姻により頻繁に変更された。また、新たな政治構造がつくり出され、他の政治構造が消滅していくにつれて、これらの政治組織体が構成する政治空間それ自体もまた頻繁に変化した。これらの政治単位は、後にエスノ文化的な国民として概念化されるものに比べてはるかに巨大なものか、あるいははるかに小さいものだった。つまり一八七〇年以前において、原国民的《プロトナショナル》なドイツ国家は存在しなかったのである。

第二の対照性は、定住と移住のパターンをめぐる相違である。朝鮮における長期的安定性は、住民の長期的安定性と符合するものだった。一般住民の境界を越えた移動は、一九世紀中期まで厳格に管理され、阻止された。半島への大規模な移民の流入も、半島外での（隣国の日本や北方の境界線を越えた満洲においての）相当数の朝鮮人の永続的な定住も起こらなかった。領域、政治組織体、住民が一致していることは自明だったのである(7)。

この点においてもまた、中央ヨーロッパではまったく異なった状況が支配していた(8)。政治的境界線が変わりやすかったということだけではない。住民や言語の境界線もまた変わりやすかった。中世の時代に、移住、征服、植民が、ゲルマン系の言語を話す住民とスラブ系の言語を話す住民とのあいだの境界線を東方へと押し動かした。移住、征服、植民はまた、拡大されたゲルマン語系話者の定住する領域をさらに越えて、言語的に混合した人々の住む広い地域（ポンメルン、プロイセン、シュレージエンなど）や、こんにちのバルト諸国、チェコ共和国、スロバキア、ハンガリー、ルーマニア、スロヴェニアの一帯にゲルマン語系話者集団が住む無数の小地域をつくり出し、それまでは比較的明瞭であった言語的境界線を曖昧なものにしたのである。[9] さらに一八世紀と一九世紀初頭における新たな植民の波の中で、ハプスブルク帝国やロシアにおいてドイツ語系話者が徴募され、彼らが様々な地域に定住することになった。

この政治的・エスノ文化的地理の二重の対照性、すなわち朝鮮半島における原国民的政治組織体と住民の長期的安定と、中東欧における政治的・エスノ人口学的な慢性的不安定との対照性は、ドイツと朝鮮において「ネーション問題」がとった形態の違いに強く影響している。一九世紀前半に、中央ヨーロッパでナショナリズムの文化的および政治的イディオムが広まったとき、何が（あるいはどこが）「ドイツ」であるべきなのか、また誰が「ドイツ人」に数えられるべきなのかということについて、まったく明確ではなかった（Wolff 2003: 6）。一八七一年の「小ドイツ」的なドイツ帝国の確立とその強化は、その後の二世代の人々にとって、この問題を解決することとなった。[10] しかし、第一次大戦でのドイツの敗北と領土喪失の後、「ドイツ問題」に再び火がついた。それとは対照的に、一九世紀末に東アジアでナショナリズムのイディオムが広まったとき、朝鮮のナショナリストたちは「朝鮮」や「朝鮮人」に関する安定的で自明視された理解、またその領土・文化・人口をいかに地図上にマッピングすべきかについての自明視された認識に訴えることができた（Schmid 2002）。ダーウィン的弱肉強食の国際環境の中で生き残るために近代化される必要があったとはいえ、政治的、地理的、文化的に統一された独自の実体が長いあいだ存在してきたという認識はすでに深く根づいていて、それがナショナリストたちの主張を裏付けるものとして容易に動員されたのである[11]。朝鮮という存在の「実体性」を自明視する理解は、私たちがこれから議論するように、二〇世紀前半の長期化した日本領有の時代、単に存続しただけでなく、強化さえされた。

相違の第三の側面は、国家建設の経緯とタイミングに関するものである。プロイセンをはじめとするドイツの諸国家は、連携し、競合し、しばしば戦争しあう特殊ヨーロッパ的な国家間システムの中心に組み込まれていた。この国家間システムは、後に集権化された近代的領域国家として知られることになる組織の中核をなす資源徴発や行政能力の発展にとって、重要な基盤としての役割を果たすことになった（Tilly 1975a; 1975b; 1990; Ertman 1997）。プロイセンと（一八七一年以後の）ドイツは、この集権化された近代的領域国家という点において最も「先進的」な部類に属し、しかも高度の「インフラストラクチャー的権力」をともなうものだった（Mann 1993: 59-60）。「インフラストラクチャー的権力」とは、住民を「把握」し「包容」する（すなわち、同定し、数を数え、カテゴリー化し、規則で取り締まり、教育し、その他様々な方法で管理する）高度に発達した能力のことを意味している（Torpey 2000）。本章の目的にとって、この能力の中で最も重要なものは国家のメンバーシップ（ドイツ語でいう国家帰属資格〔Staatsangehörigkeit〕）制度の初期的な発展と法的コード化である（Grawert 1973; Brubaker 1992: 64-72; Fahmeir 2000）。誰がどの国家に帰属するのかを特定するための相互に承認された規則と手続きを国家が発展させることによって、国家のメンバーシップ制度である国籍が形成され、国家は国境を越える人々の移住（特に国境を越えた貧民の移住）に対処することができるようになった。

東アジアでは一九世紀後半、西洋の帝国主義的圧力への反発として、「時代遅れ」であると広く理解された政治組織体を「近代化」する自覚的な運動が始められた。日本は急速に「近代的」な領域国家へと変貌し、日本自身の帝国主義的な事業へと乗り出したが、中国と朝鮮（特に後者）はそれに遅れをとった。一八九〇年代に朝鮮の改革者たちは、日本や中国ではすでに広まっていた近代的な国家、国民、シティズンシップの諸概念を利用し、遅ればせながら旧態的な朝鮮王朝を近代的な共和国ないし立憲君主国へと変化させる事業を開始した。ここでの議論にとって特に重要となるのは、この改革者たちの計画のなかに旧式の戸籍制度を改造し（Hwang 2004）、近代的な法的シティズンシップの制度を構築し、国境の行政管理を強化することが含まれていたことである。この計画は、朝鮮における外国人人口の増加と、満洲東部の国境紛争地帯とロシア帝国の沿海地域への朝鮮人の越境移住の空前の増加（H.O.Park 2009; A.Park 2009）が誘発したものだった。しかし、これらの改革がその成果を見る前に、朝鮮は日本の植民地になってしまったのである。

朝鮮とドイツとの最も明瞭な相違は、二〇世紀前半の極端に対照的な地政学上・政治上の軌跡にある。日本、ロシア、西洋の圧力に効果的に抵抗することができなかった朝鮮は、二〇世紀に入った時点で地政学的な弱者の地位に置かれることとなった。それに対し、経済的・軍事的な勢力をもつドイツは、地政学上の強者の地位に登りつめた。すでに述べたように、朝鮮は一九〇五年に日本の保護国になり、一九一〇年には日本に併合され、一九四五年まで日本帝国の一部にとどまった。それに対しドイツは、第一次大戦の敗北後、急速に列強として復興し、ナチス統治の下、地域的・大陸的なヘゲモニーの獲得に乗り出すことになる。

日本統治下の朝鮮の経験について、三つの点をここで強調しておかなければならない。第一に、日本帝国への朝鮮の併合が、朝鮮半島から日本本土、満洲（一九三一年の日本侵略前後、特に後で）、ロシアの沿海地域、サハリン島（その南部は一九〇五年から一九四五年のあいだ日本によって支配された）への大規模な移民を発生させたという点である。この移民の流出（そこには戦時中の徴用によって直接強制されたものや朝鮮人農民の農地没収等によって間接的に強要されたものが含まれている）によって、朝鮮人の存在する範囲は朝鮮半島を越えて広く拡大し、半島外の朝鮮人の数は戦争終結時までに、全朝鮮人の二〇パーセント近くに及ぶ五〇〇万人にものぼったと推計されている（D.S.Kim 1998）。第二に、植民地支配は、その同化主義的側面、差異主義的・差別的側面、「外国人による支配」という単純な事実により、朝鮮半島内部のみならず満洲（ここは武装闘争の場だった）、中国（ここに亡命政府が置かれた）、米国（ここで外交的イニシアティブが試みられた）における様々なナショナリズムの主張・運動・反乱を鼓舞する要因となった[12]。第三に、朝鮮および朝鮮人の境界は保存された。朝鮮の領域は日本帝国の行政範囲であり続け、全朝鮮人は、日本本土や満洲に移住した者も含め、日本帝国臣民の別個の下位カテゴリーとして定義され、その境界は別個の戸籍制度によって厳格に維持された[13]。近代植民地国家の大きな行政能力ゆえに、実のところ、これらの領域とメンバーシップの境界線は単に保存されただけでなく、強化されもしたのである。

自明視された「朝鮮」および「朝鮮人」理解が日本の支配下で強化されたのに対し、「ドイツ」および「ドイツ人」理解は、第一次大戦でのドイツの敗北、ハプスブルク帝国の解体、そして（最も深甚なものとして）ナチス体制による中東欧の領域的・エスノ人種的な再構造化によって不安定化された。戦後の領土処理（特に相当規模の領土がポーランドに奪われたこと）は、ドイツにおいて広く一般的に不公正であり正当性に反するものとみなされた。ハプスブルク帝国の解体は、圧倒的にドイツ語話者で占められるようになった残部オーストリアがドイツの一部になるのかどうかという喫緊の問題とともに、民族化する他の継承諸国家〔例えばチェコスロバキア〕の下で虐げられているドイツ人マイノリティとドイツ国家とのあいだの関係という、より長期化する問題をも提起した（Brubaker 1996: Chapter 5）。しかし「ドイツ問題」（すなわち「ドイツ」とは何であり、どこであるのか、誰を「ドイツ人」とみなすのかという問題）を根本的に変容させたのがナチス体制だったことは言うまでもない（Wolff 2003: Chapter 2 & 3）。ナチス体制はまず、ユダヤ人をドイツ国民に認められた実質的諸権利から排除し、一九三八年には民族自決という言葉を利用してオーストリアの「合邦《アンシュルス》」とズデーテンラントの併合を正当化した。しかし、戦争時の壮大な計画はそれよりはるかにラディカルなものだった。ナチスは東方に拡大され、エスノ人種的に純化されたドイツ人の「生命圏」を構築し、「ドイツ化可能」とみなされた人々にはドイツ化を試みた。また、その他の人間（主にユダヤ人だがユダヤ人だけではない）を強制的に移送し、後には虐殺した。さらに「帝国への帰郷《ハイム・インス・ライヒ》」という標語の下で、民族的ドイツ人を帝国外の地から大量に再移住させたのである。

　ドイツと日本の敗北は、大規模な人間の移動を引き起こした。その大部分は、「帰還（repatriation）」として組織されたものだった。すなわちそれは、強制労働者、戦争捕虜、その他国際法上の「強制移住者（displaced persons）」たちの出身国への帰国である。このようにして二〇〇万から三〇〇万の朝鮮人が、主として日本本土と満洲から朝鮮に帰国した。朝鮮の南部占領地区では、全人口の一五～二〇パーセントがこの「帰還者」だった。[14] この移動は官僚制的に組織化されただけでなく、イデオロギー的に「帰還」として表象され、文化的にもそう理解された。朝鮮人は日本の支配下において離れざるをえなかった祖国に戻ったものと理解されたのである。日本の敗北が朝鮮独立を回復させたように、「帰還」は植民地時代の移住の流れを反転させたものであり、朝鮮の領域と朝鮮人住民とのあいだの妥当な一致状態を回復するものとして表現された。

　民族的な脱混住化による移民は中東欧ではさらに大規模に発生した。戦争終結時、ドイツには民間人の強制労働者、戦争捕虜、強制収容所生存者などを含む一一〇〇万人以上の「強制移住者」がいた（Herbert 1985: 343）。彼らの大多数は自力で帰省したか、あるいは占領当局によって帰還させられたかだったが、意志に反してソ連に戻された者もいた（Ibid.: 344-5）。本論の目的にとってより重要なのは、ドイツのソ連占領地区および西側占領地区に約一二〇〇万人のドイツ人が流れ込んで来たことであり、その数は全人口の二〇パーセント近くに及んだ。朝鮮に帰還した朝鮮人や日本に帰還した日本人とは異なり、これらのドイツ人は帰国者ではない。彼らはドイツが戦後東方諸国（主としてポーランド）に割譲を強いられた領土やそれ以外のポーランドの地域から、またチェコスロバキアやその他の東欧諸国から来た人々だった。つまり彼らは、「難民（refugees）」であり「被追放者（expellees）」だったのであり、自分たちの「祖国」に「帰国」したわけでも、「帰還」したわけでもなかったのである。彼らは何世紀にもわたって「ドイツ人」のコミュニティ（それは先に述べた定住・移民パターンがもたらした歴史的遺産《レガシー》である）として存在してきた故郷・郷土から立ち去ることを余儀なくされた。一九四五年のポツダム協定において、連合国によって認可されたこの強制移住は、彼らにとって帰郷（homecoming）としてではなく、大惨事（catastrophe）として経験され、表象された。

朝鮮人とドイツ人の脱混住化はともに不完全だった。日本にいた朝鮮人の三分の二以上が帰還したが、約六〇万人は日本に残った。中国にいた朝鮮人はその半分以下しか帰還せず、約一三〇万人が中国東北部に残された。四〇万人のソ連の朝鮮人は、その大部分が一九三七年に中央アジアに移送されたが、そのほとんどは帰還することができなかった。東ヨーロッパの民族的ドイツ人においてもまた、追放が及ぼした影響は様々だった。追放はポーランドとチェコスロバキアでは最もシステマティックであった。それでも、かなりの数のドイツ人住民（より正確に言うなら、文脈によってドイツ人であると同定される人々）が残されただけでなく、ルーマニア、チェコスロバキア、ユーゴスラビア、ハンガリー、およびその他の地域でより規模の小さいドイツ人コミュニティが存在し続けた。ソ連のドイツ人は、朝鮮人同様、戦争中に中央アジアに移送され、戦後の追放の影響は受けなかった。これらの残留したドイツ人と朝鮮人住民が、越境的メンバーシップ政治の対象になるわけである。そこで、これらの人々に話題を転じることにしよう(15)。

3．再移住者を被追放者に――冷戦期の越境的ドイツ人の受け入れ

戦後の西ドイツにおいて発生したナショナリスト的な越境的メンバーシップ政治には、二つの形態

があった。東ドイツはそのどちらをも拒絶した。西ドイツにおける越境的メンバーシップの第一の形態は、一九三七年の国境線においてドイツ帝国が法的に存続しているという主張によって根拠づけられたものである。その主張はナチスの領土併合、戦後の領土喪失、一九四九年の分割のすべてを巧みにひと言で否定したものだった。ドイツ帝国はすでに行為能力をもたなくなったとみなされていたので、ドイツ連邦共和国（西ドイツ）が戦後暫定的にドイツ帝国の責任を引き受け、全ドイツ国民の唯一の正当な代表者であり保護者であると主張した（Schwartz 1975）。

このいっけん突飛な法的フィクションが、後に劇的な効果をもつ社会的事実となり、一九八九～一九九〇年の再統一のための基本構造《アーキテクチャー》を提供したのである。(16) しかしそれは、冷戦期においても「生産的」だった。連邦共和国は東ドイツ（ドイツ民主共和国）の別個の国籍を一度も認めたことはなく、西ドイツのみの国籍を制定したこともなかった。東ドイツ人の扱いが単に「ドイツ国民」であったことが、一九六一年のベルリンの壁が建設される以前、東から西への大量移動の誘因となった。東から西への移動は一九八九～一九九〇年に再び起こり、ルナンの「日々の人民投票」のメタファーを現実のものへと変え、ドイツ民主共和国の解体を加速化したのである（Brubaker 1990）。

ドイツの分割が押し付けられたにもかかわらず、単一のドイツ国籍に固執したということ。これは西ドイツのナショナリスト的な越境的メンバーシップ政治がもつ、きわめて生産的な形態だった。しかし、ここでの私たちの関心は、それとは別の越境的メンバーシップの形態にある。すなわち私たちがこれから論ずるのは、単一のドイツ国籍の境界を越え、一九三七年の国境線をも越えた越境的メンバーシップの形態である。私たちは、国境外のエスノ文化的ドイツ民族《ネーション》のメンバーに対する政治と政策に注意を向ける。彼らのほとんどがドイツ国籍（ドイツ連邦共和国が固執した拡大された国籍の定義においてさえ）をもった国民ではないにもかかわらず、彼らにはドイツ連邦共和国内に再移住できる権利、ドイツ国民と同等の法的地位、さらに様々な付加的特権が付与されたのである。

この越境的メンバーシップ政治の第二の形態は、民族的ドイツ人の難民と被追放者たちを西側占領地区とドイツ連邦共和国に法的・政治的に統合するための、特異な方法から発生したものだった。ソ連占領地区とドイツ民主共和国も同様に、大量に流入する（人口比としては西側よりも）多くの難民・被追放者を統合する厄介な作業に直面した。しかし、東ヨーロッパとソ連に残る民族的ドイツ人に対する越境的メンバーシップ政治は、西側でのみ発生したのである。それゆえ本章は、東西両ドイツにおける統合の様式をきわめて縮約された、よって必然的に図式的な方法で比較することから始める。[17]

両地域において統合政策は、根本的に同化主義的だった。[18] 占領当局は、この大量移民が不可逆なものであるという認識から、難民・被追放者を可能なかぎり迅速かつ完璧に統合し、失地回復主義《イレデンティズム》に向かうにせよ、（西側の占領当局が恐れたように）共産主義に向かうにせよ、不満を抱いた反体制的な集団の結集を阻止することに関心を注いでいた。占領当局の主張により、広範な法的平等性が東西双方ですばやく確立された。どちらの場合も、相当程度の社会的・経済的な援助が与えられた。

しかし、西側と東側の統合政策は二つの点において根本的に違っていた。第一の違いは、命名とフレーミングに関するものである。西側では、敗戦による大規模な脱混住化がドイツ人の「追放（Vertreibung）」として、またその被害を被った人々が「被追放者（Vertriebene）」として知られるようになった。聖書を連想させる響きをもつこの言葉により、ドイツ人は犠牲者として、ドイツ人の追放を行った国家と、ドイツ人の「移送」を認可した連合国はともに加害者としてとらえられた。それにより「追放」や「被追放者」という言葉は、ドイツ人の〔「追放」される以前の居住地への〕帰省や帰還の主張を根拠づけるのに役立ったのである。東側では、「被追放者」に相当する包括的概念は「移住者（Umsiedler）」だった。ナチスの強制移住に対しても用いられていたこの用語は、戦後の強制移住がナチス時代の強制移住の報いであり、それがもたらした当然の結果であるとする東側の見方を方向づけるものだった[19]。

二つ目の主要な違いは、法と組織に関連するものである。「被追放者」は西側において、強力な修辞的表現であっただけでなく、永続的な法的地位であり、社会的・政治的組織化の重要な焦点となった。被追放者は法的にドイツ国民へと同化させられた。しかし、彼らはまた付加的な給付を受ける資格を与えられた。その給付には、当面の一時的救済以上のものが含まれていた。一九五二年の負担均衡法において給付は強化・拡大され、一年後の被追放者法で「被追放者」カテゴリーそれ自体が形式的に定義され、拡大された。被追放者問題を担当する省が、一九四九年から一九六九年まで置かれていた。被追放者の組織活動に対する占領初期の禁止が一九四八年に解かれた後、一九五〇年代には被追放者の政党が活動を行っていた。主要な被追放者組織が冷戦期を通して西ドイツでは大きな影響力をもった。特に最初の二〇年間はそうだった[20]。

東側の移住者は当初、実質的な再配分政策からの恩恵を受けた。実際のところ、その量は西側において被追放者が得たものよりも大きかったほどである（Ther 1996; 1998; Faulenbach 2002; Schwartz 1997）。しかし一九四八年に、統合は成功裏に終結したと一方的に宣言され、その後官僚たちは「旧移住者」

と呼ぶよう指令までされた（Ther 1998: 92; Schwartz 1997: 149, 158ff.）。移住者は組織をつくることは許されず、移住者問題を担当する中央部局も一九四八年に廃止された（Ther 1998: 232f.; Schwartz 2000: 154ff.）。移住者のカテゴリーは組織の中に具現化されることも、官僚制的ルーティンの中に組み込まれることも、統計に記録されることも、法の中にコード化されることもなかった。そのため、このカテゴリーが集団形成の核として作用することはなかった。

西側での被追放者の統合が越境的メンバーシップ政治を生み出したのだとすれば、それは驚くべきことであるようにも思える。統合政策は国境外のドイツ人に対して向けられていたのではなく、すでにドイツの内《ない》部にいる被追放者に対して向けられていたのだから[21]。彼らに対する政策が策定されていた当時、ドイツの外《がい》部（すなわち、東ヨーロッパとソ連）に残留していた民族的ドイツ人のことなど、ほとんど考慮されていなかった。しかしながら、被追放者統合の独特な方法が、後に意図されることなく越境的メンバーシップ政治の枠組を形成し、越境的メンバーシップ政治の実行を可能にしたのである。

被追放者の国籍上の地位は一様ではなく、また多くの被追放者たちにとって不安定なものだった。ドイツの旧東方領土から来た被追放者は異論なくドイツ国民だった。だが、ズデーテンラントやその他の諸領地から来た被追放者は、すでにナチスによる領土併合と集団的帰化政策を通じてドイツ国籍を獲得していたにせよ、その妥当性には疑問が付せられていた。その他の被追放者は異論なく他国の国民だった。国籍上の地位にかかわらずすべての被追放者の法的平等性を確立するため、ドイツ連邦共和国の憲法に相当する基本法は、「ドイツ国民」ではなく「ドイツ人」を、国民としての基本的権利を享受できる人間のカテゴリーとして明示したのである。そして基本法は、「ドイツ人」を(1)ドイツ国民として、また(2)民族的ドイツ人の難民・被追放者およびその配偶者や子孫の双方を含む人々として定義した。[22] これにより被追放者は、その国籍上の地位がどうあれドイツ国民として同じ法的権利をもつことが保障された。しかしまた基本法は、被追放者という地位も憲法上の地位として位置づけていた。

当初、被追放者に関する憲法上の規定は、東ヨーロッパとソ連に残る民族的ドイツ人に関する明確な含意をもってはいなかった。それは未来ではなく現在に向けられていたもので、基本法のいわゆる「過渡的」規定の一つに含められるものだった。つまり憲法上の規定は、被追放者に安定した法的地位をつくり出しながらも、彼らの国籍上の地位の明確化・正規化は保留されたままになっていた。またすでに述べたように、それは外部ではなく内部に向けられていた。つまり追放をまぬがれた者にではなく、実際に追放されたものに対して向けられていた。[23] 後になってはじめて、被追放者に対するこの過渡的な規定が、東ヨーロッパとソ連の国境外ドイツ人に向けられた、無期限の招待状へと変容したのである。

この変容への重要な一歩は、一九五三年の被追放者法にあった。基本法は被追放者にドイツ国民と同等の地位を認めていたが、誰が「被追放者」とみなされるのかについては特定していなかった。公式に被追放者という集団に定義を与えたのは一九五三年の被追放者法だったが、その定義は著しく拡張的なものだった。そこでは、「追放（Vertreibung）の結果、特に直接の追放（Ausweisung）や避難（Flucht）により」ドイツ旧東方領土やドイツ外の領域での居住地を失ったドイツ国民や民族的ドイツ人が「被追放者」と定義されただけではなかった。それにくわえてこの法律は、その他にも被追放者とみなしうるカテゴリーの人々を特定したのである。そこには被追放者の配偶者と子ども、追放後に生まれた子どもまで含まれていた。そのため、被追放者というカテゴリーで括られた集団のメンバーシップは、相続されることが可能になっていた。

本論の目的にとって最も重要なのは、被追放者のカテゴリーが「アウスジードラー（Aussiedler）」（文字通りに訳せば「出移住者」）を含むように拡張されたことである。アウスジードラーとは、「全般的な追放政策が終わった後」、ドイツ国民ないし民族的ドイツ人「として」ドイツ旧東方領土、東欧諸国、ソ連を離れた人々として定義される。冷戦期を通じて、行政や裁判所はこの定義を最大限拡大して解釈した。共産主義諸国におけるドイツ人は「民族集団として認知されず」、「文化的アイデンティティを守る」ことができず、「ドイツ人としての基本的人権」を行使することができなかったので、継続して「全般的抑圧」に苦しめられているとされ、しかもその抑圧は「継続的な追放圧力」に相当するものと解釈された。その結果、ドイツ人への追放抑圧が「出国の本質的原因であるものとして、個別に審査することなく一般的に想定された」のである(24)。個々の事例において再定住の動機は調べられなかった。特にそれを反証するものがないかぎり、アウスジードラーの地位を求める者は、ドイツ人「として」（例えば、自分や自分の子どもたちのより良い生活条件を求める人間「として」ではなく）出身国を離れたのだと単純に想定された。それは、共産主義諸国のほぼすべての民族的ドイツ人が原則「アウスジードラー」としての、それゆえ被追放者としての資格をもちうることを意味していた。実質的な意味において、彼らが被追放者ではなかったにもかかわらず。

「民族的ドイツ人の難民ないし被追放者」に対し憲法上確保された特権は、国家が「被追放者」のみならず「民族的ドイツ人」、すなわちドイツの「民族帰属（Volkszugehörigkeit）」をもつ人間とは誰なのかを定義することを必要にした。被追放者法は主観的基準と客観的基準を組み合わせた規定を採用した。一方でドイツの民族的アイデンティティへの志向性やコミットメント、他方で何らかの「立証できる資質」（被追放者法はその資質として祖先、言語、教育、文化などに言及している）を示す必要があった。言うまでもなく、主観的基準も客観的基準も、解釈の余地が多いものである。その結果生じる曖昧さは、これらの基準を特定化し、操作化し、ランク化する行政のガイドラインや裁判所の判決によってコントロールされた。

「ドイツ人である」とは何のことなのかを定義し、決定するこの過程は、アイロニーとパラドクスをはらんでいた（Brubaker 1998; Joppke 2005）。例えば、リベラルな国家がエスニックなメンバーシップをコード化したこと、追放が現実に終了した後数十年間ものあいだ「被追放者」とされた人々を受け入れ続けたこと、また冷戦期間中、大多数のドイツ人が出国のできなかった共産主義諸国家に「追放圧力」なる罪を負わせたということなどは、明らかなアイロニーである。それにくわえ、エスノ文化的な民族性《ナショナリティ》を法律によって定義するという試みの中にもまた、さらなるアイロニーが含まれていた（Joppke 2005: 216）。アウスジードラーというカテゴリーをめぐって構築された法体系全体が、ドイツのエスノ文化的民族性《ナショナリティ》、すなわち「民族帰属」が前もって存在していることを前提にしていた。法はエスノ文化的民族性《ナショナリティ》を認知し、証明する基準を明記した。しかし、だからといって法がエスノ文化的民族性《ナショナリティ》を定義あるいは構成する基準であると理解されたわけではなかった。実際のところ、民族帰属の法的定義は、すでに存在している法律外の事実を認知したわけではない。民族帰属の法的定義は、政治的かつ法的なカテゴリーを創出し、定義することにより、民族的ドイツ人被追放者に憲法上認めていた特権があらかじめ前提にしていた国境外の民族同胞を構成したのである。

法的・行政的実践における「被追放者」の拡張的定義は、郷土や故郷から文字通り「追放」された何百万もの民族的ドイツ人に安定した法的地位を認めることを意図していた当初の過渡的な条項を、それとは別の何物かへと変容させた。その結果成立したのは、東ヨーロッパとソ連からの民族的ドイツ人移民を、ドイツ国民としての一般的諸権利だけでなく、被追放者への特別な諸権利をも保障するという特権的条件で受け入れる開放的な移民体制であった（Brubaker 1992: 171）。出国制限があるにもかかわらず、一九五〇年から一九八七年のあいだに一四〇万人近くのアウスジードラーがドイツ連邦共和国に再移住した[25]。その後、改革的な共産主義国やポスト共産主義国がその制限を撤廃すると、その人数は急激に上昇した。

東ヨーロッパやソ連から民族的ドイツ人再移住者（アウスジードラー）を無制限に受け入れるという政策は、冷戦イデオロギーと越境的ナショナリズムとの組み合わせによって可能となり、また維持された。アウスジードラーの数が相対的に少なかった（毎年平均して三万五〇〇〇人ほど）ため、その政策は公共的な議論の場から隔離されていた[26]。冷戦対立の枠組の中で、アウスジードラーの受け入れは、ユーバージードラー（ドイツ民主共和国からの移住者）の受け入れ同様、共産主義国の閉鎖性や抑圧との対比で、自由資本主義国の開放性と自由を際立たせるために用いられた。越境的ドイツ人の苦難（追放のことだけでなく、今はそのアイロニックな反転として出国の制限、またドイツ文化保護のための制度的支援の欠如をも含む）は、人権の侵害という普遍主義的な用語法によって再コード化された。共産主義国のドイツ人のみがアウスジードラーとしての資格を得られたのに対し、西ヨーロッパのドイツ人（南チロル、デンマーク、アルザス等の）だけでなく、ピノチェト政権下のチリから逃れたドイツ出身の人々でさえ、その地位を主張することはできなかった。(27) すでに述べたように、冷戦期を通じて、共産主義国のドイツ人に対しては、「追放圧力」が、通常個々の事例の状況をあえて精査することなく単に前提にされていたのである。

ヨーロッパ（特にドイツ）においては、ナショナリズムはナチズムと戦争によって信用が失墜し、冷戦期の超国民的《スープラナショナル》な協力関係とイディオムによって代替されたと通常理解されている。しかし実際には、戦後の追放と冷戦によるドイツ分割が、ドイツのナショナリズムを強力に再正当化したのである。ナショナリスト的コミットメントは、新しい国家の憲法構造の中に書き込まれていた。それは基本法前文での再統一へのコミットメント、ドイツ帝国の存続という法的フィクション、単一のドイツ国籍への固執、被追放者（後にはアウスジードラー）を完全な（特権さえ認められた）ドイツ国家のメンバーとして処遇することなどの点に見てとることができる。また、追放は広く浸透したナショナリスト的な犠牲者の言論を生み出した。この歴史的に一面化された言論において、苦難を被ったのはドイツ人であり、ドイツ人は単にドイツ人であることによって苦難を被ったとされたのである（Moeller 2001; Levy 1999）。このドイツ人を犠牲者とする言論は、追放は逃れたものの、戦争の結果、別の意味で苦難を被った国境外のドイツ人（例えば、戦時中に中央アジアに強制移送されたロシアのドイツ人や、戦後ソ連において労働作業に徴用された東ヨーロッパのドイツ人）に対しても拡張された。さらに犠牲者の言論は、冷戦期特有な変形を受けながら、東ヨーロッパとソ連にいる国境外のドイツ人全員を、彼らが個々にたどった運命のいかんにかかわらず、より一般的な仕方で包摂した。こうして犠牲者の言論は、アウスジードラーに与えられた特権を認め、正当化することになった。冷戦期を通じて、共産主義諸国のすべての国境外ドイツ人は、（ドイツ人として）継続的な抑圧にさらされているものとして表象された。国境外のドイツ人の拡張的受け入れ体制を支配していたのは、このような冷戦へのコミットメントとナショナリスト的コミットメントとの絡み合いだったのである。

4. 競合する祖国——南北朝鮮のあいだに置かれた在日朝鮮人

西ドイツと同様、南北の朝鮮は戦後の分割に対し、それぞれが歴史的な朝鮮国の唯一の正当な継承者であり、朝鮮半島のすべての「朝鮮人」が自身の国民であると主張した。しかし西ドイツとは異なり、南北朝鮮は、先行する国家の国籍法を継承することはできなかった。植民地以前の朝鮮国家が、国民集団を公式に定義していたわけではなかったからである。その代わり、誰が「朝鮮人」であるかを定義し、戦後の帰還者と植民地時代に朝鮮半島に残っていた人々とのあいだの法的平等性を確立するために用いられたのは、植民地国家の法的・行政的実践であった。前節で示したように、日本の植民地政府はすべての朝鮮人を、彼らが満洲や日本に再移住したときでさえ、別個の戸籍制度によって登録しようとした。満洲や朝鮮で生まれた彼らの子孫に対しても同様だった。そのため、戦後帰還者を社会的・経済的・政治的に統合することには、戦後西ドイツでの被追放者の統合と類似した困難をともなったが、帰還者の法的な統合には特別な問題は生じなかった。朝鮮人としての地位は、植民地の戸籍制度の文書によって証明されたために明確だった。西ドイツが公式の国籍資格に関する複雑な問題を保留にしながら法的平等性を確立する方法として、被追放者という特別なメンバーシップのカテゴリーを創出したのと異なり、朝鮮人帰還者に対してそのような特別なメンバーシップのカテゴリーをつくり出す必要はなかったのである。

冷戦期朝鮮の越境的メンバーシップ政治に関する私たちの分析は、第二次世界大戦後日本に残った約六〇万の朝鮮人の忠誠や協力関係の獲得をめぐる南北朝鮮間の闘争に焦点を絞っている。この闘争は、戦後中国東北部に残った約一三〇万人の朝鮮人にまでは拡張されなかった。中国共産党は、満洲における反日抗争を指導し、漢人土着主義から保護し、土地を配分し、包括的な少数民族の権利とともに中国国籍を認めることにより、満洲の朝鮮人農民の忠誠心を積極的に勝ち取ることに成功した(Suh and Shultz 1990)。その結果、中国朝鮮族は比較的スムーズに中華人民共和国に編入されたのである。国境を越えた家族のつながり、エスノ文化的共通性、地理的近接性、地政学的親近性(例えば彼らの多くが朝鮮戦争において北朝鮮側に立って参戦した)などの理由で、彼らは北朝鮮との結びつきを維持した。対照的に南朝鮮の反共産主義体制は、およそ半世紀のあいだ彼らを故意に無視する選択をした。彼らの存在は、南朝鮮国家の政治的レトリックからも、官僚制的ルーティンからも、組織の構造からも消し去られたのである。国境を越えた家族の絆を、下から維持することもできなかった。なぜならば、この強くイデオロギー化された対立線を越えて家族の絆を築くことが、毛沢東主義の中国においても、権威主義的な韓国においても、ともに危険なことだったからである。

在日朝鮮人はまったく異なった状況に直面していた。日本に残った旧植民地臣民に日本国籍を認めようとしない日本の徹底した意志は法的・政治的真空を生み、それが南北朝鮮から、それぞれに対立する二つの越境的メンバーシップの主張を引き出した。すでに一九四七年に、日本は旧植民地臣民を「外国人」として登録し始めた。その結果彼らは、差別的な身分証明や厳格な入国管理、また過酷な追放政策の対象にされた。一九五二年のサンフランシスコ講和条約は、彼らの集団的な日本国籍喪失を追認し、当時日本に住んでいたほとんどの朝鮮人（日本で生まれた第二世代を含む）を無国籍状態にした。

どちらの朝鮮国家も、この集団的な日本国籍喪失に抗議しなかった。内外の承認を求めていた建国直後の二つの脱植民地国家はともに、これらの「解放された」朝鮮人を日本国民とみなすようないかなる提案も、両国の独立に対する新植民地主義的侮辱として拒絶した。むしろ対立は、彼らがどちらの朝鮮国家に帰属するのかという問題に絞られた。両国家は在日朝鮮人をそれぞれの国民建設《ネーション・ビルディング》事業の中に組み込もうとした。両国はこれを、国家の安全保障と正当性にとって必須のものとみなした。強力な反帝国主義的スタンスと社会主義的方針をもった北朝鮮が、最初は優勢に立った。しかし、共産主義が浸透することを極度に恐れた南朝鮮の国家は、在日朝鮮人が北朝鮮の影響下に置かれることを好ましく思わなかった。また、在日朝鮮人の出身が朝鮮南部にあること、彼らが南朝鮮国民と家族の絆をもっていること、そして日本との国交回復が予想されていることで、南朝鮮も彼らの忠誠心獲得に向けて北朝鮮と競合することが可能であった（しかし、両国とも中国朝鮮族の忠誠心に対しては競合できなかった)。他方、アメリカ、日本、南朝鮮の同盟関係の成立に危機感を覚えた北朝鮮体制は、在日朝鮮人のあいだでの支持を強化し、拡大しようとした(28)。在日朝鮮人自身は、日本国籍に関してアンビバレントであった。植民地時代のつらい経験にくわえ、帰化には完全な文化的同化が要求されており、それはほとんどすべてのエスノ文化的表徴(よく知られたものとして朝鮮名がある)を放棄することを意味した。彼らの日本における不安定な法的地位と広範な被差別経験、そして朝鮮とのエスノ文化的結びつきが、競合する「祖国」国家のいずれかと彼らが協力関係をもちやすい状況を生み出したのである。

すでに一九四九年から、南朝鮮は在日朝鮮人を「在外国民」であると定義し、数回にわたって日本政府にその地位を認めるよう求めていた。このことは必然的に、日本の外国人登録上の国籍を、暫定的な標識である「朝鮮《チョウセン》」(旧植民地の名前であり、植民地以前の王朝の名前)から「韓国《カンコク》」(南朝鮮の新しい公式国名の日本語訳)へと変えることを意味していた。南朝鮮[以後、韓国]の側からすると、「朝鮮」という標識は二つの意味で問題があった。それは屈辱的な植民地支配を連想させたということ、そして北朝鮮国家が「朝鮮」を公式名に用いていたということである。国籍名の集合的変更の要求を、日本がどちらの朝鮮国家とも国交がないことを理由に拒否したため、韓国は在日朝鮮人個々人に対し国籍名を変更し、「民団」という領事館的機能を果たした親韓国組織と協力して、彼らに韓国国民として登録するように奨励した。

しかしながら、この奨励に進んで従った在日朝鮮人はほとんどいなかった。在日朝鮮人にとって、「朝鮮」の名はまず何よりも祖先の故国である朝鮮半島を連想させるものであり、北朝鮮の公式名と結びついたものではなかった。他方で「韓国」の名は祖国の分割の具体的表現であり、ほとんどの場合、祖国分裂は恣意的で根拠のないものであり、かつトラウマをともなったものとして経験されていた。また、この新しい法的アイデンティティを取得することのメリットも明確ではなかった。民間人の虐殺と内戦に発展した南での暴力的な反共産主義的国民建設過程の結果、韓国国家と同一化し、その統治権力の主張に従うことは、多くの在日朝鮮人にとって魅力のない選択肢になっていた。強力な反帝国主義を打ち出し、在日朝鮮人を「海外公民」であると主張するもう一方の祖国国家の存在は、彼らが韓国と協力関係を結ぶことをさらに気の進まないものにした。その結果、在日朝鮮人の九四パーセント以上が南部地域出身であるにもかかわらず、その約九二パーセントが一九五〇年の外国人登録において「朝鮮」の記載のままだった（Ryang 1997）。

そのあいだに、北朝鮮は在日朝鮮人の「祖国」であるという主張を強力なものにしていた。民族マイノリティは「ホスト」国での革命に専心すべきであるとする従来の主張を放棄し、財政的援助とイデオロギー的指導を通じて、在日朝鮮人第二世代のための全国的学校制度を含む、日本の親北朝鮮諸組織のネットワークの発展を支援するようになった（J.Kim forthcoming: Chapter 3）。そして北朝鮮は一九五八年、「海外公民」は発展しつつある「祖国」に帰還できる権利をもつとし、彼らの「帰国」を資金援助すると宣言したのである。

この北朝鮮の帰国事業は日本および国際社会からの幅広い支持を得た。日本の与党保守政党は、経済的に窮乏していて政治的にも御しがたい朝鮮人マイノリティを日本から一掃できる機会とみなし、積極的に帰国を援助した。日本の左翼知識人もまた、韓国の強烈な抵抗に屈することがないよう政府に圧力をかけた。国際赤十字もまた「強制移住」者の再移住とみなして帰国事業を支持した（Morris-Suzuki 2007）。韓国支持者は、日本の帰国事業への協力を「自由世界」への裏切りであり、韓国人を共産主義の地獄に遺棄することであり、韓国の主権を侵害するものであると批難し、抗議を行った。だが、一九五九年から一九六七年のあいだに約八万人もの朝鮮人（在日朝鮮人の約一五パーセント）が北朝鮮への片道渡航を選択した。

北朝鮮による越境的民族同胞の受け入れは、物質的な利害関心ではなく、理念的な利害関心によって動機づけられていた。帰国者は内戦後の労働力不足を緩和するものと期待されてはいたが、これによる利得が、帰国と再移住を財政支援することの費用を上回るのかどうかは定かでなかった。しかし、象徴的利得は大きかった。北朝鮮は、「海外公民」を迎え入れ、彼らに様々な恩恵を約束することにより、そのナショナリスト的信頼を高めることができた。西ドイツのレトリックを転倒させたようなかたちで、北朝鮮はこの「帰国」の意味を、冷戦イデオロギーと越境的ナショナリズムの組み合わせによってフレーミングした。北朝鮮は、「帰国者」が出国という行為によって自分たちの意志を表明したこと、新帝国主義的な日本、米国、韓国傀儡政権の支配を差し置いて栄光ある社会主義的祖国を選択したことを祝福したのである。(29) しかし、アウスジードラーというカテゴリーの法的創出と官僚制的制度化が民族同胞の移住を誘発した西ドイツとは対照的に、朝鮮人の「帰国」は、北朝鮮国民を定義した一九六三年の国籍法の施行に先行するものだった。この国籍法は、植民地時代の戸籍に登録されていたすべての朝鮮人とその子孫を、その後に他の（朝鮮以外の）国籍を取得していない場合にのみ北朝鮮国民であると定義したものであり、帰国事業のレトリックと実践のなかで前提にされ、用いられていた概念を、事後的に法的地位として創出したものである。

在日朝鮮人が、次第に北朝鮮での現実が期待を裏切るものであることに気づくようになる一九六〇年代半ばころには、主導権は韓国に戻っていた。すでに言及したように、韓国の「在外国民」資格は一九四九年以来存在していたが、普通の在日朝鮮人の生活には何ら効果をもたらさなかった。このような状況は、一九六五年に韓国と日本との二ヶ国協定によって変化し始めた（Lie 2008: 67ff.）。日本は韓国を朝鮮半島の唯一の合法的政府として承認した。より重要だったのは、この協定が植民地時代に移住して以来日本に居住し続けた「韓国国民」とその子どもに、「協定永住」と呼ばれる特別永住資格を申請できる権利を認めたことである（B.Kim 2006）。安定した永住資格への展望は、韓国国民を選択することへの明らかなインセンティブとなるものだった。韓国はそれによって、できるかぎり多くの在日朝鮮人（すでに北朝鮮との関係を結んでいる朝鮮人を含めて）を獲得することを望んでいた。

しかし在日朝鮮人は当初、躊躇を示した。最初の年、六〇万人以上の在日朝鮮人のうち二万人程度しか永住資格を申請しなかった。彼らの多くは、日本と韓国当局の胸中に隠れたアジェンダがあるのではないかと疑った。北朝鮮支持の総聯による強力な抗議キャンペーンは、すでにあった不信や不安に火をつけた。総聯が主張するところによれば、いわゆる「永住資格」は、その地位を得るために必要となる審査過程の中で発見された些末な法律違反により、朝鮮人を強制送還するための日本政府の巧妙な罠であり、また韓国「傀儡」政権は、在日朝鮮人を帰還させ、韓国国民とみなしたうえで彼らをヴェトナム戦争に徴兵することを意図していた(30)。在日朝鮮人に広く浸透した疑念と不信、総聯の組織力の強さに直面した韓国国家は、自身の「祖国」としての地位を自明視することができなかった。

その地位を確立する作業が必要だった。

　このような不利な状況のなかで、韓国は体系的で攻撃的なキャンペーンを開始した。韓国は日本政府と交渉し、永住資格のための手続き上の障害を最小化し、必要な審査をパスする者の数を増やすことを求めた。また、民団の活動家や領事などの官僚を動員して家庭訪問、講演旅行、講演会を行った（民団 1976）。さらに、総聯こそ隠れたアジェンダを抱いていると批難した。在日朝鮮人が日本で安定した居住資格を確立することを阻むことにより、彼らを北朝鮮のプロパガンダ、特にその帰国政策の影響を受けやすくしているのだというのである。より重要だったのは、韓国国家が韓国籍という新たな資格を受け入れた者に対し、兵役の免除を保証したことである。キャンペーンは成功だった。一九七一年一月（申請の締め切り）までに、三五万人以上の朝鮮人が自らの国籍を韓国と認めることによって永住資格を申請した。

　永住資格取得の国籍要件（すなわち、申請者は韓国国民でなければならないという要件）は、すでに確立されていた法的アイデンティティを確証することに役立ったのではない。それは在日朝鮮人に対し、韓国国家と協力関係を結ぶことにより、自分自身を韓国国民として構成することを奨励したのである。よってそれは、植民地時代の移民を（拡張されて、その子孫を）韓国国民へと変容させる手段であった。すなわち、韓国国家の目的は、真に韓国国民であることを証明することではなく、領事館の事務所で韓国国民として登録される人々の集合である韓国国民を生み出すことだったのである。その外国人登録上の国籍は「朝鮮」ではなく「韓国」とされた。彼らはまた、韓国との関係を示す主要なシンボルである協定永住資格を獲得した。

韓国との関係をもつ者は、次第に多くの利得を得られるようになった。彼らのみが、韓国のパスポートを申請することができ、韓国の家族や故郷の町を訪れることができ、家族への仕送りや日本への呼び寄せができ、韓国に投資する際には様々な免税特権を得ることができたのである。韓国の「在外国民」であることがより魅力的な地位になるにつれて、「朝鮮」の意味も変わってきた。「朝鮮」はもはや、昔からそのままのかたちで存続し、歴史上の王朝や朝鮮全体を想起させる未分化なデフォルト・カテゴリーではなくなった。それは明らかに北朝鮮に結びついた選択的カテゴリーであり、それを受け入れるか拒否するかの意識的な選択を必要とした。このように、攻撃的で相互に絡み合った南北朝鮮の越境的ナショナリズムは、既存の国民概念の理解を強化したわけでも、広域的な越境的朝鮮人共同体を構築したわけでもなかった。それは祖国の分割を越境的朝鮮人民族共同体の上に投射することにより、むしろその分割を完成させたのである。

冷戦期の越境的ネーションのメンバーシップ政治は、両朝鮮国家が国境外の朝鮮人を代弁し、国境外の朝鮮人に関わっていく際のレトリック、官僚制的ルーティン、組織構造に持続的な刻印を残した。ほぼ半世紀にわたって、韓国国家は中国とソ連の朝鮮人を、政府統計や報告書における越境的朝鮮ネーションの表象からほぼ抹消した。その一方で北朝鮮は、中国、ソ連という重要な共産主義同盟国との関係を、両国にいる民族同胞住民との関係よりも優先させた。しかし在日朝鮮人の方は、冷戦期を通じて南北朝鮮国家による持続的で熱心なイデオロギー的観察、監視、思想転向の対象となった(J.Kim forthcoming: Chapter 3)。

朝鮮には、西ドイツの強力な被追放者団体に相当する組織は存在しなかった。そのため戦後の朝鮮人帰還者たちは、持続的に組織された有権者としての力をもたなかった。他方、日本における二つの強力な朝鮮人組織（それぞれが朝鮮国家の一つと密接な関係をもっている）に相当するものは、東欧やソ連のドイツ人のあいだには見いだせない。在日朝鮮人の忠誠をめぐる闘争は、主としてこの二つの組織を通じて行われた。両組織はともに、それぞれの祖国国家を代表する機関として、疑似政府的機能を果たしたのである。(31)

5. 冷戦下での越境的メンバーシップの政治

冒頭で述べたように、第二次世界大戦後の越境的メンバーシップ政治の基盤は、ドイツと朝鮮でいくつかの点において著しく類似していた。しかし両国の越境的メンバーシップ政治はまた、五つの根本的な点において異なっていた。第一に、ドイツと朝鮮では、国家的分裂と冷戦のイデオロギー対立が、越境的メンバーシップ政治と異なったかたちで相互作用した。その相互作用は、どちらの国家が「祖国」としてのスタンスをとりうるのか、そのスタンスがどの国境外住民に対して向けられているのかを規定していた。ドイツ人が第二次世界大戦後に追放された領域は、すべてソビエト陣営の一部になった。そして国境外に残った圧倒的に大多数のドイツ人もまた（オーストリアを除いて）共産主義諸国の中に住んでいた。その結果、ソ連占領地区が人口比の点で西側占領地区より多くの被追放者を受け入れたにもかかわらず、西ドイツとは異なり、東ドイツ（ソビエト陣営に強固に埋め込まれ、超国民的な冷戦イデオロギーにコミットしていた）において被追放者問題は、ナショナリズムや民族的な被害者感覚を再正当化することには役立たなかった。東ドイツは、東ヨーロッパやソ連に残った国境外のドイツ人に何ら関心を示さず、西ドイツでの被追放者諸団体や政府のアウスジードラーに対する政策を批判し続けた。西ドイツのアウスジードラーというカテゴリーのもつ地理的範囲は、明白に冷戦のイデオロギー的用語法を通じて定義されていた。アウスジードラーとは定義上、共産主義によって支配された国家からやって来る人々のみを意味した。このように冷戦の反共産主義は、西ドイツにおける越境的メンバーシップの政治にとって本質的な構成要素になった。

国境外のドイツ人とは異なり、国境外の朝鮮人は共産主義国家（中国とソ連）と資本主義国家でアメリカの同盟国である日本の双方に居住していた。中国とソ連の朝鮮人がどの国家のメンバーなのかに関して争いはなかった。北朝鮮は東ドイツ同様、共産主義同盟国にいる民族同胞を、その国の国民として扱った。それ対し韓国は、共産主義陣営に首尾よく編入された民族同胞、特に人口数がより多い中国朝鮮族に対して大部分無関心であるか、もしくは懐疑の念さえもっていた。他方、在日朝鮮人に関して、両朝鮮国家は鋭い関心を注いだ。日本が旧植民地臣民に対して国籍を認めなかったことは、法的・政治的な真空状態を生み出した。これが彼らの忠誠心と彼らとの協力関係をめぐる闘争を引き起こしたのである。さらに両朝鮮国家は、旧植民地宗主国において「新植民地主義」的抑圧と差別に苦しめられているとみなされている国境外の民族同胞に対し、祖国としてのスタンスをとることによって、反植民地ナショナリズムの主張の信用度を高めることができた。反植民地ナショナリズムは、植民地以後の南北朝鮮において、イデオロギー的分裂を横断する支配的言論だったのである。

第二に、民族同胞は西ドイツによっても、両朝鮮によっても、犠牲者（集団的に追放され、強制的に祖国から移住させられた）として表象されたが、その犠牲者性はほぼ対極的な意味で理解されていた。国境外の朝鮮人が被った犠牲は、日本の帝国主義的支配に起源をもつものとみなされた。日本の帝国主義支配が、朝鮮人に半島から去ることを強制したり、誘発したりしたからである。それゆえに戦後の帰還は（また後の北朝鮮への帰国も）、国境外の朝鮮人を帰還させることで、この帝国主義支配による犠牲を正すものとみなされた。また、日本に残った朝鮮人は、旧植民地宗主国における差別的処遇の犠牲になっているとみなされていた。だが、中国やソ連に残った朝鮮人は犠牲者として表象されず、冷戦期のあいだ、両朝鮮での議論においてほとんど可視化されなかった。

それと対照的に、国境外のドイツ人は、ドイツ外部の歴史的故郷（および戦後ポーランドに割譲された旧東方領土）から戦後の追放によって犠牲になったものと理解された。したがって、ドイツ人の追放は「帰還」や「帰国」とは表象されず、故郷や祖国とのつながりを断つ大惨事であるとみなされたのである。東ヨーロッパに残るドイツ人は（冷戦の超国民的イデオロギーと越境的ナショナリズムとを組み合わせた視点を通して見ることで）、「ドイツ人として」生活することも、国外に移住することも妨害している体制の犠牲者として表象された。

第三に、「内部」の民族同胞と「外部」の民族同胞のもつ重要性の比重が著しく異なっていた。どちらの事例においても、大規模な戦後の脱混住化は、多数の（かつての）国境外の民族同胞を国家の領土の内部に移動させた。しかしドイツでは、越境的メンバーシップ政治の決定的な契機となったのは、逆説的にも「内部」の民族同胞、すなわち戦争末期数ヶ月と戦争直後に占領下のドイツにおいて難民となっていた被追放者の存在だった。ドイツ国籍をもたない被追放者に対し「ドイツ国籍をもたないドイツ人」という特別な地位を創出した西ドイツ特有の憲法条項は、被追放者という集団を法的に国民へと同化するという観点から作成されたものだった。同時に、追放をまぬがれた民族同胞には公共的な関心が集まらず、法制化の議論でもほとんど取り上げられなかった。地政学的な理由で、これらの「外部」の民族同胞は西ドイツ国家が管轄できる範囲の外にあったのである。後になって、被追放者法が「被追放者」を追放後の再移住者（アウスジードラー）を含むように広く定義したことにより、被追放者の地位が外的民族同胞へと開かれることになった。このことにより、この憲法の条項には、当初それがもっていなかったし、もつことが意図もされていなかったような潜在的に強力な越境的効力が付与された。もっとも、冷戦期に共産主義諸国によって課せられた出国制限は、この広域的な被追放者の定義の意義を限界づけてはいた。しかし、「被追放者」カテゴリーが憲法の中に正式に記載されたことのもつ意図せざる結果については、強調するに値する。この憲法上の規定は、すでにドイツ内にいる被追放者に向けられていて、彼らの国籍は明確にしないままの明らかに「過渡的」な条項として定式化されたものだった。だが、結果としてそれが、実質的な意味では「被追放者」ではないような何百万もの国境外のドイツ人を移民として受け入れ、彼らに国籍も認めるという開放的体制の基礎となったのである。

対照的に朝鮮においては、越境的メンバーシップの政治は内部の民族同胞に向けられていなかった。戦後の帰還者は、植民地国家の戸籍制度に依拠してすでに朝鮮国民とみなされていたので、彼らに特別なメンバーシップの地位を創出する必要はなかった。越境的メンバーシップの政治は最初から、日本にいる外部の民族同胞に焦点が絞られていた。それに対し、地政学的・イデオロギー的理由から中国やソ連の外部の民族同胞は無視された。だが、西ドイツや北朝鮮と異なり、韓国はこれらの外部の民族同胞を、「故郷」に帰還させるいかなる政策も実行したことはなかった。逆に韓国は、韓国の「在外国民」を自任する人々に対して日本での永住資格を付与し、彼らに主流の日本社会への同化を促すブローカーとしての役割を引き受けることにより、逆説的にも祖国国家としての地位を強化することができたのである。

第四に、新たに創出され、制度化されたメンバーシップのカテゴリーは、国境外の民族同胞を違ったかたちで包摂していた。法や行政上の慣習の中で広く定義され解釈された西ドイツの「被追放者」カテゴリーは、実質上東ヨーロッパとソ連のすべての民族的ドイツ人を包含した。主要な国境外のドイツ人コミュニティはこの地域に見いだされたから、その地位の適格性から一括して排除されるような国境外の民族同胞はなかった。すべての共産主義国で持続する「追放圧力」が包括的に想定されたことにより、出身国や個別の事情の違いは重視されなくなった。(32) たしかに自分が民族的ドイツ人であることは個人で立証しなければならなかったが、法や行政上の慣習では、この点でも一般的に包摂的であった。

対照的に、韓国の「在外国民」と北朝鮮の「海外公民」は、二つの朝鮮国家が一部の国境外民族同胞にはメンバーシップを拡張し、他の民族同胞には拡張しないという方法で用いられた選択的カテゴリーだった。これらのカテゴリーは、居住国において無国籍とみなされた民族同胞を編入するためにあえて構築されたものなので、中国やソ連の国民になっていた中国とソ連の民族的朝鮮人を包摂するものではなかった。どちらのカテゴリーも、原則として日本にいるすべての朝鮮人に開かれたものだったが、相互には排他的に構築されていた。そのため彼らには、植民地以後の法的・政治的アイデンティティ（すなわち、北朝鮮か韓国か）のどちらか一方を選択し、もう一方を拒否することが要求された。

最後に、国境外の朝鮮人は、国境外のドイツ人に比べ、想定上の祖国国家に対してはるかにアンビバレントで用心深い態度を示した。国境外のドイツ人は、アウスジードラーという地位によって与えられている機会に対し、アンビバレントなところはなかった。冷戦期にこの地位を主張できるドイツ人の数が多くなかったのは、単にホスト国である共産主義国家が出国制限をかけていたことを反映したものである。しかし朝鮮人は、二つの祖国国家から強く勧誘されていたにもかかわらず（あるいは、むしろ強く勧誘されていたからこそ）、そのどちらと協力関係を結ぶことに対しても躊躇を示したのである。北朝鮮も韓国も、それぞれの誘いが魅力的なものと認識されるように競い合った。しかし内戦からまだ立ち直っていない北朝鮮への帰還は、すぐにその魅力を喪失したし、略奪的で暴力的に反共産主義的だった韓国への不信が消えていくのには時間を要した。永住資格には魅力があったにもかかわらず、多くの在日朝鮮人は韓国に対して距離を置き続けたのである。

冷戦期の越境的メンバーシップ政治の形態におけるこれらの基本的相違は、エスニック・ナショナリズムという概念が、ドイツと朝鮮が国境外の民族同胞を構築し、受け入れた独特な方法を説明するための分析的道具としては役立たないということを示唆している。両方の事例において、地政学的要因が、受け入れの諸条件の形成において根本的に重要だった。どの国家が「祖国国家」としての体裁を整え、どの国境外の住民を受け入れたのか、なぜ国境外の民族同胞の被害者性が明らかに違ったかたちで理解されたのか、なぜ越境的メンバーシップ政治は、当初ドイツでは「内部」の民族同胞に、朝鮮では「外部」の民族同胞に向けられていたのか、なぜ対象となった国境外住民は両国においてそのように異なった仕方で（すなわち、異なった包摂性において）定義されたのか、なぜ朝鮮の国境外の民族同胞は祖国国家の受け入れ政策に対してよりアンビバレントだったのか——これらの問題を説明するのは地政学的要因なのである。

6. ドイツにおける民族移民の終焉

冷戦期を通じて、拡張された「被追放者」の定義が論争の対象とされることはなかった。戦後の大規模な追放から四〇年を経た一九八七年でも、アウスジードラー（すなわち「一般的な追放政策が終結した後に」東ヨーロッパとソ連を離れた民族的ドイツ人）を「被追放者」とみなし、彼らに国民としての完全な権利と様々な財政上の特権を認める法的フィクションに対し、公共の場で異議申し立ては起こらなかった。(33) 六〇〇〇万人（一九七〇年）の人口をもつ国において、毎年三万一〇〇〇人のアウスジードラーは社会統計上ごくわずかなものにすぎなかった。(34) アウスジードラーが公共圏において可視化された場合でも、彼らは共産主義体制の犠牲者を代表するものであり、またドイツ人を代表するものであった。抑圧的な同化主義をとる出身国においてドイツ人アイデンティティを維持する機会を奪われた彼らは、その国から退出することで不満の意を表明したものとされた。その国境を越えるという行為は、ドイツ・ネーションの越境的広がりと西ドイツ国家の反共産主義的吸引力とを肯定し、再確認する儀式としての作用を果たした（Delfs 1993: 5）。アウスジードラーへの圧倒的な共感を示すメディアでの表象（Rabkov 2006）は、彼らが享受する特権に対する公式の説明根拠を承認するものだった。

一九八〇年代の終わりに、このような状況は劇的に変化した。出国制限が緩和されたため、アウスジードラーの大量流入が発生したのである。それは一九八七年に始まり、一九八八年と一九九九年に加速化された。その数は約一〇倍に増加し、一九八九年に三七万七〇〇〇人、一九九〇年には四〇万人近くにまで達した。このようなアウスジードラーの数の急激な増加と、さらなる大量流入が見込まれることにより[35]、アウスジードラーは突如メディアの注目を集め、公共的論争の主要なテーマになった。

しかし変化したのは、単に数だけではなかった。一九九〇年の終わりまでに東欧の共産主義体制が解体し、ドイツが統一すると、アウスジードラーを「被追放者」として扱う支柱となってきた歴史的・地政学的基盤が消滅した。終結したのは冷戦だけではなかった。戦後という時代もまた終結したのである。第二次世界大戦がもたらした事態、すなわち追放、その後の東ヨーロッパに残ったドイツ人の抑圧、そしてドイツの分割が今や終わりを迎え、歴史の一章が幕を閉じたものとみなされたのである。

それ以前においては、アウスジードラーは移民労働者、増加するドイツ生まれの彼らの子孫、政治的庇護を求める人々などの入国・居住・国籍の諸条件に関する論争の多い複雑な問題群全体から、言論、法律、政治、制度の上で注意深く隔離されていた。公式には、アウスジードラーは移民でも外国人でもなかった。彼らのユニークな法的地位は基本法と被追放者法に基礎づけられていた。行政的にも、彼らは外国人移民や庇護請求者を扱う部局によって処理されていたわけではなかった。彼らはまた、経済的な理由によってではなく、エスノ文化的アイデンティティによってドイツに引き寄せられたものとして表象されていた。

劇的に新しい政治状況の中で、この隔離は崩れ始めた。それはまず言論の面で、続いて政治的・法的な面で起きた。アウスジードラーは次第に、メディアや公共的論争の場で「通常の」移民として表象されるようになった。すなわち、彼らは民族差別や抑圧的同化政策に耐えられなくなったからではなく、経済的に生活を一変させようとして出身国を離れたのであり、彼らの特権に対する公式の説明にあるような「ドイツ人の中でドイツ人として暮らしたいという欲求」によってではなく、ドイツの繁栄神話と寛容な社会給付（アウスジードラーとして受けとることのできる特別給付のことは言うまでもないが）に引き寄せられてドイツにやって来た――そのようにアウスジードラーは見られるようになったのである。

アウスジードラーは「移民」や「外国人」をめぐるより広い言論の場の中に統合されていった。それはいくつもの方法でなされた（Levy 1999: Chapter 6; Joppke 2005: 205ff.）。メディアは統合の欠如、犯罪率、財政的負担についての憂慮を掲げた。それらはまさに、移民に関するメディアでの言論を特徴づけるテーマだった（Rabkov 2006: Chapter 4）。アウスジードラーが経済的動機づけでとらえられることにより、彼らは同じく劇的に増加していた庇護請求者と比較されるようになった(36)。庇護請求者による庇護権要求の正当性にも、実は彼らが単なる経済移民にすぎないとする主張によって、しばしば異論が唱えられていたのである。また、アウスジードラー（特に増えつつある旧ソ連からやって来るアウスジードラー）が示す低いドイツ語力は、ドイツ語が流暢なドイツ生まれのガストアルバイターの子どもたちと比較され、次のような疑問が投げかけられた――なぜトルコ人ガストアルバイターの子どもは、ドイツで生まれ、ドイツで成長し、ドイツ語を流暢に話すにもかかわらず、依然として圧倒的多数が外国人なのに対し、アウスジードラーはドイツ語がほとんどあるいはまったく話せないにもかかわらず、国籍にもとづくすべての権利にくわえ、アウスジードラーに認められた特別な権利までもが与えられるのだろうか（Rabkov 2006: 189-90）、結局そこで、「ドイツ人」とは何を意味しているのだろうか、というような疑問である。

アウスジードラーはメディアにおいてだけでなく、政治的論争においても、それまでの保護された不可侵の地位を急速に失っていった。すでに一九八八年末に、社会民主党の指導的政治家オスカー・ラフォンテーヌが、政府の「ドイツ民族主義的妄想（Deutschtümelei）」（民族的ドイツ概念を悪用した誤った試みを指す批判的表現）を批判していた（Rabkov 2006: 204）。社会民主党はアウスジードラーが享受する特権に異議を唱え、アウスジードラーを「被追放者」として扱い続ける矛盾を強調し、アウスジードラーの議論を庇護請求者の権利の問題やドイツにおける入国、滞在、国籍を規制する原則についてのより一般的な議論に結びつけようとした。

しばらくのあいだ政府は、アウスジードラーの言論が通常の移民の言論に同化されることに対してだけでなく、そのことがドイツのエスノ文化的民族性《ナショナリティ》や国籍の理解、またその両者のあいだの関係性の理解に対してもたらす影響に対しても抵抗を試みた。コール政権によって推進されたメディアキャンペーンは、「アウスジードラーは外国人ではない」と言明した。連邦政治教育局の冊子には、「アウスジードラーはわれわれ以上にドイツ人的である」というタイトルが付されていた（Levy 1999: 144; Korte 2005: 255）。しかし、これらのスローガンは（「あなたや私と同じようにドイツ人である人々」[37]との連帯の勧告は）効果をもたなかった。一九八八年には、世論調査での回答者の三分の一が、アウスジードラーを庇護請求者と同一に見ていることを示している（Korte 2005: 1996）。一九九〇年の調査では、八三パーセントがアウスジードラーの移住の制限に賛成している（Levy 1999: 143n.）。一九九〇年代初頭には、三一パーセントしかアウスジードラーは「真のドイツ人」であることに賛成していない（Levy 1999: 141-2）。

アウスジードラーに対する強く否定的な世論の態度と、「ドイツ民族」概念に関する広範な懐疑に直面した政府は、アウスジードラーをめぐる議論のフレームをつくりなおそうとした。すなわち政府は、彼らとの国境を越えた民族的共通性を強調するのではなく、彼らが経済と社会にもたらす有益な貢献を強調しようとしたのである。しかしながらこれは、レヴィが論じるように（Levy 1999: 137-46）、アウスジードラー問題の言論《ディスコース》が移民というより広いプロブレマティークに吸収されるのを、さらに促進したにすぎなかった。政府はまた、アウスジードラーが享受する特権を削減し、アウスジードラーが認定される過程をより困難で複雑にする一連の制限的施策を採用し始めた[38]。この施策のなかで、象徴的にも実際的にも最も重要だったのは、「戦争の帰結精算法」と名づけられた法律だった。これは一九九二年末に超党的な「庇護妥協」の一部として施行されたものである（Bade 1994: 37）。この

「妥協」はまた、憲法上の庇護権を制限し、永住者やドイツで生まれた外国人の帰化を促進することについての「妥協」でもあった。

戦争の帰結精算法は年間のアウスジードラーの入国に定員を設けた。継続する「追放圧力」は今後、旧ソ連からのアウスジードラーに対してのみ前提されることとされ、他のすべてのアウスジードラーは個々の事例ごとにその圧力を証明しなければならないものとされた。[39]決定的だったのは、戦争の帰結精算法が、この法が施行された一九九三年一月一日よりも前に生まれた者のみが、アウスジードラーの地位を得ることができると規定したことだった。このカテゴリーはもはや、時間的に無期限なものではなくなった。このカテゴリーにおける潜在的メンバーシップは、すでに生まれている者だけに限定されたのである。この時点から、アウスジードラーの移住は、実質上残余的な現象になったと言えるだろう。

戦争の帰結精算法とそれに続く諸施策は、誰が「民族的ドイツ人」とみなしうるのかを決める基準を変化させ、より厳格にした。修正された基準は、言語・教育・文化に比重を置くようになり、ドイツ人としての血統それ自体には比重を置かなくなった。冷戦期において、言語能力の欠如はドイツ人に対する差別を示す指標として理解された。そのため、言語は民族的ドイツ人であることを決定する要因として無視されるか、あるいは軽視されていた。しかし今や、言語能力は、アウスジードラーを公的に受け入れ、首尾よく統合するために不可欠のものと見られるようになった。それゆえ言語能力は、アウスジードラーの地位にアクセスするための条件とされた。[40]法的基準と行政的慣習におけることのようなはっきりとした変化は、民族的ドイツ人の法的定義の本質的に政治的な特性を際立たせている。それは国家の象徴権力、すなわち権威あるカテゴリー化実践により集団を作成・再作成・解消する力を明らかにするものである。民族的ドイツ人であることは前政治的な条件ではない。それは政治的で法的な構築物なのである。

これらの諸施策にはアウスジードラーの数を削減することが意図されていた。この点において、これらの諸施策は目覚ましい成功をとげた。政府が次々と出す公式声明は、この成功を誇示するものだった。最多だった一九九〇年の約四〇万人から、一九九一年にその数は約半分に減少した。数年間二〇万人を越えた程度の数字を上下した後、一九九六年には再び減少し、二〇〇二年まで一〇万人前後を行き来するようになった。その後、継続的で不可逆的な減少が続き、二〇〇六年には八〇〇〇人を下回った。アウスジードラーのカテゴリーは、公式には依然として法文上の効力をもつが、すでに失効に向かっていて、急速にその意味を喪失している。東ヨーロッパの民族的ドイツ人を国境を越えて受け入れるドイツの移民政策は、今や過去のものなのである。

7. 遅れてきた祖国——国境外の「親族」として再編成された中国朝鮮族

東アジアにおける冷戦の消滅、北朝鮮の孤立化の進展、韓国の漸次的民主化は、越境的メンバーシップ政治の文脈を変化させた。朝鮮の再統一はまだ遠い先の話だが、韓国の「北方政策」はソ連（一九九一年）と中国（一九九二年）との外交関係を再構築した。北朝鮮は、経済的衰退とグローバルな経済政治秩序からの孤立化により、冷戦高揚期のような活発な越境的メンバーシップ政治への関与ができなくなった。また、緩慢だが着実な韓国の民主化により、政府によるナショナリスト的言論の独占が崩れた。それまで政府によるナショナリスト的言論の独占は、二つの朝鮮のあいだの分裂と敵意を、皮肉にもナショナリズムの名において再生産し、強化していたのである。このような変化は、韓国がこれまで確立してきた国境外の民族同胞に対するスタンス、すなわちイデオロギー上の理由から在日朝鮮人の一部を選択的に受け入れながらそれ以外を拒否し、中国とソ連に定住する二〇〇万人以上もの国境外の朝鮮人の存在を無視するというスタンスを揺るがすものだった。

越境的ナショナリズムを形成しなおす直接の契機は、中国朝鮮族によってもたらされた。彼らは一九八〇年代半ばから国境管理の緩和、中国と韓国の関係改善、離散家族再会のキャンペーン、韓国の経済ブームなどを利用して韓国を訪れ、そこで働き、再定住化していった。すでにその大部分がホスト社会に文化的に同化していた在日朝鮮人やソ連の朝鮮人（高麗人）とは異なり、中国朝鮮族は数十年間エスノ文化的な特徴を維持してきた。その理由として、ひとつに中国での独特のマイノリティ政策（特に重要なのは延辺朝鮮族自治州の設立）があり、また国内・国際的な移住の制限があったからでもある。移住の制限は、ほとんどの朝鮮人マイノリティを中国東北部のエスニック・エンクレイブ［＝民族マイノリティが住む飛び地］につなぎ止めた。彼らが一九八〇年代半ば、韓国の公共圏に再登場したとき、彼らの強制あるいは政治的に誘導された植民地時代の移民、四〇年間にわたる「祖国」からの隔離、比較的よく保存されたエスノ文化的習慣が組み合わせにより、彼らは朝鮮民族《ネーション》全体の模範をあらわすシンボルとなった。植民地支配によって離散を強いられ、異民族支配の下で抑圧されなが

らも、今や本源的一体性へと再結合しつつある朝鮮民族《ネーション》のシンボルとして、彼らは人々の感情を喚起したのである。(41)

韓国の国家もまた、民族同胞が新たに可視化されたことに反応しただけでなく、それをさらに促進した。急速な経済発展と新たな民主的信任によって支えられた新しい市民的リーダーたちは、韓国の朝鮮民族《ネーション》全体へのコミットメントはイデオロギー的相違を超越したものであると明言した。中国朝鮮族は、政府高官のレトリカルな行動、外務省が発表する公式統計、「朝鮮人ディアスポラ」や「朝鮮人ネットワーク」に関する様々な公式の報告書などにおいて、国境外の朝鮮民族《ネーション》のなかのきわめて重要な（実のところ最大の）一部として表象されるようになった。

このような過程において、それまで国外で韓国国民として登録できる者だけに適用されていた「在外国民」の法的カテゴリーは、国境外の民族同胞を認知するための方法として、今やあまりに限定的なものになった。それに代わり、「同胞」という土着のカテゴリーが、国境外のすべての朝鮮人を受け入れることができる用語として再浮上してきた。「兄弟」という含意をもつ「同胞」は、植民地時代に広く使われるようになった言葉である。「同胞」とは、朝鮮人が朝鮮人「自身」の国家が消滅しても生き残った血統、歴史、運命の共同体であり、植民地の領域的境界をも越えて広がるものであることを意味する概念だった（クウォン 2005; Schmid 2002; J.Kim 2009）。しかしながら、冷戦期においては、同胞概念は公式の言論でも日常的言論でも次第に使われなくなっていった。それはしばしば、「僑民」や「僑胞」という出移民の状況を強調する含意をともなった語に置き換えられた。(42)冷戦後の同胞概念の再出現は、冷戦期に縮小していた朝鮮民族《ネーション》の想像の範囲が拡張されたことを示すものだった。(43)

しかしながら、中国朝鮮族と韓国国家とのあいだの相互の再発見は、やがて相互の幻滅に変わった。最初のころは扱いが不確定であったが、その後韓国国家は、国境管理や移民政策において中国朝鮮族を単に外国人として取り扱うようになった（ただし、政治的レトリックにおいてはそうでなかった）[44]。しかし、地理的に近接していること、外見的・エスノ文化的に似ていること、家族の絆が再開されたり新たに確立されたりしていることにより、中国朝鮮族は韓国への入国や韓国の労働市場への参入において、他の外国人労働者よりも有利な立場に置かれた[45]。中国朝鮮族は急速に第二次労働市場を満たすようになった。彼らは炭坑、建築現場、低賃金の工場、都市のサービス業などで働いた。一九九九年までに二六万人（全中国朝鮮族の二〇パーセント近く）が一九九〇年代初頭から韓国を訪れ、約七万人が韓国に居住していたと報告されている。それは全外国人居住者の約二〇パーセントにあたる（キム 2000）。このような中にあって、合法的入国の制限は偽装文書の蔓延、ブローカーや人身売買の横行、超過滞在の増加につながっただけだった。

一九九〇年代半ばまでに、不法労働移民の管理の問題が、国家とメディアの言論において中国朝鮮族を表象する新たなマスター・フレームとなっていた。それにより、争点は偽装文書、非正規労働者の密輸、偽装結婚、労働市場での競争、犯罪などに集中した（カン 2005）。こうした扱われ方は、中国朝鮮族にも幻滅をもたらした。他の移民労働者も苦しんでいる搾取、差別、スティグマ、法的脆弱性などの苦境から、彼らもまた逃れられなかったし、自分たちが民族同胞であるという感覚は、その苦境を彼らにとっていっそう不公正なものに思わせた[46]。

一九九九年に成立した「在外同胞の出入国および法的地位に関する法律」（以後、在外同胞法）は、このような非一貫性、矛盾、不満が話題にされ、明確化され、政治化される舞台を提供した。一九九八年の金融危機の後、投資を求める韓国と北米の在外移民との紐帯を強めることを目的として当初考案されたこの法律は、「在外同胞」に韓国での入国、雇用、経済取引、投資において優遇される資格を与えた[47]。こうして「在外同胞」が法的地位になった。この法的地位には、「外国籍同胞」というサブカテゴリーが含まれていた。この地位を、外国籍をもつすべての在外同胞に対して認めることに反対する声はあったが、むしろ激しい論争の争点になったのは、どの在外同胞にこの新しい地位を認めるべきなのかということであった。

この法は、申請者（あるいはその両親ないし祖父母の一方）が「かつて韓国籍を保有した者」であることを、「外国籍同胞」の地位を得るための必要条件とした。しかし、朝鮮半島を離れた時点で厳密には朝鮮国民ではなかった植民地時代の移住者は、どのようにして「かつて韓国籍を保有した者」の地位を確立できるのだろうか。施行規則はそのための唯一の方法を規定していた。それによれば、ホスト国家の国籍を得る以前に領事館または指定された機関において「在外国民」として登録することであった。しかし、そのような登録は在日朝鮮人にとっては可能だったが（すでに論じたように、登録は韓国国家によって強く推奨されていた）、中国に定住している植民地時代の移住者には実質上不可能だった[48]。

韓国政府の官僚は、「外国籍同胞」に中国朝鮮族を含めれば中国からの抗議を招くだろうし、労働市場がコントロールできなくなり、治安上のリスクを生じさせるだろうと述べて、彼らの排除を擁護した。しかしながら中国朝鮮族はＮＧＯ、政策決定者、学者との幅広い連携関係や広範で結合力のあるネットワークを動員し、強力な抗議活動を行った。抗議者たちはまた、豊富な象徴資源を利用することもできた。韓国の人々が理解する「同胞」の概念には、感情的な共振力があり、規範的な意味も込められていたが、中国朝鮮族を排除することは、そのような「同胞」概念の理解と矛盾するものだった。「同胞」概念は、再発見された「兄弟」としての中国朝鮮族を含む概念として、その一〇年のあいだに復活していた。彼らの排除はまた、韓国国家の言論やその制度的な実践とも不協和を生んだ。なぜなら当時韓国の国家は、それまで忘れられていた国境外の民族同胞を、国家自身による越境的朝鮮民族《ネーション》の表象の中に編入し始めていたからである。

より根本的だったのは、韓国が建国された一九四八年を国民の境界の最初の基準としたことにより、脱植民地国家韓国の建国神話、すなわち韓国が歴史的朝鮮国の唯一の正当な継承者であり、朝鮮民族《ネーション》の唯一の代表にして保護者であるとする憲法上の自己定義と、中国朝鮮族を排除することが矛盾したことである。植民地時代の移民と韓国とのつながりは、集合的に一括して認知されたわけではなかった。それは、個別に文書で証明しなければならなかったのである。だが、すでに中国国民になっている植民地時代の移民たちにとって、それを証明することはほぼ不可能なことだった。この矛盾は、二〇〇一年の憲法裁判所判決の焦点となった。判決は、在外同胞法が一九四八年以前に移住した「在外国民」を差別している点において憲法違反であるとした（憲法裁判所 2001）。この判決での同義反復的要素は強調しておくべきであろう。すなわちこの判決では、「在外同胞」の定義の正当性に関する判断が、すでに明確に境界づけられた「在外同胞」集団の存在を前提にしたうえで、その「在外同胞」集団内での差別は許されないとしていたのである。言い換えるならば、判決は単に既存の集団を承認しただけではなく、冷戦後の「在外同胞」の構成作業にも寄与していた。しかもそれは強力で、決定的で、拘束力のあるものだった(49)。

この判決に応じて、在外同胞法は二〇〇四年に改正された。「外国籍同胞」の当初の定義は変わらなかった。それは依然として、かつて韓国国民だった者で、後に外国籍を得た者を指していた。しかし、改正された施行規則では、国外で国民登録したことをもって「かつて韓国国籍を保有した者」の証明とはされていなかった。施行規則は新たに、植民地時代の戸籍（申請者あるいは親ないし祖父母の一人の戸籍）をその証明としたのである。その結果、植民地時代の移民はすべて韓国国籍を保有したものと規定され、よって、彼らはその子ども・孫とともに原則「外国籍同胞」の地位に適合することになった。依然として多くの中国朝鮮族は、この新たな書類上の要件を煩わしすぎるものとみなした（J.Kim 2011）。しかし、歴史的朝鮮国の継承者であるとする韓国の自己定義にも、公式の「朝鮮人」の同定の仕方にも一致しているため、この新たな要件は憲法上・政治上の批判にさらされにくくなったのである。

この法律が制定されてから、韓国の越境的メンバーシップの政治と政策は、「在外同胞」という中心的カテゴリーをめぐって再組織化されるようになった。様々な政策が入国、労働市場、国籍へのアクセスにおいて「在外同胞」に優先的な処遇を行うようになった。このような在外同胞の公式的認知は政府機関、半官的組織、市民社会組織においても具体化されている。法的地位、相当規模の帰化者、移民連鎖の豊富な機会、請願運動・交渉・抗議運動の窓口をもつ中国朝鮮族は、今後の韓国における越境的メンバーシップ政治の焦点であり続けるだろう。

8. 分岐する軌跡

冷戦時代と同様、冷戦以後のドイツと朝鮮においてもまた、マクロな地域的文脈の変容はいくつかの注目すべき類似性を示している。地政学的緊張の緩和はドイツの（西ドイツによる）再統一を可能にし、韓国の北朝鮮、中国、ソ連に対する新たな外交的イニシアティブを促した。東欧、ソ連とその継承諸国、中国における出国管理の緩和が民族的ドイツ人のドイツへの大量流入と、民族的朝鮮人の韓国への大量流入をもたらした。韓国の新たな経済ブームと西ドイツの繁栄は、他の移民をも強力に引き寄せた。これらのマクロな変容により、両国において確立していたそれまでのメンバーシップ政策は問題視されるようになり、政治的論争と制度的再編成が引き起こされた。しかし、冷戦以後の越境的国民メンバーシップ政治の過程と帰結は、次の二つの点で再び分岐した。

第一には、民族同胞の流入を規制する入国・居住・国籍の諸要件が根本的に異なっていた。これは冷戦期の越境的メンバーシップ政治での分岐を反映したものである。冷戦期ドイツにおける、地政学的に条件づけられた「被追放者」カテゴリーの拡張的な定義と運営により、東ヨーロッパとソ連出身の民族的ドイツ人は外国人としてではなく「アウスジードラー」として、つまり法的には「被追放者」としてドイツに入国した。その地位は彼らに、国籍にもとづくすべての権利と様々な特別給付が得られる資格を付与していた。しかし、中国出身の朝鮮人は外国人として入国し、法的には他の外国人に同化されていた。

この冷戦期の越境的メンバーシップ政治の遺産《レガシー》の分岐は、冷戦後のメンバーシップ政治の輪郭を形づくっている。ドイツでは、アウスジードラーが享受する例外的特権への異議申し立ては、彼らを「普通の」移民とその子孫に言論、法、制度において同化するというかたちをとった。東ヨーロッパにおける根本的に変化した政治状況を前提にすれば、民族的ドイツ人に自動的に入国の権利を与え（それゆえ庇護請求者よりも特権的に扱い）、国籍にもとづくすべての法的権利を与える（それゆえドイツ生まれのガストアルバイターの子どもよりも特権的に扱う）ことの論拠は、実質的に薄弱化していた。韓国では、支配的な越境的メンバーシップ政治への異議申し立ては、中国朝鮮族を他の外国人労働者から差異化するという対極的なかたちをとった。中国朝鮮族を長らく忘れられた国境外の親族とみなす広く共有された理解を前提にして、彼らの外国人としての法的地位や官僚的処遇は批判の対象になった。

第二には、このような分岐する論争の軌跡は、両事例のあいだの根本的な地政学的非同時性を反映したものである。この非同時性は、私たちの議論を組織化するために用いている時間的ラベリングによって隠されている面がある。冷戦後の状況という概念それ自体が、朝鮮よりもドイツの事例にはるかによく適合する。要するに、冷戦は朝鮮半島では終わっていないのである[50]。ドイツの統一と東ヨーロッパとソ連の共産主義体制の崩壊に似た展開が東アジアでは見いだせないということが、ここでの要点なのではない。より深い非同時性がここにはある。ドイツの統一は冷戦のみならず戦後の終結をも含む地政学的過程の一部であった。このことがアウスジードラーに特権を与え続けてきた根拠を掘り崩したのである。「被追放者」カテゴリーは一つの歴史的大惨事、すなわち第二次大戦の最終段階と戦争後に起きた大規模な追放との関連で解釈され、正当化されてきた（Joppke 2005: Chapter 4）。冷戦期のあいだ、この歴史的大惨事の時間的境界は、共産主義諸国において「追放圧力」が継続していると仮定することにより、法と行政の実践において「拡張」された。そして「被追放者」カテゴリーもアウスジードラーを含むまでに拡張されたのである。しかし冷戦の終結とともに、追放もついに終わったものとみなされた。アウスジードラーを「被追放者」として扱い続けてきた歴史的・地政学的基盤が解体し、アウスジードラーのカテゴリーは消滅へと向かい始めた。

朝鮮において（さらには東アジアにおいて）、戦争のもたらした帰結が（朝鮮の場合、より根本的には日本の帝国主義支配がもたらした帰結が）解消されたとはみなされていない。それは単に朝鮮が分断され続けているというだけの問題ではない。中国と旧ソ連における民族的朝鮮人もまた、日本の帝国支配、太平洋戦争、そして冷戦がもたらした帰結によって苦しめられ続けていると理解されているのである[51]。東ヨーロッパとソ連の民族的ドイツ人とは異なり、中国とソ連の朝鮮人は、冷戦期に韓国で特別な地位や承認を得ていたわけではなかった。冷戦期を通じ、西ドイツでは東ヨーロッパとソ連のドイツ人が、ナチス犯罪、ホスト国からの報復、共産主義の圧政による犠牲を代表する存在として表象されていたのに対し、中国とソ連の朝鮮人は韓国の公共圏においてほとんど可視化されなかったのである。

一九九〇年代の初頭、中国朝鮮族が突然大規模に再出現した際、犠牲者を代表する存在としての彼らの地位がようやくテーマ化されるようになった。彼らは、日本支配下での強制的・半強制的移住の犠牲者として、国境閉鎖の犠牲者として、共産主義的独裁体制の犠牲者として、また長期にわたる韓国からの無視による犠牲者として、そしてさらには現在、祖国で外国人として扱われるという屈辱の犠牲者として表象されるようになったのである。ポスト冷戦期の地政学的状況の中で、国境外のドイツ人を犠牲者として表象することはもはや受け入れがたくなった。それに対し中国朝鮮族は、今まさに代表的犠牲者の表象として受け入れられやすくなった。ドイツでは、冷戦の終わりが越境的メンバーシップ政治の歴史の終結を意味した。それに対し朝鮮では、長らく忘れられていた中国の「親族」に対する、越境的メンバーシップ政治の遅ればせの開始を意味したのである。

9. 結論

越境するメンバーシップと帰属の形態ついてのこれまでの研究は、国民国家が出移民や国境外の民族同胞とのつながりを確立し、維持しようとして用いる新たな方法、彼らに「祖国」国家での権利や特権を認める法律や政策、出移民や国境外の民族同胞自身が彼らの「祖国」社会とのあいだに越境的つながりを維持しようとして用いる実践やネットワークなどを明らかにしてきた。しかしこれらの研究は、国民国家とその国境外の住民を結びつけている「その」という所有代名詞をほとんど問題にせず、その住民の存在を自明視する傾向があった。国家が国境外の一部の住民を「それ自身」のメンバーとして同定し、彼らに対して特別な責任を負い、彼らから忠誠心や資源を要求し、彼らに何らかの権利や特権を入手可能にする体制を構成していく社会的・政治的過程について、これまで研究はあまり関心を寄せてこなかったのである。すなわち先に指摘した所有代名詞の政治的・法的構成に、従来の研究は中心的関心を注いではこなかったわけである。

越境的メンバーシップ政治に関するこれまでの研究が国境外の住民の存在を自明視する傾向があったとすれば、それはこれまでの研究が、このような住民のメンバーシップの同定があまり問題にならないような二つの形態に焦点を絞ってきたことにその理由がある。その一つは国境を越える人々の移動から生まれ、もう一つは人々を越える国境の移動によって生まれるものである。第一の形態は移民送り出し国と国境外の出移民との関係性を含み、第二の形態は領土的に再編成されて「縮小した」国家とその国境外の住民との関係性を含む。両方の形態において、指示代名詞（その出移民、その民族同胞）の問題は比較的明瞭である。[52] なぜならばそれは、問題となっている国境外の住民が単に出移民や民族同胞であるだけでなく、問題となっている「祖国」国家の国民あるいは旧国民、ないしは彼らの子孫でもあるからである。[53]

私たちが検討している二つの事例では、国境外の住民のメンバーシップ同定ははるかに複雑で問題が多い。もちろん移民と国境線の変更は、二つの事例における越境的国民メンバーシップの政治を生み出した歴史的過程の中において中心的な意味をもってきた。それは、これまでの研究が注目してきたような、よりよく知られている事例と同様である。しかしドイツと朝鮮の事例では、国家と「その」出移民、「その」国境外の民族同胞の関係は明瞭でもなければ、容易でもなかった。所有代名詞の問題ははるかに曖昧で、はるかに多くの論争をはらむものだったのである。

ドイツの事例で言えば、中世および近代初期の移民は、たしかにドイツ語話者の移住者を中東欧に広く分布させることになった。しかし彼らは「ドイツ」から移民したわけではなかった。なぜならばその「ドイツ」は、一八七〇年まで統一された国家としては存在していなかったからである。[54] さらにドイツの国民国家創設の後でさえ、広く散在したドイツ語話者住民は、自分自身がドイツに「帰属」しているとはみなさなかったし、またドイツの国家や公共圏においても、そうは表象されていなかった。その後の歴史的な諸事件の複雑な連鎖が、第二次大戦後の西ドイツ（東ドイツではなく）の国家が、これらの住民の一部（しかしすべてではない）を「その」国境外の民族同胞と定義することになる状況を生み出したのである。そして冷戦の終結、ドイツの再統一、戦後時代の公式の終了は、この定義に異論を唱えることを可能にし、ついにはそれを時代遅れのものにした。国境外のドイツ人はこうして、条件付きかつ期限付きでドイツに帰属するものになったのである(55)。戦後の西ドイツ国家は、特有な歴史的状況の中で「その」国境外の民族同胞を創出した。冷戦後の新たな状況の中で、再統一したドイツ国家はその国境外の住民を再定義し、その特権的関係性を次第に希薄化させ、将来その関係性に終止符を打つ見込みをつけたのだった。

　朝鮮の事例における曖昧さや論争の原因は違っていた。半島外での実質的な数の朝鮮人住民を生み出した移民は、比較的最近発生したものであり、一九世紀末に始まり、植民地時代を通じて続けられたものだった。これらの移民は、当時の日常的理解において明らかに朝鮮人とみなされていた。日本政府もまた、植民地臣民を別個の戸籍において定義し、管理することにより、この理解を強化した。この戸籍制度は朝鮮人を、彼らがどこに住んでいようとも朝鮮人として登録したのである。しかし日本帝国の終焉と朝鮮の分断は、彼らの帰属を新たに問題とした。近代的国家制度の発展が遅れたため、植民地時代の移民たちは近代的な意味での朝鮮国籍をもっていなかった。それゆえ、植民地後に生まれた二つの国家と彼らとの関係も法的に曖昧なものだった。南北朝鮮のあいだの競合は、国境外の朝鮮人のための「祖国」国家であるとする主張を、どちらの国家が実効的なものにし、強化できるのかという問題を政治化した。冷戦期において、南朝鮮の国家（韓国）は一部の在日朝鮮人を「その」国境外の同胞として受け入れたが、その他の在日朝鮮人は拒否した。そしてソ連と中国の国境外朝鮮人の存在は無視した。しかしながら、冷戦の終結はこの無視を道徳的・政治的に擁護できないものにした。長らく忘れ去られてきた中国とソ連の国境外の「親族」は、遅れて韓国に帰属するものとして定義されるようになった。だが、その帰属にも異論は寄せられた。

既存の研究では、ドイツと朝鮮はしばしば、エスニック・ナショナリズムの古典的代表例とみなされている[56]。両国の越境的メンバーシップ政治、特にドイツの事例は、エスニック・ナショナリズムのことのほか明瞭な実例として参照されてきた。いわば既存の研究は、その指示代名詞をエスニックな観点で解釈してきた。すなわちドイツや朝鮮の国境外の住民は、共有されたエスニシティやエスノ文化的な民族性《ナショナリティ》ゆえに「その」住民とみなされたわけである。しかし両国における、国境外の民族同胞のメンバーシップの同定に関わる複雑で論争的な諸問題を考えれば、私たちは両国の越境的メンバーシップ政治を単純にエスニック・ナショナリズムの実例として描き出さないよう戒めるべきであろう。移民の権利や国籍を含めた諸権利・諸特権が両国において国境外の住民に拡張されたのは、民族的な血縁関係それ自体が認められたからではなく、特定の国境外住民と先行するドイツないし朝鮮の政治組織体とのあいだの特別なつながりが認められたからなのである。

例えば、西ドイツ国家の単一国籍への固執は、ドイツ・ネーションのエスニックな理解を反映したものなのではない。単一のドイツ国籍の範囲は想像上のエスノ文化的ドイツ・ネーションの境界にではなく、ドイツ国家の一九三七年時点の国境線に相当するものだったのである。[57] 現在の文脈においてより重要なのは、国境外のドイツ人はそのエスノ文化的民族性《ナショナリティ》のみによって、移住と国籍に関する特権を獲得できていたわけではなかったということである。国境外のメンバーシップに対して開かれた憲法上の規定は、「被追放者」にのみ有効であり、特権を与えられた民族的ドイツ人被追放者は、ドイツ国家の歴史と分かちがたく結びついたものだった。東ヨーロッパとソ連のドイツ人は、ナチスの言論と実践、および東方への征服によってドイツ国家に密接な関係をもつようになり、その結果、戦後は大量追放と報復にさらされた。[58] 占領されたドイツ（すなわち西側地区とソ連地区）は被追放者を統合し、彼らに完全に平等な権利と固有の特権を与える責任を受け入れた。しかしこれは、エスニックな連帯感からではなく（実際は被追放者と彼らの特権に対して、民衆レベルではかなりの反感があった）、社会政治的安定性のために行われたものであり、しかも連合国からの強い圧力もあった。

西ドイツによって後にアウスジードラーへと拡張された特権（東ドイツではこのような特権の拡張はなかったが）は、たしかにドイツ人エスニシティの公式な承認に依拠したものだった。再移住者（アウスジードラー）をあたかも被追放者であるかのように扱う法的フィクションは、国境外の民族的ドイツ人を移民として受け入れ、国籍を認める開放的な政策へと発展した。しかし、この拡張的な「被追放者」の定義でさえ、冷戦期の共産主義国における民族的ドイツ人に対する政策によって制限されていた。既存研究の多くが想定しているのとは異なり、この拡張的定義は単にエスニックなネーション理解が表現されたものではなかった。それは越境的ナショナリズムと冷戦期の反共産主義との独特の組み合わせによってもたらされたのである。さらに、ドイツにおけるエスニックなメンバーシップの法的コード化も、エスニック・ナショナリズムによって促進されたものではない。それは、西ドイツの基本法において、被追放者を憲法上国民へと同化するための独特な手法によって促進されたものなのである。エスニック・ナショナリズムとは関係のない法技術的でその場しのぎの政治的理由から、基本法第一一六条に規定された「民族的ドイツ人の難民ないし被追放者」にはドイツ国民と同等の憲法上の地位を与えられた。さらにその被追放者の資格は後に広く解釈され、共産主義諸国からの民族的ドイツ人再移住者（アウスジードラー）を含むまでになった。そのため、誰が民族的ドイツ人なのかを法律において定義し、行政実践のなかで規定していくことが必要だったのである。

朝鮮の事例では、国家はさらに中心的な存在として現われた。冷戦期の「在外国民」カテゴリーも、より包括的で名目上「民族的」な冷戦後の「在外同胞」カテゴリーも、エスノ文化的特性に依拠したものではなかった。両カテゴリーにおいて対象となる住民は、法的な特性によって定義された。すなわち、前者においては韓国国民として登録されることによってであり、後者においては過去に朝鮮国籍をもっていたこと（あるいは親ないし祖父母がそれをもっていたこと）によってであった。後者の朝鮮国籍は、遡及的に植民地時代のすべての移民に付与された。このケースでは血統が問題になった。だがそこで問題になったのは政治組織体のメンバーの血統であり、エスニックな血統ではなかったのである。たしかに、社会学者ギオク・シンが朝鮮のエスニック・ネーションに対する広くかつ深く根づいた半原初的な信念を強調するのは正しい（Shin 2006）。しかし国境外の「親族」に権利と特権を拡張する根拠となっているのは、「歴史的朝鮮国の継承者としての」韓国国家の政治的な系譜であり、国境外住民のエスニックな系譜ではなかった。

西ドイツとは異なり、韓国では法においてエスノ文化的民族性《ナショナリティ》をコード化しようとしたり、行政実践のなかでそれを規定しようとしたことは一度もなかった。エスノ文化的な民族性《ナショナリティ》は歴史的な朝鮮国のメンバーシップと同等でかつ同一範囲のものと理解されていた。この前提は、一千年近くに及ぶ朝鮮半島での例外的な政治的・エスノ人口学的安定性ゆえに可能となり、また理にかなったものとして受け入れられているのである。大規模な半島からの移住が一九世紀末から植民地時代を通じて発生した際にも、歴史的朝鮮国との結合は、日本帝国が採用した住民登録制度（朝鮮戸籍）によって保存された。したがって、エスノ文化的民族性《ナショナリティ》を確認するための特別な手続きは必要なかった。国境外の住民ないしその直近の子孫が、現在あるいは過去の朝鮮国と法的つながりをもつことが確認されれば、それで十分だった。

要するに、ドイツと朝鮮が国境外の民族同胞を受け入れてきた選択的で可変的な方法を説明するツールとして、エスニック・ナショナリズムの概念はあまりに切れ味が悪すぎるのである。それに対し、私たちの分析は国家に焦点を当てた。越境的メンバーシップ政治の分岐する（また歴史的に変容する）輪郭と軌跡を説明するため、私たちはここで、(1)国境外の住民と先行する政治組織体との関係、(2)越境的メンバーシップ政治が実行され、論争の対象となり、変容していく地政学的文脈と国内政治的状況の変化、(3)集団を創出し、解消する国家のカテゴリー化実践の構成力、(4)その活動がもたらした持続的な制度的遺産《レガシー》と意図せざる結果の四点について明らかにした。

[注]

1 このグループそのものもまた二つの系統に分類することができる。主流である第一の系統は、移民、ディアスポラ、トランスナショナリズムに関する研究から生じたもので、国家と出移民との関係について論じている。代表的な研究としてFaist（2000）、Itzigsohn（2000）、Bosniak（2000）、Bauböck（2003）、Levitt and de la Dehesa（2003）、Barry（2006）、Fitzgerald（2009）がある。第二の系統はナショナリズム研究から発展したもので、国家と国境外の民族同胞との関係について論じている。代表的なものとして、Brubaker（1996: Chapter 6）、King and Melvin（1998）、Levy and Weiss（2002）、Stewart（2003）、Kantor et al.（2004）がある。ふたつの系統のあいだにはコミュニケーションや生産的影響関係がほとんどないが、そのなかでJoppke（2005）は優れた例外である。

2 例えばRouse（1991）、Clifford（1994）、Ong and Nonini（1997）、Smith and Guarnizo（1998）、Fuglerud（1999）、Østergaard-Nielsen（2003）、Vertovec（2004）、Fox（2005）、Glick-Schiller（2005）などが代表的である。

3 私たちは「トランスナショナル（transnational）」なメンバーシップではなく「越境的（transborder）」メンバーシップと呼ぶ。なぜなら、国境線を越えたメンバーシップの多くは（私たちが本章で検討する事例も含めて）、ネーションを越えたもの（trans-national）ではなく、ネーション内の（intra-national）ものとして、すなわち同一のエスノ文化的あるいは政治的ネーションのメンバーを結びつけるものとして理解されているからである。

4 J・D・スクレントニーら（Skrentny et al.: 2007）は、移民と国籍政策のヨーロッパと東アジアとの説得力に富む比較研究を行っている。彼らの広範囲にわたる比較研究には、他の多くの事例とともに、ドイツと朝鮮についての短い議論が含まれている。彼らは、東アジアとヨーロッパにおける民族的帰還移民政策について、前者が経済発展を促進するもの、後者が国境外の民族同胞を保護し、シンボリックなつながりを表明するものという大きな対比を素描している。しかし彼らの目的は地域を越えた違いを確認することであって、それを説明することではない。それに対し私たちの歴史制度主義的分析は、地域の地政学的・エスノ人口学的な配置状況、マクロな政治史的軌跡、制度的遺産《レガシー》に強調を置きつつ、ドイツと朝鮮の越境的メンバーシップ政治が分岐していく軌跡を説明することをめざしている。

5　近代国家の「象徴権力」については、Bourdieu（1991）と Loveman（2005）を参照されたい。国家の「集団を創出する権力」については、Bourdieu（1999）、Hacking（1991）、Starr（1992）、Eriksen（1993）、Brubaker（1996）、Scott（1998）を参照されたい。もちろん、これらの権力は純粋に象徴的なわけではない。その効用は［マイケル・マンの言う］インフラストラクチャー的権力や［暴力を背景にした］強制力に依存している。これらの力により、国家は集団カテゴリーに実質的な帰結をともなわせることができるからである。

6　エスニック・ナショナリズムだけでドイツの事例を説明することの限界を強調する私たちの議論は、ドイツとイスラエルの民族帰還移民における地政学的要因を明らかにしたヨプケとローゼンヘク（Joppke and Rosenhek 2002）のものと一致する。パクとチャン（Park and Chang 2005）にも、朝鮮の事例における地政学的要因の重要性についてふれている箇所がある。

7　日本と朝鮮は相互に注意深く海岸線を閉鎖し、通商・文化上の交流を公式の経路だけに限定した。近世の朝鮮－日本間の関係については、Kang（1997）と Lewis（2003）を参照されたい。一九世紀中期より前の中国と朝鮮の関係については、ソン（2001: 第2章）と S.Kim（2007）を参照されたい。

8　英語では、簡潔な説明が Wolff（2003: 7-9）にある。東方植民（Ostsiedlung）については、Frantzioch（1987: 19-43）も参照されたい。

9　ここで「植民」とは、「送り出し国家」によってではなく、「受け入れ国家」によって組織されたものである。ゲルマン語系の植民者たちは経済発展を促し、町をつくり、防衛を強化するためなどの理由で支配者によって招かれ、その領地に定住した。ヨーロッパ全体の文脈における中世の移民と植民についての説明は、Barlett（1993）を参照されたい。

10　一九世紀ドイツにおける、競合しあう二つの主要なドイツ統一案は、従来「小ドイツ的」と「大ドイツ的」として知られている。前者はハプスブルク帝国内のオーストリアを除外し、後者はそれを含める考え方である。

11 アジア主義の言論においては、アジアを西洋の脅威から防衛するための団結が語られる場合でさえ、アジアは依然として別々の民族《ネーション》（中国、日本、朝鮮等）から構成されるものとして表象された（Shin 2006: Chapter 1）。

12 もちろん、日本の支配は、エスノ人種的な同族関係の主張にもかかわらず、外国のものとして経験され、それ自体がナショナリズムの表明でもあった。

13 日本帝国臣民は内的に未分化なカテゴリーではなく、様々な「地域」カテゴリーからなっていた。そこには当然日本人（狭い意味で定義された）の他に台湾人と朝鮮人が含まれていた。これらのカテゴリー間の移動は別個の戸籍制度によって厳しく管理されていた（Chen 1984）。日本人臣民はひとつの家族（実際の共同生活の単位ではなく、概念上の単位）に帰属し、家族はその家族が登録された土地に属していた。この土地は日本、朝鮮、台湾のどれかの「地域」に位置していた。帰属する家族を変更する場合（地域間の婚姻、離婚、養子縁組により）にのみ、人は帰属する地域も変えることができた。

14 残された一次データから正確な統計を出すことの困難さについては、D.S.Kim（1998）を参照されたい。

15 ソ連時代およびソ連時代以後の朝鮮人は、越境的な国民メンバーシップの政治にとって周辺的な存在だった。先に述べたように、彼らのほとんどは第二次大戦の後で中央アジアに移送されており、朝鮮に帰還できた朝鮮人はほとんど存在しなかった。さらに、ソ連時代に「ナショナリティ」が公式に認められていたにもかかわらず、朝鮮人移民とその子孫たちは文化的・言語的に中央アジアの他のロシア語話者住民に同化した。この文化喪失により、彼らは冷戦以後の時代、よい機会を求めて韓国に「帰還」しようという気持ちをもたなくなっていた。よって、私たちはここでの分析からソ連およびソ連以後の朝鮮人（「高麗人」）の問題を除外している。

16 理論的に洗練された英語での議論として、Glaeser（2000）を参照されたい。

17 西側占領地区とドイツ連邦共和国における統合（特に社会経済的統合）については膨大な研究がある。それに比して、ソ連占領地区とドイツ民主共和国での統合について研究の量ははるかに少ない。両者を比較した英語文献としてTher（1996）を参照されたい。西ドイツでの統合に関する大部で洗練された研究の文献はアホネンの著作（Ahonen 2003: 3）の中に見ることができる。

18　アメリカ当局は特に同化を主張した。Grosser（1993）とSchraut（1994）を参照されたい。東側での同化主義的な推進力と用語法に関しては、Schwartz（2000: 141）を参照されたい。

19　用語法についてはTher（1998: 88-95）を参照されたい。東ドイツでの共産主義リーダーたちは、追放は理解できるものであり、全体として正当化されるものであると語っていた（Schwartz 2000: 139）。

20　被追放者の諸組織とその西ドイツ外交への影響に関する洗練された研究としてAhonen（2003）を参照されたい。

21　散発的な追放は一九四九年まで続いたが、強制移住の大きな波は一九四六年末までにはほぼ終了した。

22　基本法第一一六条による。誤解を避けるために強調しておくべきなのは、基本法における「ドイツ人」という包括的カテゴリーはそれ自体がエスニックなカテゴリーではなく、法的な地位であるという点である。しかしながらこの法的カテゴリーには、ドイツ国籍を保有していない民族的ドイツ人、すなわち「ドイツ人の民族帰属をもつ難民か被追放者、あるいはその子孫として一九三七年一二月三一日時点の国境線におけるドイツ帝国の領土に受け入れられた」人々が含まれている（http://www.bundestag.de/htdocs_e/parliament/function/legal/germanbasiclaw.pdf）。

23　基本法の起草に関わった議会評議会における第一一六条をめぐる議論のなかで、この条項が将来到来する人々にも適用されるべきなのかどうかの問題が提起されていた（条文は「すでに領土に受け入れられた」民族的ドイツ人難民ないし被追放者について曖昧に言及している）。評議会の議長は、この条項が将来においても適用されると述べている。しかしながら、この議論が依然として追放が散発的に行われていた一九四八年一二月のものであるという文脈から考えると、ここで語られている「将来」とは追放末期のことであって、将来の非強制的な民族移民のことを指しているわけではないように思われる（一九四八年一二月七日、議会評議会第二〇回会合）。

24　引用はLiesner（1988 : 98-9）に再録された行政ガイドラインから。

25　六二パーセントはポーランドから、一五パーセントはルーマニアから、その他残りのほとんどはソ連、チェコスロバキア、ユーゴスラビアから来ていた（Bundesverwaltungsamt n.d.）。

26　アウスジードラーが少数であったことにより、彼らの存在を冷戦のために安全に利用することが可能になった。冷戦が彼らの出国を禁止していたということそれ自体を、それが撤回されるという心配をすることなく、プロパガンダ目的で利用することができたのである。

27　最後の例は Otto（1990: 50）からのものである。アウスジードラーの冷戦期の道具化について、より一般的には同書（Ibid.: 46-51）、Delfs（1993: 5）、Faulenbach（2002: 46）を参照されたい。行政ガイドラインは、アウスジードラー・カテゴリーにとっての共産主義支配の本質的重要性について強調し、歴史的に根づいたドイツ人コミュニティが存在しない中国を被追放者法の出身国のリストにくわえていることを記している。Liesner（1988: 98）を参照されたい。

28　これはヨーロッパと東アジアとの大きなマクロ地域的な違いを反映したものである。東アジアにおける共産主義体制（北朝鮮、中国、ベトナム）は反植民地ナショナリズムから深い影響を受けていたのに対し、反共産主義体制（韓国および台湾）の名声はアメリカ合衆国や日本との密接な同盟関係によって損なわれたのである。

29　成功を歓喜するパターナリスティックなレトリックが用いられてはいたが、在日朝鮮人の帰還は北朝鮮からの「プル」よりも日本の「プッシュ」を証明するものだった（J.Kim forthcoming: Chapter 3）［つまり、北朝鮮の繁栄に惹かれて（「プル」されて）移住したというよりも、日本での不安定な生活から逃れるために（「プッシュ」されて）移住したという側面が強かった］。

30　これらはまったく根拠のない批難ではない。軍事クーデターによって政権を奪取した朴正煕政権が日本との二国間協定を締結することを急いだのは、日本資本（在日資本も含める）の投資が韓国経済の離陸にとって必須のものだったからである。韓国国家は一九五三年以後、日本の朝鮮人を徴兵することにも関心をもっていた。また、一九四五年以後の日本への非合法移民の中に徴兵逃れのものがいたことも事実である。彼らは韓国に送還されると、厳しく処罰された（J.Kim forthcoming: Chapter 3）。

31　日本と北朝鮮との国交がないなかで、総聯はこんにちでもなお事実上北朝鮮の領事館としての機能を果たしている。だが、おそらくそれ以上に驚くべきなのは、韓国も一九九四年までは代理団体である民団に頼って「在外国民」のパスポートやの証明書を発行していたということである（ド 2003; キム・テギ 2000）。

32 民族的ドイツ人でも資格を与えられない場合もあった。しかしそれもまた冷戦期の反共産主義と関連していた。すなわち、共産主義体制にあまりに近い人物であると判断されれば、民族的ドイツ人でもアウスジードラーの地位を否認されたのである。

33 行政裁判所の判決のなかには、この「被追放者」の拡張的定義が妥当性をもち続けることに対して懐疑の念を表明するものもあった。しかしより広い公共圏から異論が唱えられることはなかったのである。

34 数年のあいだに約八〇〇万人の新たな居住者を西ドイツにもたらした戦後の激動的な追放は、相当の社会的緊張を引き起こした。だが、アウスジードラーのゆっくりとした流入は三五年間のあいだにその六分の一程度にとどまったので、実質的な社会的緊張を引き起こすことはなかった。比較的少数のアウスジードラーの流入は、社会統合、市場競合、財政負担等への憂慮をかき立てることはなかった。

35 旧ソ連からのアウスジードラーは一九八九年と一九九〇年に増加を始めたばかりだった。一九九〇年より後、アウスジードラーの圧倒的多数が旧ソ連からやってきた。

36 庇護請求者の数は一九八七年の五七〇〇〇人から一九九二年の四三万八〇〇〇人へと増加した（Korte 2005: 57; von Koppenfels 2001: 22）。

37 Levy（1999: 131-2）に引用されたヘルムート・コール首相の発言。一九八八年のコールの「東方から来た同郷人（Landsleute aus dem Osten）」へのアピールについてはRabkov（2006: 177）を参照されたい。

38 他の形態の移民の管理政策への法的統合を含めた一連の改革については、Rabkov（2006: 196-204）を参照せよ。英語ではvon Koppenfels（2001）が政策変更の概略を伝えている。また、Joppke（2005）も参照されたい。

39 その結果、一九九三年以後九五パーセント以上のアウスジードラー（二〇〇〇年以後は九九パーセント以上）が旧ソ連からやっていた（Bundesverwaltungsamt n.d. から計算）。

40 しかしながら、将来のアウスジードラーにとって、ドイツ語クラスに出席し、登録するだけでは不十分であった。ドイツ政府は誇らしげにドイツ語クラスを開講し、それに資金を出したが、彼らがドイツの「民族帰属」を主張するためには、言語・文化・教育といった「客観的に確証する資質」が家族の中で（例えば語学コースをとることによってではなく）獲得されていなければならなかった。民族的ドイツ人であることは、家族の中で継承されてこそ「本当」のものだった。つまりそれは、ドイツに移住したい者が機会主義的に獲得できるようなものではありえなかったのである。Rabokov（2006: 205-11）とJoppke（2005）を参照されたい。

41 代表的な例として、一九九〇年代初頭の中国朝鮮族の女性と韓国人男性（多くは農民）との結婚を表象した言論がある。当初このような結婚は、メディアと官僚によって「将来の自然な再統一」のシンボルとして称揚されたのである（ホン 2000）。

42 「同胞」の「同」は共通の起源を強調していたのに対し、「僑胞」の「僑」は、多くの場合短期滞在として理解されている移民の文脈を強調するものだった。「華僑」（英語では"overseas Chinese"）における「僑」のやや異なった使い方については、Wang（1981: 119）を参照されたい。また注目すべきは、この場合の「僑」（「海外」という意味）はしばしば「僑胞」概念を限定づけたことである。そこには「海外」ではない中国やソ連の朝鮮人は除外されており、日本、アメリカ合衆国、その他の諸国の朝鮮人は含まれている。

43 外務省の年次報告書における変化は、越境的ネーションの公式の理解と表象の転換を示している。一九九一年、タイトルが「在外国民の現状に関する報告」が「海外同胞の現状に関する報告」に変わっている。新しい報告書は中国やソ連の朝鮮人の数字も含めているので、越境的ネーションの大きさは一年間で二倍になっている。

44 中国およびソ連出身の朝鮮人の公式の国籍は冷戦期を通じて曖昧なままだった。中国とソ連による国籍の一方的な付与が、彼らの朝鮮との法的つながりを自動的に解消してしまうのかどうかが明確ではなかった。憲法も国籍法制も、また中国やソ連との遅れた二国間協定も、この長らく留保されたままの問題を解決しなかった。「帰国」移民が始まって一〇年後の一九九七年になってはじめて、法務省が中国朝鮮族を明確に外国人と定義したのである。

45 韓国国民との家族的つながりは、他の移民にはあまり入手しえない中国朝鮮族特有の資源だった。さらに、多くの中国朝鮮族女性は、韓国籍を得て後続の移民連鎖の拠点としての役割を果たすため、韓国男性と結婚した（J.Kim 2011）。

46　その結果、韓国を再発見された「祖国」とみなす当初の認識も変化した。中国朝鮮族の主流新聞が伝えている、韓国での中国朝鮮族の経験についての報告がもつ否定的トーンについては、キム・ガンイル（1999）を参照されたい。中国からの同胞に対する法的・社会的差別は、セオルとスクレントニーによって「ヒエラルキー的ネーション」と呼ばれている（Seol and Skrentny 2009）。より広い比較の視点から言えば、民族的帰還移民は通常、「祖国」から承認の欠如や幻滅に直面するものである（Brubaker 1998; Thränhardt 2001）。例えばそれは、トランシルバニアのハンガリー人にとってもそうだった。彼らはハンガリーにおいて「兄弟たち」から「ルーマニア人」とみなされ、そう処遇されたのである（Fox 2003; Brubaker et al. 2006）。ブラジルから日本に来た日系ブラジル人移民（Tsuda 2003）、アルゼンチンからスペインに来たスペイン系の移民（Cook-Martin and Viladrich 2009）、イスラエルにおける中東やソビエトから来たユダヤ人移民などでも、事情は同様だった。

47　一九六二年に海外移民法が施行されてから、多くの韓国人が国外へと移民した（一九九九年までに約二五〇万人）。これらの出移民、特にアメリカ合衆国における移民は、祖国からのより多くの保護や支持を求め、また祖国におけるより多くの権利や参加を要求することに関し、次第に活発になっていった。

48　かつて「在外国民」として登録したことがあることを「外国籍同胞」の基準にすれば、日本の外国人登録において「朝鮮」の指標のもとに登録し、後に日本人に帰化した在日朝鮮人も除外することになった。

49　このことは、朝鮮ネーションの歴史的・文化的イディオムによって脚色された法的ナラティブによって行われた。中国やソ連出身の朝鮮人は、犠牲、離散、外国人支配の下での民族闘争などといった典型的な言論範型の中に組み込まれていた（憲法裁判所 2001）。

50　韓国の北に対する関係改善のイニシアティブ（まさに「北方政策」と呼ばれている）は、冷戦後の西ドイツの状況よりもむしろ、一九六〇年代後半から一九七〇年代にかけての西ドイツの「東方政策」に類似している。

51　第二次世界大戦それ自体（太平洋戦争と区別されたものとして）は、東アジア諸国の政治的言論や国民的歴史記述の中では明瞭なかたちで登場しない。一九三〇年代半ばの日本の満洲や中国への領域拡大と一九四〇年代初頭の日本の太平洋戦争への破滅的な参戦が、戦後の日本、中国、朝鮮における主要な国民的記憶の場となってきた（Fujitani et al. 2001）。

52 このような事例でも、その指示代名詞が完全に明瞭であるとまで主張するわけではない。送り出し国が、自分から移民した人々だけでなく、彼らの子孫とも関係を維持しようとする場合、それはより曖昧なものになる。さらにまた、国境外の住民集団の境界が明確であるとしても、そのような国境外の集団に対してどのような政治や政策がなされるべきなのかということまで明瞭であり、論争がないというわけではもちろんない。

53 メキシコ国家がターゲットにしている国境外の住民（第一の形態の一例であるが）は、メキシコからの移民とその子どもたちであり、彼らのほとんどは現在ないしはかつてのメキシコ国民、または彼らの子どもたちである（Fitzgerald 2006）。これは比較的明瞭に境界づけられた集団である。ハンガリー国家のターゲットとなっている国境外住民（第二の形態の一例である）は、第一次大戦後のハンガリー国家の極端な縮小によって生み出された（Kantor et al. 2004）。ハンガリーの領土の縮小は、三〇〇万人以上のエスノ文化的ハンガリー人（彼らはまたハンガリー国民でもあった）を、新しい国家の「間違った」側に、こんにちのルーマニア、スロバキア、ウクライナ、セルビア、オーストリアの居住者および国民として取り残すことになったのである。国境線が住民の頭越しに移動してから九〇年が経っているので、現在のハンガリーの越境的メンバーシップ政治のターゲットとなる住民集団の境界線は、現在のメキシコよりも不明瞭になっている。しかしそれは、概念的には明瞭である。すなわちその住民集団とは、自らのエスノ文化的な民族性《ナショナリティ》をハンガリーとして同定し続けている隣接諸国家の居住者および国民のことであり、その大多数は一九二〇年以前にハンガリー国民であった人々の子孫たちである。

54 実際に一九世紀末に統一されたドイツから移民した人々（ドイツに統一される諸国家から一九世紀半ばに移民した人々も含めて）は、ある程度の公共的議論の対象にはなっていた。しかし彼らは一貫した越境的メンバーシップ政治の対象にはならなかった。

55 「条件付きの国籍」の概念の研究としてChung（2009）を参照されたい。

56 このような研究として、ドイツの事例に関して、この論文の第一著者であるブルーベイカーの初期の著作がある（Brubaker 1992=2005）。この著作の中で行っているエスノ文化的なドイツの「ネーションの伝統」についての記述（およびエスニックなドイツの越境的メンバーシップ政治についての短い議論）は限定的で、比較的にニュアンスを含んだものではあった。だが、私（ブルーベイカー）は現在、ドイツないしフランスの「ネーションのイディオム」にそれほどの重要性を置こうとは考えていない。私はヨプケとローゼンヘクによる「直線的」なエスニック・ナショナリスト的説明への批判（Joppke and Rosenhek 2002）に同意するが、私の初期の著作を「直線的」な説明の一例とする彼らの議論には同意しない（Brubaker〔1998〕も参照されたい）。

57　一九三七年には、ナチスの最初の領土的併合の前年であるという意味がある。

58　もちろん、多くの国境外のドイツ人はナチスの侵略を歓迎し、ナチスに積極的に協力した。しかし、戦後の追放は、他の形態の報復同様、集団的なものだった。すなわち、ナチスに協力しなかったドイツ人を免除するものではなかったのである。

【参考文献】

（英語・ドイツ語）

Ahonen, Pertti., 2003, *After the Expulsion: West Germany and Eastern Europe 1945-1990*, Oxford: Oxford University Press.

Bade, Klaus J., 1994, “Einführung,” S. 9-74 in Bade, hrsg., *Ausländer, Aussiedler, Asyl in der Bundesrepublik Deutschland*. Bonn: Bundeszentrale für politische Bildung.

Barry, Kim., 2006, “Home and Away: The Construction of Citizenship in an Emigration Context,” *Public Law and Legal Theory Research Paper Series*, Working Paper N0 06-13, New York University School of Law.

Bartlett, Robert., 1993, *The Making of Europe: Conquest, Colonization and Cultural Change 950-1350*, Princeton: Princeton University Press.

Bauböck, Rainer., 2003, “Towards a Political Theory of Migrant Transnationalism,” *International Migration Review* 37(3):

700-23.

Bosniak, Linda., 2000, "Multiple Nationality and the Postnational Transformation of Citizenship," *Virginia Journal of International Law* 42: 979-1004.

Bourdieu, Pierre., 1991, *Language and Symbolic Power*, Cambridge: Harvard University Prcss.

——., 1999, "Rethinking the State: Genesis and Structure of the Bureaucratic Field," in George Steinmetz, ed., *State/Culture: State Formation After the Cultural Turn*, translation Loic Wacquant and Samar Farage, Ithaca: Cornell University Press, pp.53-75. ［=2007, 加藤晴久ほか訳「国家精神の担い手たち――官僚界の成立と構造」『実践理性――行動の理論について』藤原書店］

Brubaker, Rogers., 1990, "Frontier Theses: Exit, Voice, and Loyalty in East Germany," *Migration World* 18 (3/4): 12-7.

——., 1992, *Citizenship and Nationhood in France and Germany*, Cambridge: Harvard University Press. ［=2005, 佐藤成基・佐々木てる監訳『フランスとドイツの国籍とネーション――国籍形成の比較歴史社会学』明石書店］

——., 1996, *Nationalism Reframed: Nationhood and the National Question in the New Europe*, Cambridge/New York: Cambridge University Press.

——., 1998, "Migrations of Ethnic Unmixing in the 'New Europe'," *International Migration Review* 32(4): 1047-65.

——., 2004, *Ethnicity without Groups*, Cambridge: Harvard University Press.

Brubaker, Rogers, Margit Feischmidt, Jon Fox and Liana Grancea., 2006, *Nationalist Politics and Everyday Ethnicity in a Transylvanian Town*, Princeton: Princeton University Press.

Bundesverwaltungsamt., N.d., "Aussiedlerstatistik seit 1950,"（一九五〇から二〇〇五年までのデータ）(http://www.bmi.bund.de/SharedDocs/Downloads/DE/Themen/Politik_Gesellschaft/Spaetaussiedler/Aussiedlerstatistik_seit_1950.html)

Chen, Edward I-te., 1984, "The Attempt to Integrate the Empire: Legal Perspectives," in Ramon H. Myers and Mark R. Peattie, eds., *The Japanese Colonial Empire, 1895-1945*, Princeton: Princeton University Press, pp.240-74.

Chung, Erin Aeran., 2009, "The Politics of Contingent Citizenship: Korean Political Engagement in Japan and the United

States," in Sonia Ryang and John Lie, eds., *Diaspora without Homeland: Being Korean in Japan*, Berkeley: University of California Press, pp.147-67.

Clifford, James., 1994, "Diasporas," *Cultural Anthropology* 9(3): 302-38.

Cook-Martin, David and Anahí Viladrich., 2009, "The Problem with Similarity: Ethnic-Affinity Migrants in Spain," *Journal of Ethnic and Migration Studies* 35: 151-70.

Delfs, Silke., 1993, "Heimatvertriebene, Aussiedler, Spätaussiedler," *Aus Politik und Zeitgeschichte* 48: 3-11.

Duncan, John., 1998, "Proto-Nationalism in Premodern Korea," in Sang-oak Lee and Duk-soo Park, eds., *Perspectives on Korea*, Sydney: Wild Peony Press, pp.198-221.

Eriksen, Thomas A., 1993, *Ethnicity and Nationalism: Anthropological Perspectives*, London: Pluto Press.

Ertman, Thomas., 1997, *Birth of the Leviathan: Building States and Regimes in Medieval and Early Modern Europe*, Cambridge: Cambridge University Press.

Fahrmeir, Andreas., 2000, *Citizens and Aliens: Foreigners and the Law in Britain and the German States, 1789-1870*, New York: Berghahn Books.

Faist, Thomas., 2000, "Transnationalization in International Migration: Implications for the Study of Citizenship and Culture," *Ethnic and Racial Studies* 23(2): 189-222.

Faulenbach, Bernd., 2002, "Die Vertreibung der Deutschen aus den Gebieten jenseits von Oder und Neiße," *Aus Politik und Zeitgeschichte* (B 51-52).

Fitzgerald, David., 2006, "Rethinking Emigrant Citizenship," *New York University Law Review* 81(1): 90-116.

———., 2009, *A Nation of Emigrants: How Mexico Manages Its Migration*, Berkeley: University of California Press.

Fox, Jon E., 2003, "National Identities on the Move: Transylvanian Hungarian Labor Migrants in Hungary," *Journal of Ethnic and Migration Studies* 29(3): 449-66.

Fox, Jonathan A., 2005, "Unpacking 'Trans-national Citizenship'," *Annual Review of Political Science* 8: 171-201.

Frantzioch, Marion., 1987, *Die Vertriebenen: Hemmnisse, Antriebskräfte und Wege ihrer Integration in der Bundesrepublik*

Deutschland, Berlin: Dietrich Reimer.

Fuglerud, Oivind., 1999, *Life on the Outside: The Tamil Diaspora and Long Distance Nationalism*, London: Pluto.

Fujitani, Takashi, Geoffrey White and Lisa Yoneyama, eds., 2001, *Perilous Memories: The Asia Pacific War(s)*, Durham: Duke University Press.

Glaeser, Andreas., 2000, *Divided in Unity: Identity, Germany, and the Berlin Police*, Chicago: University of Chicago Press.

Glick Schiller, Nina., 2005, "Transborder Citizenship: An Outcome of Legal Plural-ism within Transnational Social Fields," in Franz von Benda-Beckmann, Keebet von Benda-Beckmann and Anne Grifftʰs, eds., *Mobile People, Mobile Law: Expanding Legal Relations in a Contracting World*, Burlington: Ashgate Publishing Company, pp.27-49.

Grawert, Rolf., 1973, *Staat und Staatsangehörigkeit*, Berlin: Duncker & Humbolt.

Grosser Thomas., 1993, "Das Assimilationskonzept der amerikanischen Flüchtlingspolitik in der US-Zone nach 1945," in Christiane Grosser, Thomas Grosser, Rita Muller and Sylvia Schraut, hrsg., *Flüchtlingsfrage - Das Zeitproblem: Amerikanishe Besatzungspolitik, deutsche Verwaltung und die Flüchtlinge in Württemberg-Baden 1945-1949*, Mannheim: Institut für Landeskunde und Regionalforschung der Universitüt Mannheim, pp.11-54.

Hacking, Ian., 1991, "How Should We Do the History of Statistics?" in Graham Burchell, Colin Gordon and Peter Miller, eds., *The Foucault Effect: Studies in Governmentality,* Chicago: The University of Chicago Press, pp.181-96.

Herbert, Ulrich., 1985, *Fremdarbeiter: Politik und Praxis des "Ausländer-Einsatzes" in der Kriegswirtschaft des Dritten Reiches*, Berlin: J. H. W. Dietz.

Hogwood, Patricia., 2000, "Citizenship Controversies in Germany: The Twin Legacy of Völkisch Nationalism and the Alleinvertretungsanspruch," *German Politics* 9(3): 125-44.

Hwang Kyung, Moon., 2004, "Citizenship, Social Equality, and Government Reform: Changes in the Household Registration System in Korea, 1894-1910," *Modern Asian Studies* 38(2): 355-87.

Itzigsohn, José., 2000, "Immigration and the Boundaries of Citizenship: The Institutions of Immigrants' Political Transnationalism," *International Migration Review* 34(4): 1126-54.

Joppke, Christian., 2005, *Selecting by Origin: Ethnic Migration in the Liberal State*, Cambridge: Harvard University Press.

Joppke, Christian and Zeev Rosenhek., 2002, "Contesting Ethnic Immigration: Germany and Israel Compared," *Archives Européennes de Sociologie/European Journal of Sociology* 43(3): 301-35.

Kang, Etsuko Hae-Jin., 1997, *Diplomacy and Ideology in Japanese-Korean Relations: From the Fifteenth to the Eighteenth Century*, New York: St. Martin's Press.

Kátor, Zoltán, Balázs Majtényi, Osamu Ieda, Balázs Vizi and Iván Halász, eds., 2004, *The Hungarian Status Law: Nation Building and/or Minority Protection*, Sapporo: Slavic Research Center, Hokkaido University.

Kim, Bumsoo., 2006, "From Exclusion to Inclusion?: The Legal Treatment of 'Foreigners' in Contemporary Japan," *Immigrants & Minorities* 24(1): 51-73.

Kim, Doo-Sub., 1998, "Korean Emigration to Manchuria and Japan, and the Repatriation Movements after the Liberation in 1945," *The Journal of Social Science Studies* 17: 441-70.

Kim, Jaeeun., 2009, "The Making and Unmaking of a 'Transborder Nation': South Korea during and after the Cold War," *Theory and Society* 38(2): 133-64.

——., 2011, "Establishing Identity: Documents, Performance, and Biometric Information in Immigration Proceedings," Forthcoming in *Law and Social Inquiry*, August.

——., forthcoming. "Colonial Migration and Transborder Membership Politics in Twentieth Century Korea," Ph.D. Dissertation, Department of Sociology, UCLA (expected completion 2011).

Kim, Seonmin., 2007, "Ginseng and Border Trespassing Between Qing China and Chosŏn Kore," *Late Imperial China* 28(1): 33-61.

King, Charles and Neil J. Melvin, eds., 1998, *Nations Abroad: Diaspora Politics and International Relations in the Former Soviet Union*, Boulder: Westview Press.

Kohn, Hans., 1944, *The Idea of Nationalism: A Study in Its Origins and Background*, New York: Collier Books.

Korte, Tobias., 2005, "Deutsche aus dem Osten: Zuwanderung und Eingliederung von Vertriebenen und Aussiedlern/

Spätaussiedlern im Vergleich," Dissertation, University of Osnabrück.（http://elib. ub.uni-osnabrueck.de/publications/ diss/ E-Diss498_thesis.pdf.）

Levitt, Peggy and Rafael de la Dehesa., 2003, "Transnational Migration and the Redefinition of the State: Variations and Explanations," *Ethnic and Racial Studies* 26(4): 587-611.

Levy, Daniel., 1999, "Remembering the Nation: Ethnic Germans and the Transformation of National Identity in the Federal Republic of Germany," Ph.D. Dissertation, Department of Sociology, Columbia University.

Levy, Daniel and Yfaat Weiss, eds., 2002, *Challenging Ethnic Citizenship: German and Israeli Perspectives on Immigration*, New York: Berghahn Books.

Lewis, James B., 2003, *Frontier Contact between Choson Korea and Tokugawa Japan*, London: Routledge Curzon.

Lie, John., 2008, *Zainichi (Koreans in Japan): Diasporic Nationalism and Postcolonial Identity*, Berkeley: University of California Press.

Liesner, Ernst., 1988, *Aussiedler: die Voraussetzungen fur die Anerkennung als Vertriebener: Arbeitshandbuch für Behörden, Gerichte und Verbände*, Herford: Maximilian-Verlag.

Loveman, Mara., 2005, "The Modern State and the Primitive Accumulation of Symbolic Power," *American Journal of Sociology* 110(6): 1651-83.

Mann, Michael., 1993, *The Sources of Social Power, Vol. II: The Rise of Classes and Nation-States, 1760-1914*, Cambridge: Cambridge University Press.［=2005, 森本醇・君塚直隆訳『ソーシャルパワー：社会的な〈力〉の世界歴史Ⅱ──階層と国民国家の「長い19世紀」（全2巻）』ＮＴＴ出版］

Moeller, Robert G., 2001, *War Stories: The Search for a Usable Past in the Federal Republic of Germany*, Berkeley: University of California Press.

Morris-Suzuki, Tessa., 2007, *Exodus to North Korea: Shadows from Japan's Cold War*, Maryland: Rowman and Littlefield Publishers.

Ong, Aihwa and Donald Nonini, eds., 1997, *Ungrounded Empires: The Cultural Politics of Modern Chinese*

Transnationalism, New York: Routledge.
Østergaard-Nielsen, Eva., 2003, "The Politics of Migrants' Transnational Political Practice," *International Migration Review* 37(3): 760-86.
Otto, Karl A., 1990, "Aussiedler und Aussiedler-Politik im Spannungsfeld von Menschenrechten und Kaltem Krieg," in Karl A. Otto, hrsg., *Westwärts - Heimwärts? Aussiedlerpolitikzwischen "Deutschtümelei" und "Verfassungsauftrag"*, Bielefeld: AJZ, 11-68.
Park, Alyssa., 2009, "Borderland Beyond: Korean Migrants and the Creation of Modern Boundary between Korea and Russia, 1860-1937," Ph.D. Dissertation, Department of History, Columbia University.
Park, Hyun Ok., 2005, *Two Dreams in One Bed: Empire, Social Life, and the Origins of the North Korean Revolution in Manchuria*, Durham/London: Duke University Press.
Park, Jung-sun and Paul Y. Chang., 2005, "Contention in the Construction of a Global Korean Community: The Case of the Overseas Korean Act," *Journal of Korean Studies* 10(1): 1-27.
Rabkov, Irina., 2006, "Aussiedler in der Bundesrepublik Deutschland: Migrationserfahrungen und Kriminalitätsrisiken von Ethnischen Migranten im Kontext der Bundesdeutschen Zuwanderungspolitik," Freiburg: Universität Freiburg.
Rouse, Roger., 1991, "Mexican Migration and the Social Space of Postmodernism," *Diaspora* 1(1): 8-23.
Ryang, Sonia., 1997, *North Koreans in Japan: Language, Ideology, and Identity*, Boulder: Westview Press.
Schmid, Andre., 2002, *Korea between Empires: 1895-1919*, New York: Columbia University Press.
Schraut, Sylvia., 1994, "Zwischen Assimilationsdiktat und Fürsorgeverpflichtung. Die amerikanische Besatzungsmacht und die Flüchtlinge," in Mathias Beer, hrsg., *Zur Integration der Flüchtlinge und Vertriebenen im deutschen Südwestennach 1945. Bestandsaufnahme und Perspektiven der Forschung*, Sigmaringen: Jan Thorbecke, pp.77-93.
Schwartz, Dieter., 1975, "Die Staatsangehörigkeit der Deutschen," Dissertation, Marburg.
Schwartz, Michael., 1997, "Vertreibung und Vergangenheitspolitik," *Deutschland Archiv: Zeitschrift für das vereinigte Deutschland* 30(2): 177-95.

——., 2000, "'Vom Umsiedler zum Staatsbürger': Totalitäres und Subversives in der Sprachpolitik der SBZ/DDR," in Dierk Hoffman, Marita Krauss and Michael Schwartz, hrsg., *Vertriebene in Deutschland: Interdisziplinäre Ergebnisse und Forschungsperspektiven*, München: Oldenbourg Wissenschaftsverlag, pp.135-66.

Scott, James C., 1998, *Seeing like a State: How Certain Schemes to Improve the Human Condition Have Failed*, New Haven: Yale University Press.

Seol, Dong-Hoon and John Skrentny., 2009, "Ethnic Return Migration and Hierarchical Nationhood: Korean Chinese Foreign Workers in South Korea," *Ethnicities* 9: 147-74.

Seymour, Michel, Jocelyne Couture and Kai Nielsen., 1998, "Introduction: Questioning the Ethnic/Civic Dichotomy," in Jocelyne Couture, Kai Nielsen and Michel Seymour, eds., *Rethinking Nationalism*, Calgary: University of Calgary Press, pp.1-61.

Shin, Gi-wook., 2006, *Ethnic Nationalism in Korea*, Stanford: Stanford University Press.

Smith, Michael P. and Luis Eduardo Guarnizo., 1998, *Transnationalism from Below*, New Brunswick/London: Transaction Publishers.

Skrentny, John, Stephanie Chan, Jon E. Fox and Denis Kim., 2007, "Defining Nations in Asia and Europe: A Comparative Analysis of Ethnic Return Migration Policy," *International Migration Review* 41(4): 793-825.

Starr, Paul., 1992, "Social Categories and Claims in the Liberal State," in Mary Douglas and David Hull, eds., *How Classification Works: Nelson Goodman among the Social Sciences*, Edinburgh: Edinburgh University Press, pp.154-79.

Stewart, Michael., 2003, "The Hungarian Status Law: A New European Form of Transnational Politics?" *Diaspora: A Journal of Transnational Studies* 12(1): 67-102.

Suh, Dae-sook and Edward J. Shultz, eds., 1990, *Koreans in China*, Honolulu: University of Hawaii Press.

Ther, Philipp., 1996, "The Integration of Expellees in Germany and Poland after World War II: A Historical Reassessment," *Slavic Review* 55(4): 959-67.

——., 1998, *Deutsche und polnische Vertriebene: Gesellschaft und Vertriebenenpolitik in SBZ/DDR und in Polen 1945-1956*, Göttingen: Vandenhoeck & Ruprecht.

Thränhardt, Dietrich., 2001, "Tainted Blood: The Ambivalence of Ethnic Migration in Israel, Japan, Korea, Germany and the United States," *German Policy Studies* 1: 273-301.

Tilly, Charles., 1975a, "Reflections on the History of European State-Making," in Charles Tilly, ed., *The Formation of National States in Western Europe*, Princeton: Princeton University Press, pp.3-83.

——., 1975b, "Western State-Making and The-ories of Political Transformation," in Charles Tilly, ed., *The Formation of National States in Western Europe*, Princeton: Princeton University Press, pp.601-38.

——., 1990, *Coercion, Capital, and European States: AD 990-1992*, Cambridge: Blackwell.

Torpey, John., 2000, *The Invention of the Passport: Surveillance, Citizenship and the State*, Cambridge: Cambridge University Press.〔=2008, 藤川隆男訳『パスポートの発明――監視・シティズンシップ・国家』法政大学出版局〕

Tsuda, Takeyuki., 2003, *Strangers in the Ethnic Homeland: Japanese Brazilian Return Migration in Transnational Perspective*, New York: Columbia University Press.

Vertovec, Steven., 2004, "Migrant Transnationalism and Modes of Transformation," *International Migration Review* 38(3): 970-1001.

von Koppenfels, Amanda K., 2001, "Politically Minded: The Case of Aussiedler as an Ideologically Defined Category," in Uwe Hunger, Karin Meendermann, Bernhard Santel and Wichard Woyke, eds., *Migration in erklärten und "unerklärten" Einwanderungsländern. Analyse und Vergleich*, Münster/Hamburg/London: Lit Verlag, pp.89-120.

Waldinger, Roger and David Fitzgerald., 2004, "Transnationalism in Question," *American Journal of Sociology* 109(5): 1177-95.

Wang, Gungwu., 1981, *Community and Nation: Essays on Southeast Asia and the Chinese*, Singapore: Heinemann.

Wolff, Stefan., 2003, *The German Question since 1919*, Westport: Greenwood Pubishing.

Yack Bernard., 1996, "The Myth of the Civic Nation," *Critical Review* 10(2): 193-211.

（朝鮮語）（日本語表記の五十音順）

오타타카코［大田高子］（2004）『「재외동포법（在外同胞法）」개정을 둘러싼 담론분석（論談分析）―― 조선족（朝鮮族）에 관한 쟁점（争點）을 중심으로』［「在外同胞法」改正をめぐる言論分析 ―― 朝鮮族に関する争点を中心に］한일민족문제연구［韓日民族問題研究］7: 123-66.

강선영［カン・ソンヨン］（2005）『한국 신문의「조선족」담론에 관한 연구』［韓国の新聞における「朝鮮族」言論に関する研究］한국서울대학교、언론정보학과、석사학위 논문［ソウル大学校大学院コミュニケーション学科、修士論文］

김강일［キム・ガンイル］（1999）『연변조선족의 대 남북한관에 관한 실증적 조사』［延辺朝鮮族の対南北観に関する実証的調査］평화연구［平和研究］8: 205-20.

김창석［キム・チャンソク］（2000）『재중동포의 출입국과 체류관리에 관한 연구』［在中同胞の出入国と滞在管理に関する研究］한국강원대학교、행정학과、석사학위 논문［江原大学校大学院行政学科、修士論文］

김태기［キム・テギ］（2000）『한국정부와 민단의 협력과 갈등관계』［韓国政府と民団のあいだの協力と対立関係］아시아태평양지역 연구［アジア太平洋地域研究］3(1): 60-97.

헌법재판소［憲法裁判所］（2001）『재외동포의출입국과법적지위에관한법률 제2조 제2호 위헌확인』［在外同胞の出入国と法的地位に関する法律第2条第2号違憲確認］（헌재 2001.11.29. 99 헌마 494, 판례집 13-2, 714［헌법불합치］）［憲裁 2001. 11. 29, 99 헌마 494, 判例集 13-2, 714（憲法不合致）］

권보드래［クォン・ボドゥレ］（2005）『「동포」의 수사학과「역사」의 감각 ―― 1900-1904 년 동포 개념의 추이』［「同胞」のレトリックと「歴史」の意味 ―― 一九〇四－一九〇五年における「同胞」概念の推移］한국문학논집［朝鮮文学研究集］41: 267-87.

손춘일［ソン・チュンイル］（2001）『해방전 동북조선족 토지관계사 연구』［解放以前の中国東北部における朝鮮人の土地関係史に関する研究］중국길림 인민출판사［中国吉林人民出版社］

정인섭〔チョン・インソブ〕(1999)『재외동포의 출입국과 법적지위에 관한 법률의 내용과 문제점』〔在外同胞の出入国と法的地位に関する法律の内容と問題点〕서울국제법연구원〔ソウル国際法雑誌〕6(2): 301-21.

도지미〔ド・ジミ〕(2003)『재일코리안 사회에서의 민족과정 다양화에 관한 연구――그들의 역사와 현재 그리고 민단동향을 중심으로』〔在日朝鮮人社会におけるナショナルアイデンティティ形成過程の多様化に関する研究――その過去と現在、および民団の変容〕서울대학교 국제대학원, 국제학과 한국학전공, 석사학위 논문〔ソウル大学校大学院国際関係学科、修士論文〕

홍기혜〔ホン・ギヘ〕(2000)『중국 조선족 여성과 한국 남성간의 결혼을 통해 본 이주의 성별 정치학』〔中国朝鮮族女性と韓国人男性との結婚から見た移民のジェンダー政治〕이화여자대학교 대학원, 여성학과, 석사학위 논문〔梨花女子大学校大学院女性研究学科、修士論文〕

민단〔民団〕(1976)『민단 30년사』〔民団三十年史〕일본 도쿄:민단〔民団東京〕

第5章　同化への回帰か？
――フランス、ドイツ、アメリカにおける移民をめぐる視座の変化とその帰結

1. 差異主義的転回

ネイサン・グレイザーとダニエル・パトリック・モイニハンは、『人種のるつぼを越えて』という影響力をもった著作の序文のなかで、「銘記しておくべきは、「人種のるつぼ」など発生しなかったということである」と書いた［ここで「人種のるつぼ」とは、様々な文化をもった集団が混じりあい、単一の「アメリカ人」をつくり出すアメリカのことを表現した比喩である。『人種のるつぼを越えて』は、アメリカを「人種のるつぼ」であるとするそれまでの同化主義的な社会通念を打ち壊すものだった］。一九六三年に同書が出

版されたとき、その「るつぼは失敗した」とする主張は偶像破壊的といってもよいような衝撃をもたらした。しかしながら、一九六〇年代の末には、すでにこの主張は広く受け入れられるようなものになっていた。一九六五年以降［この年に国別割当制を廃止した新しい移民法が制定された］、再び大量の移民が流入することでアメリカの都市景観が変化し始めることになるが、グレイザーとモイニハンの主張が受容されたのはそれよりも前のことだった。一九六五年以後に増大した「新」「新移民」」の影響が明らかになってきた一九八〇年代には、旧来の同化の概念はその妥当性を全面的に失ったとみなされていた。一九九七年にグレイザーが『今では誰もがみな多文化主義者である』を出版したとき、彼はもはやかつてのように挑戦的な主張をする偶像破壊的知識人ではなかった。グレイザーは権威ある「大御所」的な言論人としてこの書を執筆したのである。(1) 文化は混じりあわず多様なままに持続するとする、『人種のるつぼを越えて』が主張するような多元主義的な理解は、かつては社会通念への挑戦であった。だが、アメリカやカナダ、オーストラリアのような古典的な移民国だけではなく、多くの北欧・西欧諸国においても、この多元主義的な理解はすでに社会通念と<u>なっていた</u>。

この多元主義的な社会通念には明らかに真実が含まれている。こんにち、移民の統合に関する公共的な言論および公共政策は、フランスやアメリカにおける二つの世界大戦間期、あるいはアメリカの戦後数十年間と比較して圧倒的に「差異主義的」（すなわち、「差異」に対して感受性が高く、「差異」を支援するもの）になっている。一九八〇年代と九〇年代には、あらゆる欧米の移民諸国で差異主義的な言論（および差異主義的な統合政策）の前例のない開花が見られたのである。

この差異主義的な転回は、移民問題に限定されたものでも、あるいはそれを中心としたものでもなかった。それは特にアメリカで、より限定された意味では西欧においても、はるかに広範で一般的な思想・見解の動きだった。この差異主義的転回は、ヨーロッパでの地域的な言語と文化を維持ないし強化しようとする運動（Keating 1996）、アメリカ、カナダ、オーストラリア、ロシア、ラテン・アメリカやその他の地域での土着の人々の承認の獲得と自治の要求（Brøsted et al. 1985; Kymlicka 1995=1998）、ブラック・パワーやアフリカ中心主義、あるいはその他アフリカ系アメリカ人たちによる反同化主義の運動（Howe 1998）、アメリカにおける公民権法の個人主義的かつ機会志向的でカラー・ブラインドな解釈から、集団主義的かつ結果志向的でカラー・コンシャスな解釈への移行（Glazer 1978）、学校・大学のカリキュラムの多文化主義的な修正（Glazer 1997; Nash et al. 1997）、女性中心主義的ないし「差異の」フェミニズム（Irigaray 1993=1993）、オルタナティブな性的志向への公的支持にもとづくゲイ・プライド運動など（Johnston 1973）、その他想定される文化共同体（例えば聾者〔Lane 1992〕などの）による自律への要求、近代国民国家による均質化と集中化への要求に対する一般化された抵抗、境界づけられ、歴史的・社会的に状況づけられた知の共同体における知識の生産に関する反基礎づけ主義的な理解（Hollinger 1997）、誤っていたとされる啓蒙思想の普遍的前提に対するポスト構造主義者やポストモダニストによる批判、そして、普遍的なものとされる利害関心の追求を強調する政治理解から、特有なものとして公言されたアイデンティティの承認を強調する政治理解への転換（Young 1990）などのなかに現われている。

しかしながら、社会思想、公共的な言論、公共政策におけるこのように大きな差異主義的転回は、こんにちもはや語られ尽くされたかのような兆候を見せている。差異主義的立場は、長らく文化的保守主義（D'Souza 1991）や経済主義的で強固に反アイデンティティ主義的な左派からの批判の矢面に立たされてきた。しかし近年では「内部から」の、すなわち文化的差異の主張に共感しながらもその絶対化に不安を覚えていた「文化的左派」自身からの批判が強まっている（Gitlin 1995=2001; Hollinger 1995=2002; Brubaker and Cooper 2000）。例えば、認識論的自閉主義がもつ相対主義的で結局のところ独我論的な含意への反発、アイデンティティ・ポリティクスがもたらす断片化や無力化の作用への懸念、市民的共通性の形式に対する関心の復活、アファーマティブ・アクションの方法やその根拠に関して長らく批判者であった右派だけでなく、長らく擁護者であった左派による再考の動きなどがある。これらが示唆するのは、少なくともいくつかの点で、差異主義の最盛期は過ぎてしまったかもしれないということだ。

移民の領域においても、差異主義的な風潮は後退し始めている兆候がある。同化主義から多文化主義への決定的な一方向的変化に代わって、私たちは反対方向への変化を目にし始めている。これを「同化への回帰」と呼ぶことは、私が描こうとする比較的穏当で一様ではない変化にとって疑いなく大仰すぎる標語であろう。ゆえに私はタイトルに疑問符を付した。とはいえ、それは私たちにとって、同化を早まって歴史のゴミ箱の中に捨て去ってしまうことへの有益な警告となるかもしれない。

2.「同化」の二つの意味

「同化への回帰」によって私が意味しているものは何か。私が意味しているのは、アングロ・コンフォーミティの理想や第一次世界大戦後に高まったネイティビスト的アメリカ化運動（Gleason 1980）、標準フランス語以外の言語や方言を話す人々を辱め自尊心を傷つけたことで悪名の高いフランス第三共和制の教師たち（Weber 1976: 313）、ドイツ帝国によるポーランド語話者が多くを占める東部国境地帯の苛酷な「ゲルマン化」の試み（Broszat 1972: 129-72）[2]などと結びついた規範的期待、分析モデル、公共政策、あるいはインフォーマルな実践への回帰のことではないし、また、他にも多くある嘆かわしい国家の苛酷な均質化プロジェクトのいかなる事例への回帰でもない。

しかし、これはいうまでもないことだが、同化は多くのアメリカの差異主義者たちのあいだであまりに悪名を得てしまったため、この言葉は、一種の自然な反応として、アングロ・コンフォーミティの狭い理解やきわめて行き過ぎたアメリカ化キャンペーンと結びつけられてしまったのである。ドイツでは、「同化」という言葉は強制的ゲルマン化との結びつきによりいっそう強く「汚染」され、使用不能になってしまった。対照的にフランスでは、その言葉それ自体は一度も完全に信用を落としたことはなかった。しかし、フランスでも、ジャコバン派共和主義の残酷な均質化の野望や実践と結びつくことでそれは汚染されていた。

では、「同化」について語るとき、私たちは何のことを語っているのだろうか。それが規範的・分析的に信用を失ったモデルではないのだとしたら、「回帰」しているものとは何なのだろうか。この問いに取り組むために、私たちは「同化」の二つの基本的な意味を区別しなければならない。一つは一般的で抽象的なもので、もう一つは特殊で有機的なものである。二つの意味は関連しているが、感情的なニュアンスや道徳的・政治的な含意、知的な信頼度において明確に異なる。

一般的・抽象的意味で、同化の意味の核になるのは相似性・類似性の高まりである。同じものではなく、似たものというところがここでは重要である。すなわち、「同化する（assimilation）」とは、（自動詞的に用いる場合）「似た（similar）」ものになるという意味であり、（他動詞的に用いる場合）「似た」ものにする、あるいは「似た」ものとして扱うという意味になる。同化とはこのように、似たものになる過程、あるいは似たものにしたり、似たものとして扱ったりする過程のことなのである。

特殊的・有機的な意味において、その根源的意味は他動詞的である。何かを同化するということは「身体器官が食物を血液に、さらには動物の生態組織へと変換するように、（それを）自身の特徴の本質へと変換すること」であり、「システムの中に吸収し、一体化すること」である（*Oxford English Dictionary*）。この意味での同化は、完全な吸収を意味している。

一般的で抽象的な意味では、重点は最終的な状態ではなく過程に置かれており、同化は程度の問題になる。同化とは変化の方向を指すものであり、特定の類似の程度を指すものではない。対照的に特殊的で有機的意味では、重点は最終的な状態に置かれ、同化は程度の問題ではなく、同化しているかいないかの二者択一の問題とされている。

生物学的一体化のメタファーをともなった、この有機体的な意味が主としてもつ含意こそが、同化概念の信用を失墜させたのである。すなわち、(「差異」と多様性を尊重する現在の私たちの判断基準を前提にして)同化を規範的に後退した概念として思わせ、(時代遅れとなった社会の有機体的理解ゆえに)分析的にも信用を失ったものとし、(完全な吸収という含意ゆえに)経験的にも誤っていると認識させているのは、その有機体的に理解された意味なのである。

くわえて、一般的で抽象的な意味にも規範的・分析的に問題があるとされた一面があった。それは「似たものにする」ことを意味する「同化」の他動詞的な使用法に関してであった。この意味での同化は、「強制的な同化」の国家政策やプログラム、あるいは少なくとも人々の意思に反して同化を要求する政策やプログラムを示唆するものだったからである。正当にも、そのような政策やプログラムは道徳的・政治的に不快なものとみなされるようになった。そのうえ、比較歴史研究における豊富な事例は、それらが首尾よく作用することは稀であること、そして、そのような同化の圧力に対して反発する運動を惹起してしまうことで、かえって差異を縮減するよりもむしろ強化する可能性の方が高いことを示唆している。私たちには同化主義的政策について、分析的に語るもっともな理由があるかもしれない。だが、その政策が同化主義的な結果をもたらす必要はないのである[3]。

「似たものになる」という一般的で抽象的な意味において自動詞として使用される場合(それはいくつかの点で「似たものになる」という意味であり、どのような点でなのかについては特定されなければならないのは明らかだが)、同化の概念は、移民出自の人々を研究する概念的な道具として道徳的に反発を生むとか、分析的に役に立たないとか、経験的に誤っているなどとは思われない。実際、そのような意味をもつ何らかの概念を使用することは、多くの議論のなかで「同化」の概念よりも好まれてきた「統合」「適合」「編入」などのパターンを問題にする場合においても分析上欠かせないように思われる。(4)この点については結論で再びふれることにする。ここで私が強調しておきたいのは、この「同化」の自動詞的な理解こそが、また、移民出自の人々と「ホスト」住民とのあいだの特定の領域において発生しつつある類似性の性質と程度に関するこの規範的・分析的な関心こそが、私が近年「回帰している」とみなしているものなのだということである。

3. 三つの事例

私が関心を寄せる「同化への回帰」という動向は、ドイツよりもフランスではるかに強く、アメリカは両者の中間である。となると、「同化への回帰」とは、単に私が選んだ事例が生み出した作り事のように思われてしまうかもしれない。というのも、私が選んだ事例には歴史的に移民同化の典型的な国であるアメリカと、最も長く強力でイデオロギー的にも最も洗練された同化の伝統をもつヨーロッパの国であるフランスが含まれているからである。この指摘には一理ある。仮に私が異なった事例（例えば、イギリス、スウェーデン、オランダ、ドイツ）を選んだとすれば、その動向はそれほど明確にはならなかっただろう。

しかし、この動向をここでの議論のために選ばれた事例による作り事としてただちに無視することはできない。第一に、フランスとアメリカにおける同化への回帰は明らかに回帰であり、単に常に存在し続けた何かが持続しているのではない。私はこの回帰の反動的なモメントを強調し、それをフランスとアメリカの両国において、それに先行した「差異主義的」転回の文脈のなかに位置づけてみたい。さらに、穏当な同化主義的転回は、以下で私が議論するドイツだけではなく、比較的「差異主義的」な編入体制をもったオランダ（Koopmans and Statham 2000; Thränhardt 2000）やスウェーデン（Soininen 1999: 689-91）においても見られた。より長期的には、移民出自の第三世代が出現してくるにつれ、少なくとも同化のいくつかの次元への関心がヨーロッパ全体の中で顕著になってくる可能性が高い。

私がここでフランス、ドイツ、アメリカにおける移民統合の過程（あるいは理念）について包括的な説明ができるわけがないのは明らかだろう（ましてやオランダやスウェーデンなど、私が言及したその他の国々についてはいうまでもない）。その代わりに、私はそれぞれの国の異なる領域から三つの例示的な場面を抜き出し、それを簡単にスケッチしてみる。フランスでは公共の言論、ドイツでは公共政策、アメリカでは学術研究において、それぞれ見られる同化への回帰について論じることにする。

フランス——差異への権利から類似への権利へ

フランスについて語るべき話など多くはなかったはずだと思う人もいるだろう。なぜ、長いあいだ同化の典型例とされてきた国、農民（および移民）をフランス人へと変え（Weber 1976）、ジェラール・ノワリエルが「フランスというるつぼ」と呼んだ国（Noiriel 1988=2015）での「同化への回帰」について語らなければならないのか。しかしながら、このような方法で問題をフレーミングする（すなわち、ジャコバン共和主義者の同化主義的伝統や同化主義神話や同化主義神話だけにフォーカスする）と、一九七〇年代と一九八〇年代のはじめに移民やその他の問題をめぐるフランスの公共の議論のなかで強力な差異主義的転回が起きたこと、正確にいえばジャコバン的・同化主義的伝統に対する反発が起きたことを見落とすことになる。実際、差異主義的な言論は、この時期のフランスの特徴的なスローガンにおいて最も鮮やかで簡潔な（しかし意味の曖昧な）定式化を得ることになった。「差異への権利（droit à la différence）」というスローガンがそれである。たしかに、差異主義的転回は現実よりもレトリックにおいてはるかに強力なものであった。差異主義は、大部分は象徴的なものにすぎず（Schnapper 1992: 119）、相対的に政策や制度化された実践のなかに比較的弱く埋め込まれたものにすぎなかった。例えば、国家間の協定にもとづき、フランスの公立学校における正規の授業時間に、「出自の言語と文化」と呼ばれる授業を教える外国人講師（外国政府が選抜し、給料を支払う）を採用するプログラム（Boyzeon-Fradet 1992: 155ff.）などがある。(5) それでも、公共の議論のレベルでは、差異主義は明らかに高まっており、一九八〇年代初頭の社会党政権初期において最高潮に達した。(6)

そこで重要なのは、差異主義がフランスの左派だけでなく、右翼においても地盤を獲得していたという点である。歴史家であり哲学者でもあるピエール＝アンドレ・タギエフは、謎めいた人物であるアラン・ド・ブノワの周辺に集まっていた一九七〇年代と八〇年代のフランスにおける差異主義的（多文化主義的とさえいえる）「新右翼」の勃興について分析した。もはや排外主義的ではなく、公式には「差異を愛し（heterophile）」、反人種主義的で平等主義的なこの新たな右翼の差異主義者たちは、文化的差異を強調し、絶対視さえした。彼らは「いかなる対価を払っても集合的アイデンティティを守り、身体的・文化的混交によって破壊される危険性のある共同体間の文化的差異を守る」（Taguieff

1994: 66-7）ことを求めているのである。

興隆する差異主義に何が起きたのか。それはル・ペンの登場である。ル・ペンと彼とつながりのある知識人たちは、タギエフによって分析された原理的差異主義者の小サークルとは別の右翼一派に属していたが、彼らも差異主義のイディオムを受け入れ、それを巧妙に彼ら自身の目的のために変化させた。「差異への権利？　そうだ、もちろん。あなたたちのところで」。ル・ペンらは次のように続ける。「しかし、ここフランスではわれわれこそが、「真の」フランス人こそが、われわれ自身の差異への権利をもち、望まない混交からわれわれ自身の「アイデンティティ」を守る権利をもつのだ」。その結果、文化主義的差異主義における道徳的・政治的な曖昧さと潜在的な排他性が鮮明なものとなった。実際、その鮮明さは他のどこよりもフランスで際立っていた。

この政治的かつイデオロギー的な状況が、同化への回帰の舞台を用意したのだった。過度に賞賛されたスローガンであった差異への権利は、驚くほど早くその姿を消した。一九八〇年代の後半までに、それはほとんど聞かれることがなくなった。代わりに、人々は「類似への権利（droit à la resemblance）」（一九八七年にアルレム・デジールが広く視聴されたテレビ番組の中で訴えたもの）や「無差異への権利（droit à l'indifférence）」（他の誰とも同じように扱われる権利のこと）の方を耳にすることが多くなった。このような差異主義の崩壊の結果、新・共和主義的で新・普遍主義的な、そして少なくともためらいがちに新・同化主義的な言論が復興した。それはアラン・フィンケルクロート（Finkielkraut 1987=1998）やタギエフ（Taguieff 1996）、そして特にエマニュエル・トッド（Todd 1994=1999）といった公共知識人たちによって精緻化された。もちろん、彼らの見解は挑戦を受けなかったわけではなく、節度ある差異主義の立場を守り続けたミシェル・ヴィヴィオルカ（Wieviorka 1996）のような洗練された論者もいた。それでも全体としては、過度に単純なスローガン的差異主義の突如にしてほぼ完全な崩壊と、移民についての普遍主義的・同化主義的言論の同じく突然の復活は際立っている。公共的言論におけるこれほど急激な重心の移動は、たしかに他のどこでも起きていない。

ドイツ――制度化された分離の再考

フランスについては公共的言論の状況をスケッチしたが、ドイツでは公共政策について述べたい。移民とその子孫に対するドイツの政策は強く差異主義的なものである。それは差異主義的レトリックが興隆していたときのフランスの政策よりも差異主義的であった。(7) ドイツにおける差異主義的政策の三つの指標について考える。一つ目に、出自の言語や文化についての授業はフランスよりもドイツで広まっており、実際、いくつかの州では義務教育カリキュラムの一部とされてきた（Castels et al. 1984: 175）（教育については個々の州が責任を負っているので、このカリキュラムも州によって様々だった。特にバイエルンは、隔離された祖国志向のクラスで外国人の教育をすることで、長いあいだ悪名高かった）。

二つ目に、移民出自の住民に社会的サービスを提供するドイツに特有のシステムがある。サービスを提供する責任は、三つの主要な非国家の慈善組織に国家が委託していた――カトリック教会と結びついた組織［カリタス］、プロテスタント教会と結びついた組織［ディアコニー］、社会民主党（SPD）と結びついた組織［労働者福祉団］がその三つである。外国人を出身国にもとづき特定の慈善組織に割り当てるという仕方で、三つの組織の管轄範囲が分けられた。例えば、すべてのトルコ人がある一つの組織［労働者福祉団］に、すべてのイタリア人が別の組織［カリタス］に、という具合にである。批判者たちが観察するように（Puskeppeleit and Thränhardt 1990; スウェーデンにおける類似の事例についてはÅlund and Schierup 1991を参照されたい）、このシステムは移民たちを慈善組織の受動的なクライアントとして扱うだけでなく、国民的出自の差異を強化し、永続化する傾向がある。

私が論じたい三つ目の政策は国籍についてのものである。最近になって自由化されるまで、ドイツの国籍法は非ドイツ系の移民に対して制限的であることがよく知られていた。しかし、これまであまり知られてこなかったし、今でもよく知られていないのは、長期間定住しているドイツ国籍をもたない移民たちが、政治的権利を除けばドイツ国民とほぼ同等の権利を有していたことである。もちろん、移民の定住化が進み、第二世代や生まれたばかりの第三世代の人口が増えてくると、政治的権利の欠如はますます変則的なものとみなされるようになった。この変則性への反応について特徴的であったのは、また、ドイツの根強い差異主義をあらわしていたのは、移民とその子孫を完全な国民として編入するという観点からではなく、定住外国人に対して社会的・市民的・経済的権利だけでなく政治的権利さえも拡大するという観点から、左派がこの変則性の解決を考えてきたということである。一九九〇年代初頭まで、移民たちの形式的シティズンシップの地位［すなわち、国籍］の変則性についてはほとんど関心をもたれなかったが、地方選挙における外国人の投票権の拡大には多くの関心が向けられ、多くの研究がこの可能性を検討した。移民たちの「差異性」、外国人性、他者性を問題にすることなく、シティズンシップの実質的な権利を彼らにまで拡げようとするこのような解決こそが、「進歩的な」解決であるとみなされたのである。(8)

学校、社会サービス、国籍という三つの分野における諸政策と、それらが合理化され、正当化される際のイディオムは、慈善的・温情主義的《パターナリスティック》でかつ平等主義的（ないしは疑似平等主義的）な一種のアパルトヘイト（すなわち、制度化された分離）を示したものである。それは、ドイツにおいて「外国人政策（Ausländerpolitik）」と呼ばれてきているものについての善意の公共的議論のライトモチーフだった「われわれの外国人共市民（unsere ausländische Mitbürger）」［「われわれと共に生きる外国人の市民」という意味］という撞着的なフレーズのなかに示唆されている。もちろん、左派の差異主義者たちは様々な点で既存の政策を批判した。しかし、彼らはまた、分離すれど平等というロジックの是認もしたのである。

この根深い差異主義を背景にして、近年、国籍が法的に再定義され、政治的に再認識される方法のなかに、穏当な「同化への回帰」の兆候が見いだされるのである（Joppke 1999: 202-8）。帰化のルールは、一九九〇年代はじめにはかなり緩められており、一九八〇年代後半まで異常に低かったトルコ人の帰化率も高まってきた。一九九九年には、帰化に関するルールはさらに自由化された。より重要なことは、出生時の国籍の付与に関するルールも変更され、それ以前の血統主義（jus sanginis）の原理にもとづく血統のみによる法律に出生地主義（jus soli）の領域原理がくわえられたことである（*Frankfurter Allgemeine Zeitung*, May 22, 1999）。今後は、外国人の両親のどちらか一方が少なくとも八年以上合法的にドイツに居住していた場合、ドイツで生まれた子どもには国籍が付与されることとなった。ただし、この国籍は暫定的なものであり、ほとんどの場合、子どもは成人になるまでにドイツ国籍か外国籍かのどちらか一方を選び、他方を放棄しなければならない。

法律の変更、帰化率の上昇、国籍についてのドイツ人と外国人双方における新しい考え方や語り方は、限定的だが重要な「同化主義的転回」を示している。それは、完全なる同化が国籍取得の条件として要求されているという意味においてではない。むしろ、その逆である。帰化法制の自由化は、以前は帰化のルールとして神聖視されていたこの原則を明白に打ち破るものだった。国籍をとりまく新たな実践、政策および言論が同化主義的であるというのは、差異よりも共通性が政治的に承認され、法的に構成され、象徴的に強調されているという意味においてなのである。ここで想起すべきなのは、同化とは似たものになること、あるいは似たものとして扱うことを意味しているということだ。この二つの意味において、一九九〇年代の国籍政策とその実践における新たな変化は、穏当だが重要な同化主義的転回をともなっていた。

アメリカ――「同化主義」なき同化

フランスにおける公共的言論とドイツにおける公共政策について論じてきたが、近年の同化主義への回帰が認められる三つ目の領域である学術研究に目を転じることにしたい。フランスでも研究者たちが同化に関して新たな関心を示していることを記しておくべきだが（Todd 1994=1999; Tribalat 1996）、ここで私はアメリカに焦点を当てることにする。対照的に、ドイツでは移民の統合に関する学術研究のほとんどが、同化と括られるような問いについて取り組むときでさえ、少なくともこの用語は用心深く避け続けている（Esser and Nauck et al. 1997を例外として）。

アメリカでは、移民の統合に関する研究は一九二〇年代のはじめから一九六〇年代の中頃まで、ある種の同化主義的視点によって支配されていた。その後、一九六五年頃から一九八五年頃まで、主として学問外部の出来事の影響のもと、歴史学および社会学の研究（少なくとも理論的に野心的な傾向をもつ研究）は、もっぱら多元主義的視座によって特徴づけられるようになり、様々な方法でエスニシティの持続性を強調し、その事実を記録した。[9] しかし、一九八五年以降、学術研究において同化に関する新たな理論的関心が見られるようになる（例えば、Gans 1992; Glazer 1993; Portes and Zhou 1993; Morawska 1994; Barkan 1995; Kazal 1995; Alba and Nee 1997; Rumbaunt 1997; Alba 1999）。

エスニシティの持続性に関する研究は、貴重な学問的貢献を果たしてきたし、今もそれを続けている。しかし、ケネス・バークが認めたように、「ものの見方というものはまた、ものを見ない方法でもある」（Burke 1954: 40）。個々の人間や広範な社会的プロセスよりもエスニック・コミュニティ、顕著にエスニックな特徴をもつ場所、エスニックな組織などに焦点を当てることで、これらの研究はそのように際立ってエスニックな特徴を示す場所の外に移動した人々、すなわちエヴァ・モロースカの言う「姿を消した」人々を見落としてきた（Morawska 1994: 83）。そこでは、「文化的な維持は常によいことであり、移民たちは通常彼ら自身の伝統的な文化を可能なかぎり保存しようとしたのであり、エスノセントリックなアングロ・アメリカは文化の移植と同化の両方に対して等しく反射的に抵抗したという検証されざる前提」が置かれていた。そのため、こうしたエスニシティの研究には以下のような傾向がある。

［エスニシティ研究には］個人的な適応の経験（移民のライフコース）ではなく、エスニックなコ

ミュニティ（場所）を調査の対象として選ぶ傾向があり、また（中略）エスニシティが維持されていることを示す証拠を発見する確率が大きいような場所（第一世代の集住地域）に焦点を当てる傾向があった。それは、移民という行為者に行為者性（agency）を取り戻すことを追求してきたのだが、移民という行為者がとりうる様々な経路のすべてにおいて、常にその行為者性の契機を辿ってきたわけではなかった。特に（中略）エスニシティの維持に焦点を限定することで、歴史的行為者としての移民に対する関心を、移民が社会全体に与えた影響の評価にまで拡大することを怠った。われわれは、職場を除いて他者と最低限の交流しかもたないような高潔で、自律したエスニックなアウトサイダーたちの対抗の歴史を構築してきたのである。ゆえに、アウトサイダーである彼らは、より広範な国民がもつ罪に対して、たしかにほとんど道徳的責任を負っていない。だがその一方で、彼らはその国民の歴史において、ほとんど意味をもっていないということにもなる（Conzen 1996: 21）。

エスニシティの持続性に関する研究は、エスニシティの内部に焦点を当ててきたため、より広い社会的・文化的な過程を見過ごしてきた。例えば、二〇世紀はじめにエスニシティ横断的に編成された（しばしば人種的には閉鎖的な）労働者階級のコミュニティ（Kazal 1995）、第二次世界大戦後の郊外化にともなうエスニシティの空間的分散（最近の移民たちでさえそれに加わっている）（Alba and Nee 1997: 836-7, 857-62）、異なるエスニシティ間の婚姻率の上昇（Spickard 1989; Qian 1997; Alba 1999）、エスニシティと人種のカテゴリーや同一化の仕方に関するダイナミックな再交渉（Rödiger 1991; Ignatiev 1995; Perlman and

Waldinger 1997）などである。これらの過程は、どれも安定したエスニックな閉鎖化を掘り崩すことで（Hollinger 1999）、いくつかのエスニックな境界線を不鮮明にし、また変化させることへとつながった（Zolberg and Long 1999）。

新たな同化の理論家たちは、一九六五年以前の古いアプローチを単に繰り返しているわけではない。古い研究は（ゴードンのように洗練されたものでさえ）、分析的にも規範的にもアングロ文化同調主義であった。それは問題にされることのない白人プロテスタントの「中核文化（core culture）」への同化を想定し、是認し、期待していた。それに対し、近年の同化に関する研究は、その方向性、程度、形式に関して不可知論的で、またその望ましさについてもアンビバレントな態度をとっている。こんにち、二〇世紀の半ばに見られた独善的な経験的・規範的期待に相当するものはない。もちろん、このことの一因は、普遍的に認められていた「中核文化」の概念が一九六〇年代末以来、あらゆる妥当性を失ってしまったことにある。代わりに、同化が発生しているといわれる際に同化の準拠とされる人々の集合体の方に問題関心が向けられるようになった。同化に関する新たな研究の特徴は、準拠とされる複数の集合体と、それに応じて分節化された同化の形態について考察しようという点にある（Portes and Zhou 1993; Waters 1994; Zhou 1997; Neckerman et al. 1999）[10]。同化（また、特にヨーロッパの文脈でしばしばほぼ同じことを意味する用語として「統合」がある）は、もはや「必然的」に「唯一にして不可分な一つの（ナショナルな）「国家」と、単純にして一体的な一つの（ナショナルな）「社会」に向けて」起こるものとして概念化されるものではない（Favell 2000）。

こんにち、同化への関心は必ずしも「同化主義的」である必要はない。それは同化についての必然性や望ましさに対する包括的な信仰を示唆するものではないのである。このことは、同化に関する新たな研究が規範的な推進力をもたないことを意味するわけではない。市民的共通性についての規範的関心は、こんにち、同化に関する多くの研究を基礎づけ、またその動機づけとなっている（Alba 1999）。しかし、それらは同化についての包括的な支持を含意するわけではない。同化の形態のなかには、広く望ましいものとして考えられているものもある。例えば、言語的同化のある側面（学校教育における成功や職業の移動、公共生活への完全な参加を可能とするのに十分なレベルの英語の習得）は明らかに望ましい。しかし、このことは、決してポルテスとルンバウト（Portes and Rumbaut 1990: 209-21）が言う「マイナスの」言語的同化（世代間での出自の言語における能力の喪失）の望ましさを意味しているわけではないことに注意しなければならない。

社会経済的な同化のいくつかの側面もまた明らかに望ましい（Hirschman 1983: 403ff.; Alba and Nee 1997）。例えば、一般の人々と比べて所得と教育レベルの平均が低い人たちについて考えてみよう。たしかに、所得と教育における（すなわち、社会全般において所得と教育の分布が収束する方向へ変化するという意味での）同化は、これらの人々にとって望ましいものであり、そのような同化が生じているかどうか、またどの程度生じているのかということを知ることは重要である。とはいえ、これらの点における同化の望ましさが、他の点における同化の望ましさを意味するわけではない。例えば、それは完全なる文化適応の望ましさを意味するわけではない。また、完全な「アイデンティティの面での同一化」（「ホスト社会のみにもとづく人民意識〔a sense of peoplehood〕の発達」〔Gordon 1964: 71=2000, 筆者強調〕）、郊外化による空間的同化とそれにともなうエスニック地域の衰退、完全な職業的同化とそれにともなうエスニックなニッチ、エンクレイブ、職業的特殊化の衰退、エスニシティ間の高い婚姻率による集団境界線の浸食、あるいはゴードンが構造的同化と呼ぶもの（「第一次集団レベルにおける中心社会の派閥、クラブ、制度」への参加〔Gordon 1964: 80=2000〕）などの望ましさを意味するわけではない。私は、これらの点で同化が不可避的に有害であると言いたいわけではない。それは、ある種の同化の形態はたしかに望ましくないということを示す事実（例えば、エスニシティや多様な社会経済的要因をコントロールした後でさえ、アメリカ生まれの母親よりも移民の母親に生まれた乳児の方がより健康であるという結果）（Rumbaut 1997）があるとしてもである。この点は、分節化された同化についての研究によって強力に発展させられた。この研究は、マイノリティが集中するインナーシティの近隣地域における移民の第二世代たちにとって、社会経済的な成功は主流文化に敵対的スタンスをとる周囲の若者の環境への同化にいかに抵抗するかにかかっていると論じている（Portes and Zhou 1993; Zhou 1997）。より一般的な言い方をすれば、様々な領域と方向性をもつ同化について、「同化主義者」になることなく研究できるということであり、同化の先行きについては不可知論的であり、その望ましさについては両義的ないし懐疑的でさえありうるということである。

同化は、「直線的」な説明で描かれるような単一の過程ではない。すでにゴードンの時代には、複雑で部分的にしか噛み合っていないような諸過程の組み合わせとしてとらえられる同化のイメージが登場していた（Yinger 1981 も参照されたい）。その諸過程のうちのいくつか（特に、ゴードンの議論における構造的同化や最近の研究における空間的同化〔Massey and Denton 1993: 149ff.〕）は、機会構造と接触可能性をつくり出すことで他の領域での同化の諸過程と重要な関係性をもつ。しかし、その他の領域は互いにせいぜい緩やかに結びついている程度である。最近の議論は、異なる領域における同化（あるいは異化）の異なるリズムと経路の可能性に対して鋭敏である（Banton 1983: 144-6）。現在の理解では、同化は常にそれぞれの領域に特定的なものであり、対象となる特定の集団と相関したものである。同化に対する規範的スタンスもまた、対象となる領域や集団いかんで変わってくる。

4. 結論――変化する概念

三つの国すべてにおいて私が「同化への回帰」と呼んだものが、微妙ながら重要な視座の変化と関わっていた。これは、分析的には、差異の持続（また、そのような文化的持続が起こるメカニズム）への強い関心から共通性の発生をも含む広い関心への変化を意味し、規範的には、文化的差異に対する自動的な価値の付与から市民的統合に対する新たな関心への変化を意味していた。

これらの分析的・規範的な変化は、ラディカルな逆行を予兆するものではない。それは悪しき傲慢な同化主義の時代への回帰となるわけではない。「同化」という用語は復活したが、その概念は変化した。結論では、この変化の主な要点について概略を述べる。

1. 完全な吸収という最終状態に焦点を当てた同化の有機的理解から、（ある集団の人々と何らかの点において）似たものとなる過程に焦点を当てた抽象的理解へと変化したこと。

2. 同化の他動詞的理解から自動詞的理解へと変化したこと。前者は移民出自の人々を可塑性があり、「るつぼ」の中に溶融可能な対象とみなし、後者はそのような人々を能動的な主体からなるものとして見る。たしかに、彼ら自身が意識して「同化すること」に励んでいるわけではない。もちろん、同化は意図的で、自覚的な活動でもありうる。そして、同化と結びついた苦悩の、時として悲劇的な両義性と両面性は、小説家、回想録の著者、エッセイスト、歴史家によって、さらにいく人かの社会学者によってさえ、感動的に描かれてきた（Bauman 1988; Laitin 1995）。しかし、ほとんどの歴史家と社会科学者にとって、同化は（意識的であれ無意識的であれ）個人レベルではなく、集合的なレベルでの社会過程の創発的傾向の特性である。集合的レベルにおける創発的傾向としての同化は、大部分非意図的で、かつしばしば不可視である。それが可視化されるとき、同化は嘆かわしく思われるかもしれない。しかし、それが嘆かれるときでさえ、私たちが「同化」と呼ぶ過程は、人々に対してなされるものではなく、人々によって達成されるものであり、それも意図的にではなく、特定の社会的、文化的、経済的、政治的文脈において無数の個々の行為と選択がもたらす意図せざる結果として達成されるものなのである。

3．変化が起こる単位（同化が発生する単位）は人ではなく、多世代にわたる人々の集合である。人々の集合レベルにおける同化は、個人レベルにおけるいかなる同化がなくとも起こりうるものである。例えば、集合レベルにおける言語的同化は、大人たちが新たな言語を学習せずとも、準拠とされる人々の言語を子どもたちが習得することだけでも起こりうる。もちろん、このようなことは通常起こることではない。個人のレベルでも、何らかの言語的変容が観察されるはずである。しかし、（言語や他の領域における）重要な変化は世代間で起こる。それは人においてではなく、抽象的に構築された多世代にわたる人々の集合において起こるのである。例えば、新たな（世代の）メンバーは彼らの出自である集合体の他の古い世代のメンバーとは違った（異化した！）ものになっていくが、それは彼らを、準拠集合体のメンバーにより似通ったものにする。

4．同質的な（homogeneous）単位で考えることから、異種混在的な（heterogeneous）単位で考えることへと変化したこと。同化は、ある同質的な単位から、別の同質的な単位への変化を意味するものではない。むしろ同化は、ある異種混在的な形態（ある諸特性の配分状態）から別の異種混在的な形態（準拠される集合体により類似した諸特性の配分状態）への変化を意味するのである。

5．同化に関する研究を動機づける規範的関心の焦点が、文化的な同化から社会経済的な同化へ変化したこと。文化的な多様性に対して一般的に開かれたことは、言語的適応の過程が依然として強固であることについて専門家のあいだで確信がもたれるようになったこと（Portes and Schauffler 1994）（一般人のあいだでは必ずしもそうではないのだが）とあいまって、同化の文化的側面についての不安を軽減させた。しかしながら、「砂時計型経済」［格差の拡大によって中間層が縮小し、上層と下層への分布が広がり、砂時計のようなかたちの階層構造を生み出すような経済］と結びついたマクロ経済的変化が低技能で低教育レベルの労働への報酬を減少させている時代にあって、高技能層と低技能層への近年の移民の分岐は長期的な構造的周辺化に対する懸念を惹起した（Gans 1992; Portes and Zhou 1993; いくらか楽観的なものとして Waldinger 1996; Perlman and Waldinger 1997）。この意味において、規範的な意味を帯びた概念としての同化は、差異にではなく隔離化、ゲットー化、周辺化などに対置されるものになっている。

6．「中核文化」や「国民社会」全体など、同化の際の準拠として自明視された集団への同化を概念化した全体論的アプローチから、単一の過程としての同化の概念を放棄し、多様な準拠集合体を考察し、様々な領域で起こる異なった過程を描き出す解析的アプローチへと変化したこと。これは「どの程度の同化なのか？」という単一次元的な問いから、「どのような点で、どのような期間で、どのような集合体に準拠した同化なのか？」といった多次元的な問いへの移行をともなっている。それはまた、同化の同化主義的理解（同化への包括的な経験的期待と規範的是認からなる）から、同化の可能性と望ましさに関して領域や準拠される集団によって変化する不可知論的なスタンスへの移行もともなっている。

このように再定式化され、「同化主義的」含意を取り除いた同化の概念（この用語自体ではなくても）は、ただ有用なだけではなく不可欠なものでもある。それは持続する差異の領域と程度、そして多世代にわたる移民出自の人々と特定の準拠集合体とのあいだに現われる類似性について問うことを可能にした。私たちが類似性が現われることを称賛するのか嘆くのかにかかわらず、そのような問いを発したくなるのにはしかるべき理由がある。もちろん、そのような問いを提起することは始まりにすぎない。同化は理論ではなく、単に概念である。しかしそれは、私たちにとってなくてはならない概念である。

[注]

1　グレイザーのタイトルは、明らかに皮肉であり、多文化主義を祝福するものではなかった。それは多文化主義の台頭を認知するものではあっても、是認することを意図したものではなかった。

2　ここで私はナチス・ドイツではなく帝政ドイツのことを指している。言うまでもなくナチスの政策は同化主義ではなく、むしろ残忍な差異主義だったからである。

3　「同化」には、規範的・分析的により問題の少ない別の他動詞的な使用法もある。これは似たものにするではなく似たものとして扱うということを意味する「同化」の使用法である。XをYに同化するとは、XとYとを異なったものとしてではなく似たものとして扱うということである。たしかに、差異主義者の規範的な視座では、そのように似たものとして扱うことは問題となる可能性がある。しかし一般的に、「似たものとして扱うこと」は、「似たものにする」とは異なった意味をもつ「同化する」の他動詞用法であり、規範的・分析的にもより疑問の少ないものである。

4　統合の考え方の洗練された議論については、Favell（2000）と Bauböck（2001）を参照されたい。

5　このプログラム（移民たちに「帰還する」という選択肢を残しておくという理由で文化の維持をめざしていた）は強い差異主義的な志向をもっていたが、それほど人気のあるものではなかった。一九八〇年代前半の差異主義のピーク時でさえ、資格をもつ生徒の約二〇パーセントしか参加しなかった（Boyzon-Fradet 1992: 158）。一九九二～一九九三年には、フランスの小学校に在籍しているアルジェリア市民のうちわずか一二パーセント（およびさらに低い割合のアルジェリア出身の生徒）しか参加していなかった（Vermès 1997）。

6　差異主義的言論は、移民出自の人々だけではなく、地域マイノリティの文化にも関係している。後者については Giordan（1982）を参照されたい。

7　移民とその帰結についてのドイツの言論もまた、強く差異主義的であった。この差異主義的な言論の伝統の歴史的な起源については Brubaker（1992: 3-17=2005）を、現代の状況については Joppke（1999: 188-9）を参照されたい。

8　さらに「進歩的」な差異主義的解決、すなわち、国政選挙での投票権も含むすべての市民的権利を、国籍ではなく居住にもとづいて付与するという定住法の提案については Joppke（1999: 192-3）を参照されたい。

9　たしかにこの時期、主流の社会学的研究の多くが同化の過程の研究を続けていた。その動向をレビューしたものとして、Price（1969）、Hirschman（1983）を参照されたい。

10　初期の研究のなかには、単一の中核文化への文化適応を仮定しながらも、構造的同化と宗派の境界内で起こるヨーロッパ人移民のあいだの結婚を把握することで、分節化された同化の概念を先取りしていたと言うことのできるものがある（Kenndy 1944〔また Peach 1980 による批判も参照されたい〕; Gordon 1964=2000）。

【参考文献】

Alba, Richard., 1995, "Assimilation's Quiet Tide," *Public Interest* 119: 3-18.

——., 1999, "Immigration and the American Realities of Assimilation and Multiculturalism," *Sociological Forum* 14(1): 3-25.

Alba, Richard and Victor Nee., 1997, "Rethinking Assimilation Theory for a New Era of Immigration," *International Migration Review* 31(4): 826-74.

Ålund, Aleksandra and Carl-Ulrik Schierup., 1991, *Paradoxes of Multiculturalism: Essays on Swedish Society*, Aldershot: Avebury.

Banton, Micael., 1983, *Racial and Ethnic Competition*, New York: Cambridge University Press.

Barkan, Elliott R., 1995, "Race, Religion and Nationality in American Society: A Model of Ethnicity – From Contact to Assimilation," *Journal of American Ethnic History* 14(2): 38-101.

Bauböck, Rainer., 2001, "Integration von Eiwanderern – Reflexionen zum Begriff und seine Anwendungsmöglichkeiten," in Harald Waldrauch, ed., *Die Integration von Einwanderen, vol. 2: Ein Index rechtlicher Diskriminierung*, Frankfurt: Campus Verlag.

Bauman, Zygmunt., 1988, "Entry Tickets and Exit Visas: Paradoxes of Jewish Assimilation," *Telos* 77: 45-77.

Boyzon-Fradet, Danielle., 1992, "The French Education System: Springboard or Obstacle to Integration?," in Donald L. Horowiz and Gérard Noiriel, eds., *Immigrants in Two Democracies: French and American Experience*, New York: New York University Press, pp.148-66.

Broszat, Martin., 1972, *Zweihundert Jahre deutsche Polenpolitik*, Frankfurt am Main: Suhrkamp.

Brøsted, Jens et al., 1985, *Native Power: The Quest for Autonomy and Nationhood of Indigenous Peoples*, Bergen: Universitetsforlaget.

Brubaker, Rogers., 1992, *Citizenship and Nationhood in France and Germany*, Cambridge: Harvard University Press.［=2005, 佐藤成基・佐々木てる監訳『フランスとドイツの国籍とネーション――国籍形成の比較歴史社会学』明石書店］

Brubaker, Rogers and Frederick Cooper., 2000, "Beyond Identity," *Theory and Society* 29(1): 1-47.

Burke, Kenneth., 1954, *Permanence and Change: An Anatomy of Purpose*, Los Altos: Hermes Publications.

Castles, Steven et al., 1984, *Here for Good: Western Europe's New Ethnic Minorities*, London: Pluto Press.

Conzen, Kathleen N., 1996, "Thomas and Znaniecki and the Historiography of American Immigration," *Journal of American Ethnic History* 16(1): 16-26.

D'Souza, Dinesh., 1991, *Illiberal Education: The Politics of Race and Sex on Campus*, New York: Free Press.

Esser, Hartmut., 1980, *Aspekt der Wanderungssoziologie: Assimilation und Integration von Wnderern, ethnischen Gruppen und Minderheiten: eine handlungstheorethische Analyse*, Darmstadt: Luchterhand.

Favel, Adrian., 2000, "Integration Policy and Integration Research in Europe: A Review and Critique," in Alex Aleinikoff and Doug Klusmeyer, eds., *Citizenship: Comparisons and Perspectives*, Washington DC: Brookings Institute.

Finkielkraut, Alain., 1987, *La Défaite de la Pensée*, Paris: Gallimard.［=1988, 西谷修訳『思考の敗北あるいは文化のパラドクス』河出書房新社］

Gans, Herbert J., 1992, "Second-generation Decline: Scenarios for the Economic and Ethnic Features of the Post-1965 American Immigrants," *Ethnic and Racial Studies* 15(2): 173-92.

Giordan, Henri., 1982, *Démocratie culturelle et droit à la différence*, Paris: La Documentation française.

Gitlin, Todd., 1995, *The Twilight of Common Dreams: Why American Is Wracked by Culture Wars*, New York: Henry Holt. ［=2001, 疋田三良・向井俊二訳『アメリカの文化戦争——たそがれゆく共通の夢』彩流社］

Glazer, Nathan., 1978, *Affirmative Discrimination: Ethnic Inequality and Public Policy*, New York: Basic Books.

——., 1993, "Is Assimilation Dead?," *Annals of the American Academy of Political and Social Science* 530: 122-36.

——., 1997, *We are All Multiculturalists Now*, Cambridge: Harvard University Press.

Glazer, Nathan and Daniel P. Moynihan., 1963, *Beyond the Melting Pot: The Negroes, Puerto Ricans, Jews, Italians, and Irish of New York City*, Cambridge: MIT Press. ［=1986, 阿部齊・飯野正子共訳『人種のるつぼを越えて——多民族社会アメリカ』南雲堂］

Gleason, Philip., 1980, "American Identity and Americanization," in Stephan Thernstorm, ed., *Harvard Encyclopedia of American Ethnic Groups*, Cambridge: Belknap Press of Harvard University, pp.31-58.

Gordon, Milton M., 1964, *Assimilation in American Life: The Role of Race, Religion, and National Origins*, New York: Oxford University Press. ［=2000, 倉田和四生・山本剛郎訳編『アメリカンライフにおける同化理論の諸相——人種・宗教および出身国の役割』晃洋書房］

Hirschman, Charles., 1983, "America's Melting Pot Reconsidered," *Annual Review of Sociology* 9: 397-423.

Hollinger, David A., 1995, *Postethnic America: Beyond Multiculturalism*, New York: Basic Books. ［=2002, 藤田文子訳『ポストエスニック・アメリカ——多文化主義を超えて』明石書店］

——., 1997, "The Disciplines and the Identity Debates, 1970-1995," *Deadalus* 126(1): 333-51.

——., 1999, "Authority, Solidarity, and the Political Economy of Identity: The Case of the United States," *Diacritics* 29(4): 116-27.

Howe, Stephen., 1998, *Afrocentrism: Mythical Pasts and Imagined Homes*, London: Verso.

Ignatiev, Noel., 1995, *How the Irish Became White*, New York: Ruotledge.

Irigaray, Luce., 1993, *Je, tu, nous: Toward a Culture of Difference*, New York: Routledge. ［=1993, 浜名優美訳『差異の

文化のために――わたし、あなた、わたしたち』法政大学出版局]
Johnston, Jill., 1973, *Lesbian Nation: The Feminist Solution*, New York: Simon and Schuster.
Joppke, Christian., 1999, *Immigration and the Nation-State: The United States, Germany, and Great Britain*, New York: Oxford University Press.
Kazal, Russell A., 1995, "Revisiting Assimilation: The Rise, Fall, and Reappraisal of a Concept in American Ethnic History," *The American Historical Review* 100(2): 437-71.
Keating, Michael., 1996, *Nations Against the State: The New Politics of Nationalism in Quebec, Catalonia and Scotland*, New York: St Martin's Press.
Kennedy, Ruby J. R., 1994, "Single or Triple Melting Pot? Intermarriage Trends in New Haven, 1870-1940," *American Journal of Sociology* 49(4): 331-9.
Koopmans, Ruud and Paul Statham., 2000, "Migration and Ethnic Relations as a Field of Political Contention: An Opportunity Structure Approach," in Ruud Koopmans and Paul Statham, eds., *Challenging Immigration and Ethnic Relations Politics: Comparative European Perspectives*, Oxford: Oxford University Press.
Kymlicka, Will., 1995, *Multicultural Citizenship: A Liberal Theory of Minority Rights*, Oxford: Oxford University Press. [=1998, 角田猛之・石山文彦・山崎康仕監訳『多文化時代の市民権――マイノリティの権利と自由主義』晃洋書房]
Laitin, David., 1995, "Marginality: A Microperspective," *Rationality and Society* 7(1): 31-57.
Lane, Harlan., 1992, *The Mask of Benevolence: Disabling the Deaf Community*, New York: A.A. Knopf.
Massey, Douglas S. and Nancy A. Denton., 1993, *American Apartheid: Segregation and the Making of the Underclass*, Cambridge: Harvard University Press.
Morawska, Ewa., 1994, "In Defense of the Assimilation Model," *Journal of American Ethnic History* 13(2): 76-87.
Nash, Gary B. et al., 1997, *History on Trial: Culture Wars and the Teaching of the Past*, New York: A.A. Knopf.
Nauck, Bernhard et al., 1997, "Familiäre Netzwerke, intergenerative Transmission und Assimilationsprozesse bei türkischen

Migrantenfamilien," *Kölner Zeitschrift für Soziologie und Sozialpsychologie* 49(3): 477-99.
Neckerman, Kathryn M. et al., 1999, "Segmented Assimilation and Minority Cultures of Mobility," *Ethnic and Racial Studies* 22(6): 945-65.
Noiriel, Gérard., 1988, *Le creuset français: Histoire de l'immigration XIXe-XXe siècles*, Paris: Du Seuil.［=2015, 大中一彌・川崎亜紀子・太田悠介訳『フランスという坩堝――一九世紀から二〇世紀の移民史』法政大学出版局］
Peach, Ceri., 1980, "Which Triple Melting Pot? A Re-examination of Ethnic Intermarriage in New Haven," *Ethnic and Racial Studies* 3(1): 1-16.
Perlman, Joel and Roger Waldinger., 1997, "Second Generation Decline? Children of Immigrants, Past and Present: A Reconsideration," *International Migration Review* 28(4): 640-61.
Portes, Alejandro and Ruben G. Rumbaut., 1990, *Immigrant America: A Portrait*, Berkeley: University of California Press.
Portes, Alejandro and Richard Schauffler., 1994, "Language and the Second Generation: Bilingualism Yesterday and Today," *International Migration Review* 28(4): 640-61.
Portes, Alejandro and Min Zhou., 1993, "The New Second Generation: Segmented Assimilation and its Variants," *Annals of the American Academy of Political and Social Science* 530: 74-96.
Price, Charles., 1969, "The Study of Assimilation," in J. A. Jackson, ed., *Migration*, Cambridge: Cambridge University Press, pp.181-237.
Puskeppeleit, Jürgen and Dietrich Thränhardt., 1990, *Vom betreuten Ausländer zum gleichberechtigten Bürger*, Freiburg: Lambertus.
Qian, Zhenchao., 1997, "Breaking the Racial Barriers: Variations in Interracial Marriage between 1980 and 1990," *Demography* 34(2): 263-76.
Rödiger, David R., 1991, *The Wages of Whiteness*, London: Verso.
Rumbaut, Ruben G., 1997, "Assimilation and its Discontents: Between Rhetoric and Reality," *International Migration Review* 31(4): 923-60.

Snhnapper, Dominique., 1992, *L'Europe des immigrés*, Paris: François Bourin.
Soininen, Maritta., 1999, "The 'Swedish Model' as an Institutional Framework for Immigrant Membership Rights," *Journal of Ethnic and Migration Studies* 25(4): 685-702.
Spickard, Paul R., 1989, *Mixed Blood*, Madison: University of Wisconsin Press.
Taguieff, Pierre-André., 1994, *Sur la nouvelle droite: jalons d'une analyse critique*, Paris: Descartes & Cie.
——., 1996, *La République menacée*, Paris: Textuel.
Thränhardt, Dietrich., 2000, "Conflict, Consensus, and Policy Outcomes: Immigration and Integration in Germany and Netherlands," in Ruud Koopmans and Paul Statham, eds., *Challenging Immigration and Ethnic Relations Politics: Comparative European Perspectives*, Oxford: Oxford University Press.
Todd, Emmanuel., 1994, *Le destin des immigrés: assimilation et ségrégation dans les démocraties occidentales*, Paris: Seuil.［=1999, 石崎晴己・東松秀雄訳『移民の運命——同化か隔離か』藤原書店］
Tribalat, Michèle., 1996, *De l'immigration à l'assimilation: enquête sur les populations d'origine étrangère en France*, Paris: La Découverte.
Vermès, Geneviève., 1997, "La dynamique interculturelle dans l'éducation en France," *DiversCitéLangues* II (http://www.uquebec.ca/diverscite).
Waldinger, Roger., 1996, "Ethnicity and Opportunity in the Plural City," in Roger Waldinger and Mehdi Bozorgmehr, eds., *Ethnic Los Angels*, New York: Russell Sage Foundation, pp.445-70.
Waters, Mary., 1994, "Ethnic and Racial Identities of Second-Generation Black Immigrants in New York City," *International Migration Review* 28(4): 795-820.
Weber, Eugen., 1976, *Peasants into Frenchmen: The Modernization of Rural France, 1870-1914*, Stanford: Stanford University Press.
Wiewiorka, Michel., 1996, "Culture, société stdébat," in Michel Wiewiorka, ed., *Une société fragmentée?: le multiculturalisme en débat*, Paris: La Découvert, pp.11-60.

Yinger, J. Milton., 1981, "Toward a Theory of Assimilation and Dissimilation," *Ethnic and Racial Studies* 4(3): 249-64.
Young, Iris M., 1990, *Justice and the Politics of Difference*, Princeton: Princeton University Press.
Zhou, Min., 1997, "Segmented Assimilation: Issue, Controversies, and Recent Research on the New Second Generation," *International Migration Review* 31(4): 975-1008.
Zolberg, Aristide R. and Litt Woon Long., 1999, "Why Islam is like Spanish: Cultural Incorporation in Europe and the United States," *Politics and Society* 27(1): 5-38.

第3部
認知的視座に向けて

第6章　認知としてのエスニシティ

（マラ・ラブマン、ピーター・スタマトフとの共著）

1．エスニシティ研究と「認知的転回」

近年、他の研究領域同様、エスニシティ研究の領域でもカテゴリー化が主たるテーマとして浮上してきている。エスニック集団が実質的で、かつ客観的に定義可能な実体として認識されているかぎり、カテゴリー化や分類がテーマとなるはずはない。しかし、最近四半世紀のあいだ、構築主義的な立場が支持を得るようになるにつれ、エスニシティ（ここでは人種やネーションも含む広い意味でこの語を用いる）⑴の客観主義的な理解は主観主義的アプローチに取って代わられるようになった。このアプローチは、エスニシティを客観的な共通性によってではなく、当事者の信念、認知、理解、同一化《アイデンティフィケーション》などによって定義している。こうしたアプローチの転換によって、カテゴリー化と分類への関心が増大したわけである。

このようなカテゴリー化への関心の高まりは、まだ明示的にはなっていないものの、エスニシティ研究における認知的転回（cognitive turn）の始まりであるとみなすことができる。(2) 私たちは本章で、いまだ明示的ではないこの認知的な志向への転回を明示的なものにし、さらに認知心理学や認知人類学での研究と関わらせることによって、エスニシティの理解をより豊かなものにしていくことができると論じる。(3) それは、エスニシティが研究の対象やフィールドとしてどのように認識されるべきなのかという問題に対し、より大きな含意をもつものになるだろう。認知的視座は、分析的な「集団主義（groupism）」（すなわち研究者が、利害関心や行為者性を付与することのできる実質的な実体としてエスニック集団を取り扱ってしまう傾向性）を避けるための資源を提供してくれるものであり、同時にまた実践的な「集団主義」（すなわち実際の当事者がエスニック集団を実質的な実体であるとみなしてしまう傾向性）の頑強さを説明してくれるものでもある。(4) 認知的視座はまた、人種、エスニシティ、ナショナリズムを別々の研究分野として扱うのではなく、一括りの研究対象として扱うべきであるということの強い理由を示してもいる。さらに認知的視座は、エスニシティに対する原初主義的アプローチと状況主義的アプローチとの古くからの論争に対し、新たな観点をもたらすものになる。

本章では、エスニシティ研究における分類とカテゴリー化に関する歴史的・政治的・制度的・エスノグラフィー的・ミクロ相互行為的な研究をレビューするところから始め、なぜこれらの研究において認知的視座が明示化されないままであったのかということについて論じたい。次にステレオタイプ、社会的カテゴリー化、図式《スキーマ》についての認知的研究について考察し、特に図式概念（カテゴリーよりも複雑な知識の構造をあらわすことができる概念である）をエスニシティの研究においていかに用いることができるのかについて述べたい。最後に、認知的視座のより広範な含意について考察する。それは、エスニシティが根本的な意味において世界のなかの事物（a thing *in* the world）なのではなく、世界についての見方（a perspective *on* the world）なのだという点にある。この論文での目的は、何らかの特定の仮説を提唱することではなく、エスニシティという現象をめぐり、ほとんど認識されていない認知的次元に対するエスニシティ研究者の感受性を高め、認知的次元への関心がいかにこの分野の研究を活気づけることができるのかを指摘することにある。

2. カテゴリーとカテゴリー化——認知的転回の始まり

人類学は長いあいだ分類とカテゴリー化に関心をもってきた[5]。そのため、エスニシティにとっての分類とカテゴリー化の中心的意義を、人類学が先頭に立って明らかにしてきたことは驚くべきことではない。ここで主要な業績となるのは、ノルウェーの人類学者フレドリック・バルトのものである[6]。バルトによれば、エスニシティは共有された資質や文化的共通特性の問題ではなく、分類とカテゴリー化（自己分類および他者の／による分類の両方を含む）の実践の問題なのである。リチャード・ジェンキンスらは、バルト的な基本的立場をさらに発展させながら、自己同一化と外的カテゴリー化との相互作用を強調し、カテゴリー化の過程が生じる異なったレベル（個人レベル、相互行為レベル、制度レベル）と文脈（インフォーマルとフォーマル）に関心を寄せた[7]。

バルトはエスニシティについて議論を展開したが、必要に応じて修正をくわえるなら、その議論は人種やネーションにも当てはまる。その生物学的根拠が次第に疑わしいものになるにつれ、人種は「従属させ、排除し、搾取するために選択された、具体的な属性に準拠して人間を区別し序列化する方法」という概念として再定義されている[8]。『人種と人種主義』という最近のアンソロジーの序文は「人種的分類はこんにちありふれたものになっている。人々はあの人種、この人種というように習慣的に互いをカタログ化し、すべての人が人種として分類できることを前提にしているように思える」という文章で始められている[9]。アメリカ人類学会は公式に『「人種」に関する宣言』を出しているが、この文書は人種を「分類の様式」であり、「世界観」であり、社会的に排他的なカテゴリーを用いて身分の差異を自然化する「イデオロギー」であると述べている[10]。社会学でもまた、社会構築主義的視座は「本質的な人種的特徴の不在」と「人種の意味とカテゴリーの歴史的可塑性」を強調する方向へと研究者を導いている[11]。

客観主義からの全般的後退はネーションの研究においても明らかになっている。すなわち、共通の言語、文化、領土、歴史、経済生活、政治組織などによる従来のネーションの定義から、ネーションの主観的意味やネーションへの主張を強調する定義へと変化している。それはヒュー・シートン＝ワトソンによる以下のような興味深い同義反復的《トートロジー》な記述のなかにも見られる。「ネーションは、ある共同体のメンバーの相当数が、自分たちがネーションを形成していると考えているとき、あるいはあたかも自分たちがネーションを形成しているかのように振る舞っているときに存在している」[12]。エスニシティや人種と同様、ネーションもまた「社会的分類の広く行き渡ったシステムにおける基本的な演算記号」[13]であり、「実践的カテゴリー」[14]であると概念化しなおされてきたのである。

エスニシティ・人種・ネーションにとってのカテゴリー化と分類の中心性（さらにいえば本質的意義）についての新しい理解に影響を受けた経験的研究は、大きくいって次の二つに大別することができる[15]。第一の群は、強力な権威的制度（特に国家）によって用いられる公式的でコード化され、フォーマライズされた実践に関する歴史的・政治的・制度的な研究からなっている。ここでフーコーの「統治性」やブルデューの国家の象徴権力は重要な基礎概念となってきた[16]。ブルデューの言う国家の象徴権力とは、何が何であり、誰が誰であるかを言明する力であり、社会的世界の視界《ヴィジョン》と区分《ディヴィジョン》についての正当な原理を押しつける力のことを意味している[17]。より小規模な第二群の方は、普通の人々によって用いられる非公式で、インフォーマルで、「日常的」な分類とカテゴリー化の実践に関する、エスノグラフィー的でミクロ相互行為的な研究から成り立っている。

エスニシティ・人種・ネーションのカテゴリー化の公式的実践に関する研究は、植民地社会およびポスト植民地社会の研究によって始められた。現在古典となっているいくつかの研究は、カテゴリー化それ自体には着目していないものの、エスニック集団の同一化やラベリング、差別的処遇などを通じて、植民地支配がそれに先行する社会的同一化のパターンをいかに変化させ、エスニックな動員パターンをいかに形成したのかを指摘していた[18]。より最近の研究では、分類のシステムやカテゴリー化の実践それ自体に対してより徹底した関心を払いながら、支配者が名づけ、数え、分類する実践が現地の住民の自己理解、社会的組織化、政治的主張にいかに影響を与えているのかについて明らかにしている。[19]

また、非植民地的な文脈における公式のカテゴリー化実践について論じた研究も増加している。そのほとんどが国勢調査を対象にしたものである。近年では、近代国家の象徴権力に関するブルデューの研究にインスピレーションを受け、国民社会が全体として境界づけられ、特殊で相互に排他的なエスニック集団、人種集団、文化集団などによって構成されているという考え方を、国勢調査がいかに人々に浸透させているのかを検討する研究も現われている。[20] はじめは国勢調査のカテゴリーがすでに普及している自己理解と乖離したものであったとしても、そのカテゴリーが文化的・政治的媒介者によって用いられ、ついには自己同一化の境界線をつくりなおしてしまうこともある。[21] 特にそのカテゴリーが公共政策を通じて具体的利得につながる場合、公式の国勢調査カテゴリーは「人々をつくりあげる[22]」、あるいは「命名を実在に変える[23]」効果をもち、あるべき新しい種類の人々を創出することがある。ゴールドバーグがフーコー的視座から論じるように、このようなカテゴリーは「人種的統治性」という国家の営みにとって中心的なものである。すなわち国勢調査は「国家が人種化された知識を形成すること、すなわちカテゴリーを明確にし、データを集め、それらを作用させるために用いられる統治の技術」を構成してきたのである。[24]

国勢調査は人々を匿名的かつ暫定的に分類する。つまり国勢調査は、諸個人を永久に諸カテゴリーへと割り振るものではなく、持続的で法的な効果があるアイデンティティを特定の人間に付与するものでもない。しかし、人々にエスニックあるいは人種的なカテゴリーを強制し、それを文書の中に記載し、この公式的アイデンティティに重大な（時に致命的な）結果をともなわせることで、そのような永続的同一化作用を発揮するような国家的カテゴリーもある。[25]最も悪名高い事例は、ナチス・ドイツや南アフリカにおいて用いられた人種的分類と同一化の公式的図式である。[26][27]より最近では、ルワンダのジェノサイドにおいて、フォーマルな身分証明書で示されている公式のエスニック・アイデンティティが用いられた例が注目された。[28]ソビエト連邦においてもまた、民族は統計上のカテゴリーであり、社会的計量・計算の根本的単位であるだけでなく、個人証明証に記載された法的カテゴリーであり、出自によって継承され、官僚との接触や公式業務において記載され、高等教育への入学や一部の職務への採用の際にも用いられていた。[29]

一般に公式のカテゴリー化実践に関する研究は、国家や他の組織が臣民、市民、クライアントを数え、分類し、同定する方法が、分類される側の人々の自己理解に重大な結果をもたらすと論じている（あるいはそう示唆している）。多くの場合、それは疑いなく事実なのだが、公式のカテゴリーと人々の自己理解のつながりが詳細に明らかにされることはほとんどない。また、日常生活における分類とカテゴリー化の研究は、日常の相互行為において普通の人々が用いるカテゴリーが、公式のカテゴリーとは大きく異なっていることが多いことを示している。カテゴリー化された人々は、彼ら自身が常にカテゴリー化をしている人々でもある。彼らが自分自身や他者を理解するために用いるカテゴリーは、国家の用いるカテゴリーがいかに強力であろうと、それと一致する必要はないのである。

日常生活における人種・エスニシティ・ネーションの区別や境界線の生産・再生産についての研究は、現実に利用されているカテゴリーがきわめて複雑であり、また変化しやすいものであることを明らかにしている。極端な事例としてブラジルで用いられている非常に多くの人種と肌色のカテゴリーがあるが、[30]複雑で変わりやすいカテゴリー化実践については、その他の多くの文脈においても例があげられている。[31]普通の行為者は、高度に制度化され堅固に確立されたカテゴリーを利用する場合においてさえ、通常かなり広い裁量の余地をもっている。これは日常生活での分類を調査した研究が共通に示している点である。[32]しばしば、彼らはそのようなカテゴリーを自らの目的のために戦略的にねじ曲げて使うことができる。あるいは、彼らは公式の分類図式に名目上従いながら、その公式のカテゴリーに別の非公式の意味を注入することもあるだろう。[33]

日常的カテゴリー化の研究の多くはフィールドワーク調査にもとづくものだが、その中にはエスノメソドロジーや会話分析、特にハーヴェイ・サックスのパイオニア的研究からインスピレーションを得ている研究もいくつかある。[34]そこでは、エスニシティは巧妙な日々の実践によってその都度成し遂げられていくものであり、エスニックなカテゴリーは相互行為が営まれる経過の中で当事者たちに意味あるものとなるときに「生起する（happen）」ものとして扱われている。[35]この種のエスノメソドロジー的研究は、エスニシティや他のカテゴリーへの帰属を「ある時、ある場所で、人々の生活を構成する相互行為の営みの一部として認められ（あるいは拒否され）、言明され（あるいは否定され）、示され（あるいは無視され）る」ものと見ているのである。[36]

公式的および日常的カテゴリー化に関する研究は、知識が社会的に組織化され、相互行為の中で配置される過程に関心を寄せているという点において、エスニシティ研究における認知的転回の始まりをあらわしている。しかし、心理学や認知人類学における認知研究への明確な関わりを欠いているため、この認知的転回の視野は狭められたものになってしまっている。事実、カテゴリー化と分類の議論のほとんどが、認知に関して明示的に言及することなしに行われているのである。(37)

認知研究に明確な関わりをもとうとしない理由として、次の二つを指摘することができる。第一に、ディマジオが文化の社会学について指摘している論点(38)を拡大して言えば、エスニシティに関する社会学、人類学、歴史学での研究の大部分を特徴づけている人文学的・解釈学的・全体論的・反還元主義的志向が、認知科学の実証的・実験的・個人主義的・還元論的な志向と対立するからである。しかしまた、ディマジオが論じるように、近年、両者のあいだにはある種の接近も見られる。すなわち、文化の（そしてエスニシティの、と付け加えることもできる）全体論的理解には問題があるとみなされることが多くなっている一方で、認知科学的研究では複雑かつ文化的・歴史的に特殊な心的構造と過程に（ゼルバベルが「社会心的（sociomental）」と読んでいる領域に(39)）関心を注がれるようになっているのである。

第二に、フィールド調査を行う研究者、特に相互行為に志向する研究者は、認知的アプローチと言論的《ディスカーシヴ》アプローチとをこれまで明確に区別してきた。認知的アプローチは「言論《ディスコース》を知識の基底的過程と構造の現実化として」とらえ、「文化それ自身を社会的に共有された認知的組織化の一種として」とらえる(40)。それに対し、言論的アプローチは以下のようなとらえ方をする。

> ［言論的アプローチは］語り《ナラティブ》とテキストを社会的行為の形式としてとらえている。カテゴリー化は、社会的行為（説得、批難、否定、名声、糾弾など）を成し遂げるために、語りながら私たちが行う何ごとかである。［認知的アプローチとは異なり、］こうした視座からは、言語の「諸資源」は、

人々が世界を理解しようと努めている過程のなかで既存の素材として出現してくるものとはみなされない。むしろ（あるいは、それにくわえて）それらの諸資源は、語り《ナラティブ》の中で果たす機能のために、すなわち状況づけられた社会的行為を営む作業のために形成されるものととらえられるのである。(41)

これは認知研究のいくつかの潮流に対する妥当な（そして重要な）批判ではある。しかしこの批判は、認知研究が「個人主義的、心理主義的、コンピューター的、文化極小的」な心の概念を前提とし、「言論や社会的相互行為を含むすべての心理学的生活を認知的でコンピューター的な心的過程」に還元するものととらえる、狭隘な認知研究理解に依拠している。そのためこの批判は、両者の対立を誇張しすぎている。(42)ディマジオが指摘しているように、そしてエドワーズとポッター自身が認めるように、このように特徴づけることができないような認知研究も近年には多く見られる。(43)

エスニシティ研究で始まったばかりの認知的転回は、認知研究の経験的知見や分析用具を用いることにより、実りある方法で拡大させることができるだろう。エスニシティ研究においては、強力な認知的前提（それは一般には認識されず、それゆえ分析もされていないのだが）が、人種・エスニシティ・ネーションが実践行動の中で「作用」する仕方に関するほぼすべての説明のための枠組になっている。例えば、以下のような例があげられる。私たちが暴力行為を人種的なものとして（あるいはエスニックなもの、ないしナショナリスト的なものとして）分析する場合、警察の行動を「人種的プロファイリング」［警察が人種にもとづいて捜査や取り締まりをすること］と特徴づける場合、投票パターンを人種的あるいはエスニックな忠誠心という点から説明する場合、人種集団・エスニック集団・ネーション集団にアイデンティティや利害関心を想定する場合、ナショナリストの集合的行為を分析する場合、行為が他者の人種、エスニシティ、ないしナショナリティを意味あるものととらえていると記述する場合、ある表現をエスニックな中傷とみなす場合などである。これらの例、あるいはその他様々な事例において、人々が自分たちの経験を説明し、フレーミングし、解釈する方法について、私たちは認知的な諸前提を立てている。少なくとも私たちは、人、行為、脅威、問題、機会、義務、忠誠心、利害関心などを、他の解釈図式によってではなく、人種・エスニシティ・ネーションの観点から同定することを前提にしている。認知人類学や認知心理学に取り組むことにより、エスニシティの作用に関わる認知的メカニズムと過程が単に前提にされるのではなく、その詳細が明らかにされ、またこの分野における マクロ分析的研究のミクロな基礎が強化されることになるだろう。そのような目的のために、次節では、エスニシティ研究にとって成果の期待できる見込みのあるステレオタイプ、社会的カテゴリー化、図式《スキーマ》についての認知研究の成果を概観する。

3．認知的視座——カテゴリーから図式《スキーマ》へ

カテゴリー

私たちはカテゴリー化を政治的な企《プロジェクト》てであり、日常的な社会実践であると考えてきた。しかしカ

テゴリー化はまた、基礎的かつ遍在的な心的過程でもある。ジョージ・レイコフは「私たちの思考、知覚、行為、発話にとってカテゴリー化ほど基本的なものはない」と述べている。私たちは「何物かをある種のもの（*a kind of thing*）とみなしたり、種々のもの（*kinds of things*）について考えたりする」際、いつでもカテゴリーを用いている。私たち（人々、諸組織、諸国家など）が種々のものについて語ったり、何らかのものをある種のものとして（ある種の人、ある種の行為、ある種の状況、等々）扱ったりするときには、いつでもカテゴリーを用いている。ここの傍点部分は特に強調しておかねばならない。カテゴリーは見たり考えたりするときにはまったく重要なものなのだが、同様に話したり行為したりすることにおいても重要である。「物理的世界においても、また社会的・知的生活においても、カテゴリー化する能力なくして私たちはまったく機能することができない」のである。(44)

カテゴリーは私たちにとっての世界を構造化し、秩序づける。私たちは、カテゴリーを用いて、経験の流れを識別可能で解釈可能な物体、属性、事件などへと分節化するのである。カテゴリーは認知的・社会的・政治的な単純化を可能にする（というより、必然的に単純化をともなう）。「認知のエコノミー」の原則に従えば、カテゴリーは「最小の労力で最大の情報を提供する」(45)。カテゴリーによって私たちは、異なったものを同じものとみなし、同じものとして取り扱うことができる。カテゴリーは私たちの注意を集中させ、限られたエネルギーを水路づけ、私たち（諸個人でも諸組織でも）が「有意性のない」刺激に無関心でいられるようにする。そうすることでカテゴリーは、自然的世界と社会的世界を理解可能、解釈可能、コミュニケーション可能、変形可能なものにするのである。カテゴリーがなければ世界は「花盛りでガヤガヤとした混沌」（ウィリアム・ジェイムス）である。私たちが知っているような経験と行為は不可能になるだろう。このように、カテゴリーは見ること（seeing）と考えること（thinking）の基底にあるだけでなく、すること（doing）の最も基本的な形式（そこには日常行為だけでなく、より複雑で制度化された「すること」の形式が含まれているが）を構成している。

物体、人物、行為、状況などをカテゴリーの実例と見ることによって私たち自身の経験を理解する際、そこには常に単なる分類以上のものが意味されている。あるカテゴリーに属するメンバーが、いかにそれに相応しく振る舞うのかに関する期待や「知識」（時にはかなり洗練された知識の場合もある）もまた、カテゴリー化にはともなわれているのである[46]。そのような知識や期待は人物において具現化され、神話、記憶、語りや言論の中にコード化され、制度や組織的ルーティンの中に埋め込まれている。私たちが自覚していない場合も、それらの知識や期待は、そうカテゴリー化された物体や人物についての私たちの判断や知覚にまでも影響を与え、それにより、その物体や人物に対する行動の仕方にも影響を与える。これは単に実験室的状況の中だけのことではない。日常的な相互行為の文脈や組織・制度の作用においてもそうなのである。

ステレオタイプ

最近のステレオタイプに関する研究は、ステレオタイプ的思考とカテゴリー的思考一般とのあいだには区切りがないということを強調している[47]。ステレオタイプはもはや認知上の欠陥としては定義されない（つまりそれは誤った、誇張された、あるいは立証されていない認識として定義されるのではない）。ステレオタイプはより中立的に、社会集団についての知識・認識・期待からなる認知構造として定義されるのである。[48] ステレオタイプは特定のパーソナリティがもつ特異な病理的傾向（「権威主義的パーソナリティ」や「強い偏見をもつ」人などの）としてではなく、どこにでもある普通の認知過程のなかに根づいたものと見られているのである。ステレオタイプを説明するのに、特殊な「欲求」（例えば、他者に優越感を抱くことへの「欲求」など）を仮定する必要はない。通常の認知的過程の延長として、より簡潔に（すなわち余計な変数を仮定せずに）説明されるのである。

このような理解はゴードン・オールポートの研究の中に先例がある。その理解の上に立てば、ステレオタイプは単に社会集団のカテゴリーであり、その構造と作用はカテゴリー一般の構造と作用を反映したものである。[49] 他のカテゴリー同様、ステレオタイプは典型的な特徴、具体的事例、期待、擬似理論的な因果的知識などを通じて心のなかで表現されるものである。他のカテゴリー同様、ステレオタイプは認知のエコノミーの原則に従い、「与えられた情報を越えた」推論や期待を最低限の認知処理によって行う。[50] また、他のカテゴリー同様、ステレオタイプは大部分自動的に作用する。ステレオタイプは潜在意識の中で合図や暗示《キュー》を受けて作用し、当人に自覚されることなく人の判断に影響を与える。これは、ステレオタイプが完全に意識的コントロールを超えるということを意味するものではないにしても、通常の認知過程のなかに深く根づいたものであり、それに抵抗したり修正したりするには労力とコストのかかるものであることを意味している。[51]

もちろん、ステレオタイプの内容（それゆえその実質的な社会的意味、特にその有害性）は文化的文脈、時間、対象となる集団に応じてきわめて様々に変化する。たしかに認知研究は、そのような内容上の変異を説明することはできない。認知研究が説明として役立つのは以下のような点に関してである。

第一に、カテゴリー的な思考全般に見られるステレオタイプ化の普遍性について。第二に、不都合な情報に対するステレオタイプの抵抗について。第三に、ステレオタイプが作動する際のダイナミズムについて。第四に、いったん作動したステレオタイプが、いかに当人の自覚なしにその知覚や判断に微妙な影響を与えるのかについて。第五に、意図的でコントロールされた過程が、ステレオタイプが作動する際の自動的でほぼ無意識的な過程をどの程度、またどのような方法で乗り越えることができるのかについて。

カテゴリーは個人的病理によるものではなく、認知的規則性や共有された文化の産物である。したがってステレオタイプは（社会的カテゴリー一般と同様）個人的態度の偏好などではなく、社会的客体についての共有され、かつ深く埋め込まれた心的表象なのである。その結果、マクロないしメゾレベルでの研究も、ステレオタイプを「個人主義」的で「心理学的還元主義」的なものとして無視しておくわけにはいかなくなる。ステレオタイプについての研究は、社会的客体を理解するための標準化されたテンプレートの生産と作動において、個人的なものと社会的なものとがいかに関係するのかを明らかにする。そのようなテンプレートの中には、社会的客体や社会的経験を人種・エスニシティ・ネーションの観点からフレーミングし、特定の文化特殊的な暗示《キュー》によって作動するものがある。社会的経験についての人種的、エスニック的、あるいはナショナルな見方、解釈の仕方、反応の仕方は、その共鳴性（resonance）や顕現性（salience）において様々であるが、ステレオタイプについての認知研究は、その社会認知的基礎を明らかにすることができるのである。

社会的カテゴリー化

いうまでもなく、ステレオタイプ化は社会的カテゴリー化の重要な側面のひとつである。しかし唯一のものではない。他の側面は、社会心理学者ヘンリー・タジフェルの研究から生まれた「社会的アイデンティティ論」(あるいは後の「自己カテゴリー化理論」)として知られる、主としてヨーロッパ的伝統をもつ研究によって明らかにされてきた。集団間のコンフリクトを利害対立についての正確な知覚にもとづいているとみなす「現実主義的集団コンフリクト理論」に反論し、タジフェルはカテゴリー化の自律的な意義を明らかにした。彼の「最小集団」実験は、集団間のコンフリクトや敵意がまったく見られない場合でも、さらには「集団」ないしカテゴリーが完全に恣意的に構築されたものであったとしても(例えば実験対象者を「赤組」「青組」のような恣意的カテゴリーにランダムに配分しても)、内集団バイアスの強い傾向(自分自身のカテゴリーのメンバーを偏好する傾向)が存在することを明らかにしている。言い換えれば、「単に二つの区別された集団への帰属が知覚されるだけで、すなわち社会的カテゴリー化だけで、内集団を偏好する集団間差別を引き起こすのには十分なのである[52]」。

タジフェルと共同研究者によって示された社会的カテゴリー化(あるいはカテゴリー化一般)の第二の側面は、カテゴリー化が「強調化効果」を生み出す傾向である。人はひとつのカテゴリー内での対象の類似性と、異なったカテゴリー間での対象の差異を強調しがちである[53]。ストックされているカテゴリーが「人間」に関するものである場合、カテゴリー間の差異とカテゴリー内の(特に外集団内の)均質性とが過度に強調される強調化効果が[54]、集団の物象化を促進する。例えばエスニシティによる分類は、対象となる個人を「固有の人格から特定集団の特徴を示す一例へ」と変換することにより、その個人を脱人格化する。[55] これらの知見は、社会的カテゴリーや集団の「実体性（entitativity）」（すなわち一体性と斉一性）の知覚の原因と結果に関する近年の研究[56]と合わせて、社会的世界の「集団主義」的表象の根強さを説明するのに役立つであろう。

図式《スキーマ》

「図式《スキーマ》」（およびそれと関連する「脚本《スクリプト》」や「文化モデル」のような概念）は一九七〇年代の認知心理学や認知人類学における中心的なテーマとなった。研究者たちは、初期の認知研究を特徴づけていた認知モデルをさらに複雑なものへと発展させた。[57] 近年の社会学理論もまた図式の概念を取り上げるようになったが、[58] その一方で、それと関連する「フレーム」概念（もとはゴッフマンによって社会学的に定式化されたもの）が、認知に注目する社会運動研究によって用いられてきた。[59]

図式とは知識が表現される心的構造である。図式には一般的なものから特異なものまで様々なものがある。[60] しかし、社会学的に最も興味深いものは、一般的なものでも特異なものでもなく、「文化的に「多かれ少なかれ幅広く」共有された心的構築物」である。[61] 心的構造として、図式はもちろん直接的には観察不可能である。図式とは、いかに人々が世界を知覚し解釈しているのか、いかに知識が獲得され、保存され、想起され、活性化され、新たな領域へと拡張されるのかを示す事象（実験によるもの、観察によるもの、歴史的なものを含めて）を説明するために措定されたものなのである。

図式は単に情報を表示するだけでなく、同時に情報の「処理機」でもある。[62] すなわち図式は、知覚や想起を誘導し、経験を解釈し、推測や期待をし、行為を組織化する。このような意味において図式は、「最小限のインプットから複雑な解釈を生み出す一種の心的認識「装置」」としての機能を果たしており、「単に心のなかに映し出された「映像」なのではない」(63)。「包括的な組織構造を参照することなく、所与の情報に頼り、手持ちの素材を組み合わせる」だけの個別対応型処理とは対照的に、図式的処理は「新しい人間、事件、問題などをすでに慣れ親しんだカテゴリーないし図式の事例として」取り扱う(64)。図式は「処理機」として、意識的に自覚されることなく自動的に作動する。図式は知識を「暗黙のうちに、言葉に出されることなく、迅速に、かつ自動的に」処理する。それは、知識を「明示的に、言葉に出して、ゆっくりと、意図的に」処理するコントロールされた認知モデルとは異なっている(65)。このような点において、図式はブルデューの「実践感覚」（すなわちハビトゥスによって律せられた実践的行為の「規制された即興」）のような社会学的構成概念と適合するだけでなく、それをさらに明確化する手段でもある(66)。

図式はヒエラルキー的に組織化されている。概念の中核にあたる不変的側面をあらわす最上位の次元は固定化されている。しかしより下位の次元には、文脈内での暗示《キュー》、相互行為内で開示される情報、あるいはあらかじめ設定された「初期値《デフォルト》」によって埋められるべき「枠《スロット》」がある(67)。この点において、図式の概念はエスノメソドロジーの中核的な認識と共鳴する部分がある。なぜなら、エスノメソドロジーによれば、あらゆる日常的相互行為における参加者たちは、彼らの暗黙の背景知識のストックによって不特定な情報を絶えず「埋めあわせる」ことが要求されているからである。

図式は刺激や暗示《キュー》によって作動させられねばならない。図式の作動は手近で状況的に特定された暗示《キュー》や誘因《トリガー》によって引き起こされるのであり、大規模な構造的・文化的な文脈から直接に引き起こされるものではない。だが、構造的・文化的変動がそのような手近な暗示《キュー》の配分に、したがって図式の作動の確率に影響を与えることもある。既存の研究における重大な限界は、図式の作動が主として人工的な実験室状況においてなされているところにある（ステレオタイプの作動についても同様のことが言える）。そのような実験室状況では、図式が実際に作動させられる相互行為文脈の高度な複雑さを到底とらえきることができない。ディマジオが指摘するように、認知に関心をもつ社会学者にとっての主要な課題は、各人への図式の配分と、それを喚起する「外的な文化的起爆装置」の配分とのあいだの相互作用を理解することにある[68]。この点で研究が進めば、図式概念は私的と公的、心的と社会的、個人の心と超個人的な公共的表象世界とのあいだを架橋できる可能性をもっている。

　他の多くの社会的・文化的領域で図式概念が適用されていることを考えると[69]、エスニシティ研究のなかでこの概念が体系的に用いられてこなかったのは驚くべきことかもしれない。もちろん、エスニシティや人種のカテゴリーに関する研究は数多くあり、やや数は少ないがネーションのカテゴリーについての研究もある。また、カテゴリー概念と図式概念とのあいだには重なり合う面がある。両者はともに知識の組織化と表象に関係する概念であり、私たちが直接手元にある情報を越えて推論を行い、世界を解釈することを可能にしている知識の構造のあり方に関わっている。しかし、図式概念はカテゴリー概念よりも複雑な知識の構造についての考察を可能にする。カテゴリーに関する最近の研究は、たしかにカテゴリーにもとづく知識の複雑さを強調している。例えば、カテゴリーは単なるプロトタイプ的属性や特徴的模範例にとどまらない因果的な知識が組み込まれた「擬似理論的」なものであると論じられている[70]。にもかかわらずエスニシティ研究のなかでは、カテゴリーやカテゴリー化の諸問題は比較的狭く解釈されてきた。

私たちがカテゴリー化をエスニシティとのつながりにおいて考えるとき、民《ピープル》を示すカテゴリーを考えがちであり、状況、出来事、行為、物語、理論などのカテゴリーについては考えない。しかしレイコフが見るように、ほとんどのカテゴリーは「事物のカテゴリーではなく、抽象的実体のカテゴリーである。私たちは出来事、行為、感情、空間的関係性、社会的関係性、その他様々な抽象的実体をカテゴリー化する」(71)。

認知的視座は、人々がいかに世界を見、経験を分節化し、出来事を解釈するのかに対して、私たちの分析の照準を合わせる。これは人種、エスニシティ、ネーションのカテゴリーについての多様で広範囲にわたる諸問題を提起する。民《ピープル》がいかに分類されるのかだけではない。仕草、発話、状況、出来事、行為とその帰結がいかに分類されるのか、また分類を通してそれらがいかに解釈され経験されるのかが重要なのである。要するに、問題はエスニックな観点からの社会的世界の見方、社会的経験の解釈の仕方に関してなのであり、単に社会的行為者の分類の仕方に関してではない。図式概念は、エスニックな「ものの見方」の概念を明らかにし、具体化することに役立ちうる。

例えば、出来事や出来事の標準化された経過の図式について考えてみよう。認知研究では、この図式は「脚本《スクリプト》」とも呼ばれている(72)。標準的な例として「レストラン」図式(あるいは「レストラン」脚本)がある。これはレストランで注文し、食事が運ばれ、食事をし、代金を払うというステレオタイプ的な出来事の経過図式(あるいは経過脚本)である。人種・エスニシティ・ネーションにとって有意義であり、部分的には本質的でもある知識(広い意味での知識)のほとんどが、この出来事図式のなかに埋め込まれている。例えば、多くのアフリカ系アメリカ人が人種についてもっている知識の大部分が、頻発する出来事（あるいはステレオタイプ的な出来事）の経過図式のなかに含まれている。例えば「黒人運転」で警察に検問されること」［「黒人運転（driving while black）」とは、黒人が自動車を運転しているという意味で、それだけが理由で警察に検問されることが人種プロファイリングのひとつとして知られている］の図式や、「店の中であたかも潜在的な万引き犯であるかのように見られていること」の図式がこれに入るだろう。すべての図式と同様、このような出来事図式は最低限の曖昧なインプットによって作動し、様々な解釈を生み出すことがありうる。意識的あるいは無意識的な「人種プロファイリング」が存在することは疑いないし、実際に数多くの事例がある。しかし、例外的あるいは曖昧な状況においても、このような出来事図式が人種プロファイリングを受けているという解釈や経験を生み出し、社会的経験のさらなる「人種化」を促進する場合もある。

また、社会的解釈図式について考えてみよう。社会的解釈図式とは、社会的世界を理解するためのあらゆるテンプレートを含んだ緩やかで多種多様な図式のことである。エスニシティは多くの社会的解釈図式のなかの「枠」のひとつに位置づけられていて、それが図式のエスニックな変種《ヴァリアント》や下位類型を発生させている。例えば、一般的な社会的競合の図式について考えてみよう。これは希少な財や資源をめぐって二つ以上の勢力が競合しあう状況を抽象的に表象した図式である。その図式では、競合の対象（貨幣、威信、愛、市場のシェア、権力など）について、また競合しあう当事者（人、家族、派閥、党派、チーム、連合、企業、職業集団、組織、国家など）について、何ら特定されてはいない。しかし、この社会的競合の一般的図式の他に、特定の対象や当事者によって規定されたより特殊な社会的競合の図式が多種ある。その一つがエスニックな競合図式である。それは、当事者がエスニック（ないし人種的またはナショナル）な集団であり、おそらくは強い規範的な「集団の位置感覚」(73)によって特徴づけられている。もしこのエスニックな競合図式が簡単に作動するのであれば、人は競合をエスニックな観点から見て、エスニックな観点から解釈するであろう。これが「エスニック化」が意味していることの一面である。社会的世界があらゆる場面で曖昧であることを前提にすれば、解釈の余地には事欠かない。そして図式は、解釈が構築されるメカニズムなのである。エスニック化過程における重要な側面のひとつは、エスニシティ図式が過度に入手しやすく《アクセシブル》なることであり、その結果エスニシティ図式が他の解釈図式を押しのけてしまうというところにある。

4. 認知的視座がエスニシティ研究においてもつ含意

私たちが検討してきた認知的視座は、エスニシティ研究に直接適用できるだけではない。それはエスニシティ研究という研究分野における根本的諸問題を再考し、それらに関するいくつかの論争の再編成を迫るものでもある。この最後の節で私たちは、認知的視座が以下の三点に対してもつ含意について考察する。第一は研究領域の概念化に対して、第二は人種、エスニシティ、ネーションは分析上それぞれ別個に取り扱われるべきか、ひとつにまとめて扱われるべきかという問題に対して、そして第三は「原初主義」的アプローチと「状況主義」的アプローチとのあいだの長い論争に対してである。

研究領域を概念化する――「世界のなかの事物」から「世界についての見方」へ

洗練されたエスニシティ研究においては、構築主義的なスタンスが支配的になってきている。にもかかわらず、エスニシティをめぐる日常会話、政策分析、メディアでの報道などは（さらには表向きには構築主義的であるはずの学術研究でさえ）依然として「集団主義」の枠内で語られ、論じられている。すなわち別個の、明確に区別され、内的に均質で外的に境界づけられた集団が、社会生活の基本的な構成単位であり、社会的コンフリクトの主役であり、社会分析の根本単位であるとみなす傾向が続いているのである。(74) エスニック集団、人種、ネーションは「世界のなかの事物」として、すなわちそれ自身の文化、アイデンティティ、利害関心をもった実質的実体として扱われ続けている。社会的・文化的世界は、集団主義的観点から単色の人種、エスニシティ、文化のブロックからなる多色のモザイクとして表象されているのである。それはデイヴィッド・ホリンジャーが、多文化主義と多様性についての、コスモポリタン的ではなく多元主義的な理解と呼んでいるものと一致する。(75)

認知的視座に志向する研究は、そのような集団主義を回避するための資源を提供してくれる。同時にそれは、集団主義が私たちの社会的想像力をいかに根強く拘束しているのかを説明することにも役立つ。認知的視座は人種集団・エスニック集団・ネーション集団を実質的実体としてではなく、集合的文化表象として、すなわち広く共有された見方や考え方、社会的経験の説明の仕方、そして社会的世界の解釈の仕方として扱う。それは社会的世界を本質主義的観点から人種集団・エスニック集団・ネーション集団からなる複合体として概念化したり、人種運動・エスニック運動・ナショナルな運動の中心となる「庶民の社会学的存在論（folk sociological ontology）」［＝後で言及されるローレンス・ハーシュフェルドの概念］を無批判的に受け入れたりするものではない。認知的視座は、人種・エスニシティ・ネーションの観点から社会的世界の視界《ヴィジョン》と区分《ディヴィジョン》を維持する社会的・心的過程を検討するのである。「集団」を分析の基本単位とするのではない。認知的視座は分析的関心を「集団創出」と「集団化」の活動（分類、カテゴリー化、同一化のような）へと向ける。そもそも分類、カテゴリー化、同一化とは「集団」をつくり出し、それにメンバーを割り当てるものである。しかしそのようにつくり出された集団は、無数の分類、カテゴリー化、同一化の行為（私的・公的双方での）から独立しては存在しない。集団は日々の分類、カテゴリー化、同一化の行為によって維持されているからである。人種・エスニシティ・ナショナリティは私たちの知覚・解釈・表象・分類・カテゴリー化・同一化の中で、またこれらを通じてのみ存在するのである。人種・エスニシティ・ナショナリティは世界のなかの事物ではなく世界についての見方であり、存在論的現実ではなく、認識論的現実なのである[76]。

　これは、極端な主観主義ないし心理学主義を主張するものではない[77]。公共の場で起きていることよりも人々の頭の中で起きていることを優先しようというわけではない。むしろ認知的アプローチには、人の頭の中で起きていることの分析を、公共の場で起きていることの分析へとつなげることに貢献できる見込みがある。例えば人類学者ダン・スペルベルは、人々のあいだでの表象の分布と波及に関する「疫学」的視座を提唱している[78]。スペルベルによれば、表象には二つの種類がある。一つは公共的な表象[79]（テキスト、語り、記念碑等に具現化された）、もう一つは心的な表象である。どちらの表象も個性的なものかもしれないし、多少とも広く共有されたものかもしれない。ある表象は他の表象よりも

「考えやすい」ものである。ローレンス・ハーシュフェルドとフランシスコ・ギル＝ホワイトが論じるところによれば、私たちの認知構造上、本質的なものと想定される種（エスニックな「種」を含む）の観点から見た社会的世界の表象は、私たちにとって「考えやすい」ものである。(80)「考えやすい」表象は、そうでない表象よりも容易にコミュニケートされ、伝わり、記憶され、その結果より広く共有されることになる。多かれ少なかれ類似の表象が広く（しかし普遍的にではなく）共有されるとき、私たちは文化的な（つまり、個性的・個人的ではない）表象について語ることができる。ハーシュフェルドとギル＝ホワイトたちは人種・エスニシティ・ネーションのカテゴリーが、例えば階級というカテゴリーよりも「考えやすい」とした点で正しいとすれば、彼らの議論は人種・エスニシティ・ネーションのカテゴリーが広く共有され、文化的表象の中に強力に刻み込まれる傾向があるのはなぜなのかという問題の一端を説明するのに役立つだろう。(81)

人種・エスニシティ・ネーションのカテゴリーが「考えやすい」としても、もちろんこれらのカテゴリー（あるいはこれらのカテゴリーが埋め込まれているような様々な図式）が普遍的に活発で顕現性が高いということにはならない。図式の波及・分布・入手しやすさ《アクセシビリティ》・顕現性の可変性に関心を向けることは、人種・エスニシティ・ネーションの中心性を自明視する既存研究の傾向を回避することに役立つであろう。例えば、私たちが日常的に人種集団・エスニック集団・ネーション集団について語るとき、そこには通常、その「集団」が境界づけられ、均質なものであるという含意があり、また人種・エスニシティ・ネーションの自己理解のフレームが意味をもつことを前提にすることで、議論にバイアスがかけられている。しかし認知的視座においては、その「集団」の集団性（groupness）の度合いを変数として論じることができる。ここで認知的視座は、実体的に考えるのではなく関係的に考え、集団性を自明視するのではなく問題視する他のアプローチ[82]を補完するものとなる。その認知的次元において、集団性は表象の内容（すなわち表象が「集団」の「実体性」・内的均質性・外的境界性をどの程度際立たせているのか[83]）だけに依存するのではない。集団性はまた、そのような表象の住民内での分布、[84]その入手しやすさ《アクセシビリティ》や作動の容易さ、いったん作動した際の顕現性の高さ、そして（ここもまた重要なのだが）他の主要な文化表象に「割り込み」、「接合」することの相対的容易さなどにも依存するものと理解できる。この最後の点は、フレーミングやフレーム調整に関する社会運動研究において主要な位置を占める「共鳴性」概念に相当するものと理解できるだろう。集団性の変化（短期的変動や長期的発展）は認知によって媒介されながらも、集団主義的表象の分布や波及状況の変化、あるいはその入手しやすさ《アクセシビリティ》、作動、顕現性、共鳴性における変化に依存しているのである。明らかに社会構造的、文化的、状況的要因はその変化にとって主要な決定因である。しかし私たちは、マクロレベルの決定因を媒介する認知的なミクロメカニズムを理解するとき、それらの変化についてよりよく理解することができるだろう。[85]

要するに、認知的視座が示唆するのは、人種・エスニシティ・ネーションは世界における事物ではなく、世界についての見方であるということである。人種・エスニシティ・ネーションは自分自身を理解し、同定する方法であり、自分の問題や苦境を理解する方法であり、自分の利害関心を同定する方法であり、自分の行為を方向づける方法である。また他の人々を承認し、同定し、分類する方法であり、同一性と差異とを解釈する方法であり、彼らの行為を「コード化」し、理解する方法でもある。

それらは社会的知識を表象し組織化するテンプレートであり、社会の比較や説明を明確化するフレームであり、気づかれるのか気づかれないのか、有意味なのか無意味なのか、記憶されるのか忘却されるのかを振り分けるフィルターなのである。

一つの領域か複数の領域か

人種、エスニシティ、ナショナリズムは長らく別個の分析領域であると考えられていて、それぞれの領域ごとに多くの研究業績がある。最近約二〇年間、研究が狭い視野から脱し、比較へと向かうようになるにつれ、各領域間の境界線も曖昧になってきた。(86) 扱う事例の範囲が拡大することによって、限られた文脈では有効であったような「人種」、「エスニシティ」、「ナショナリズム」のあいだの整然とした区別（例えばアメリカ合衆国においては、「ワン・ドロップ・ルール」〔＝「黒人の血」が一滴でも入っていれば黒人とみなすという人種分類の方法〕に見られる厳格な白人対黒人の関係性によって概念化された人種概念、移民によって生まれたとされるエスニシティ概念、どこかアメリカ以外の場所で起きるものとされ、定義上国家形成と結びつけられて理解されてきたナショナリズム概念が区別されていた）は崩れてきた。

しかし、人種、エスニシティ、ネーションの三つを分析的に区別しようという努力は、依然として続けられている。私たちの見方では、この概念的決疑論（それは時として政治的関心からの影響も受けているが）は誤っている。といっても、人種・エスニシティ・ネーションを一つの未分化な領域として扱おうというわけではない。明らかにこの領域は高度に分化している。しかしこの領域は、この三つの下位領域に明確に区分されるものではない。むしろ、この領域は様々な次元で分化していて、その分化は人種・エスニシティ・ネーションというこれまでの慣習的な領域の定義と正確に一致するものではない。その分化の次元の簡単なリストを示すとすれば、そこには以下のものが含まれている。

・メンバーシップの基準や指標
・継承（メンバーシップが獲得される様式）
・メンバーシップの固定性／柔軟性
・自然化の程度と形態（例えば共同体の自然的基礎に対するアピールの程度や形態）
・具象化の程度と形態（身体的特徴やその他の可視的特徴に付与された重要性）
・固有の言語、宗教、習慣、その他の文化的要素に付与された重要性
・領域化の程度と性質（領域的な組織やシンボリズムの重要性）
・自律や自己充足性への主張の性質（もしそのような主張があった場合）

これらの多様な分化の諸次元は、人種・エスニシティ・ネーションというこれまでの慣習的区別には正確に割り振ることができない。

認知的視座はさらに、人種・エスニシティ・ネーションをそれぞれ区別された領域としてではなく、これらを一つの統合された領域としてひとまとまりに取り扱うべき理由を示している。先に私たちが示唆したように、人種・エスニシティ・ネーションは根本的には世界についての見方である。そこでの基底となっている認知的過程やメカニズムは、人種・エスニシティ・ネーションの三つの領域を通

じて同一である。例えば、よく知られているように、ネーションが「想像の共同体」あるいは「認識された秩序」として取り扱われるのであれば[87]、同じようなことがエスニシティや人種についても言えるだろう。ハーシュフェルドに従えば、もし人種が、人間を本質的で自然なものと想定される「種」に分類する「庶民の社会学（folk sociology）」を意味しているとすれば、同じことはエスニシティやネーションについても言えるだろう。もし、バルトの言うように、エスニックな境界線がカテゴリー的な自己と他者の描出過程によって維持されるものであるならば、同じことは人種やネーションの境界線についても言えることである。「われわれ」を「彼ら」から区別する分類とカテゴリー化の過程（フォーマルなものとインフォーマルなものをともに含む）、潜在的競合者を「アウトサイダー」としてカテゴリー化し排除する社会的閉鎖の形式、社会の比較や説明を組み立てる際に用いるカテゴリーとフレーム、行為の状況と連鎖を標準的な人種、エスニシティ、ないしネーションの観点から認識し、経験し、解釈することを可能にする図式・脚本・文化モデル、事前の期待を追認し、ステレオタイプを強化するような偏向した方向へと事実評価を誘導する情報収集・処理過程での認知的バイアス――これらすべての、また他の多くの認知的・社会認知的メカニズムと過程が、慣習上人種、エスニシティ、ナショナリズムという別個の領域としてコード化されている諸現象において、通常、本質的に同じ形式で作動しているのである。もちろん、これらのメカニズムと過程は、分類と閉鎖、社会の比較と説明、図式と文化モデルのパターンの内容においてきわめて多様だが、その多様性は通常の領域区分を横断するものである。

原初主義と状況主義

認知研究はまた、原初主義と状況主義という古典的な（しばしばあまりに陳腐な）論争[88]を再検討し、フレーミングしなおすよう私たちを促している。この論争では、エスニシティを深く根づいた「原初的」な愛着や感情として理解する立場と、[89]変化する経済的・政治的状況に道具主義的に適応するものとして理解する立場とが対立している。認知的視座は、双方の立場を再編成し、双方が相互に排他的ではなく、相互に補完的なものとみなす可能性を指し示している。

原初主義的立場は、社会構築主義のパラダイムの台頭とともに真摯に取り扱われる機会が減り、むしろ「自然化」や「本質化」の視座として否定されることが多くなった。しかしながら原初主義は、社会構築主義のパラダイムが論じるよりも精妙であり、示唆に富むものである。例えば、クリフォード・ギアーツは以下のように原初主義を定式化している。それはしばしば引用されながらほとんど詳細に分析されたことがないものである。彼によれば、原初的愛着は「社会的実在の「所与」に由来する。その「所与」とは、より正確に言うならば、想定された「所与」のことであり、文化は不可避的にこの「所与」に関わらざるをえない。これには血縁関係、宗教、言語、習慣などが含まれる」[90]。原初主義をめぐるほとんどの議論のなかで、知覚された、「所与」と現実の「所与」とのあいだのこの重要な区別は見落とされている。そこで原初主義者は、「自然化する者の分析者（analysts *of* naturalizers）」としてではなく、「分析的に自然化する者（analytical naturalizers）」として描かれている。[91]実際のところ原初主義的説明において、エスニシティを自然な所与であり変化しないものとして扱う真の原初主義者は、研究者ではなく当事者なのである。

このように概念を明確化したうえで見れば、原初主義的立場はそれほど簡単に排除できるものではない。そして認知研究は、エスニシティの自然化というしばしば観察される傾向の本来的基盤を特定することにより、原初主義に強力な経験的基礎を提供することができるのである。「心理学的本質主義」に関する研究によれば、「人々は、物事にはあたかもその物事を現にあるようにさせている本質や根本的本性があるかのように振る舞う」ものであり、たとえそれが「悪しき形而上学」であったとしても、多くの状況においては「良き認識論」として作用しうるとされる[92]。これまで幼児は、主として物事の可視的な外的特徴に注目するものと理解されてきた。しかし、そのような幼児でさえ、実は「内側」や本質の概念をしっかりと把握しているのである[93]。しばしば社会的カテゴリーも、あたかもそれが「自然種（natural kinds）」であるかのように（誤って）受け止められる。その結果、人はしばしば「表面的な外観にもとづいて深い本質的特性」を推論し、「恣意的なカテゴリー化にさえ深遠な意味を吹き込む」ことになる[94]。

ハーシュフェルドとギル＝ホワイトは、この分析を人種・エスニシティにまで拡張し、遺伝する不変の「本質」をもった「自然種」のメンバーとして人間を認識する、根深い認知的性向を仮定する。ハーシュフェルドは三、四歳児を対象とした実験に依拠しながら、人間は社会的世界を「共有された本質」にもとづく「固有種（intrinsic kinds）」（と彼が呼ぶもの）へと区分けする特定目的の認知装置を備えていると論じる[95]。この認知装置は、ハーシュフェルドが「庶民の社会学」と呼ぶものに認知的基盤を与えている[96]。ここで「庶民の社会学」とは、「世界に存在する人の『自然』種を選び出す常識的な区分けの論理あるいは社会的存在論」のことを意味している[97]。ハーシュフェルドは、類似した根深い分類論理が世界中に存在しているということを強調している。分類論理とは、社会的世界を、何らかの共有された固有の本質にもとづく根深い存在として想定された集団へと区分することによって、社会的差異を自然化する論理である。人種、エスニシティ、ネーションという一見するときわめて異なった分類システムの根底に、この論理がある。ギル＝ホワイトは、エスニシティに関する本質主義的推論は、生物学的な種についての推論からの類比によって引き出されていると論じる。彼は、既存の特定目的の認知モジュール（種についての知覚と推論に進化的に合わせて形づくられた「生物種」モジュール）がエスニック集団についての知覚と推論に適応することによって、この類比的転移が発生すると推測している(98)。

作動している認知メカニズムの特徴について、ハーシュフェルドとギル＝ホワイトは見解が異なっている。だが二人とも、人種・エスニシティ・ネーションのカテゴリーを「自然化」し、「本質化」するきわめて一般的な傾向が人間の認知性向の基礎にあると考えている。認知的視座によって私たちは、分析的原初主義を支持することなしに「当事者の原初主義(99)」を分析することができるようになる。認知的視座は社会的差異が自然化される傾向について、曖昧にしか認識されない感情的コミットメント(100)、それ以上説明しようのない「アイデンティティ(101)」、「血統に付与された神聖なる意味(102)」などの要因に帰することなく、潜在的に説得力のある説明を提供してくれるのである。

認知的視座はまた、状況主義的立場をあらためて明確化し、かつ強化することにも役立つ(103)。状況主義者はエスニシティを状況に応じて変化する、文脈依存的なものと特徴づけてきた。しかし、それはどう作用するものなのだろうか。例えばオカムラは、エスニック・アイデンティティは「行為者が行為者自身の置かれた状況について抱く主観的認知」と「行為者がエスニシティをその状況における有意な要因ととらえ、それに付与する顕現性」によって作動すると述べている。(104) しかしそこで、何が状況の認知や認知されたエスニシティの顕現性の高さを左右しているのであろうか。ここで多くの場合、狭い道具主義的な説明が用いられる。つまり、個人が自分の利害に合致するよう戦略的にエスニシティを操作、配置、動員し、あるいは軽視するというわけである。このような意図的で計算されたエスニシティの操作はたしかに起こる。しかし状況主義的視座は、状況に応じた認知上の変化を可能にし誘発するミクロなメカニズムについて、状況主義的視座に限定されないより広い視点から説明することで、さらに強力なものになるであろう。

私たちが先に見たように、認知的視座は、認知のほとんど（特に図式によって左右される認知）が意図的でコントロールされたものではなく、意識されず、なかば自動的なものであることを明らかにしていた。これは、道具的利益を追求するための、エスニックな準拠枠組の明示的・意図的で計算された戦略的利用が、エスニシティの状況的な変化・変異を説明する観点としてそれほど重要ではないということを意味している。認知的視座から見れば、社会関係のエスニックな（および非エスニックな）見方・解釈の仕方・経験の仕方が、直近の状況的暗示《キュー》によって無意識のうちに「引き金」を引かれ、作動する経緯の方がより重要であろう。(105) フレーミングの過程に注目することもまた、エスニシティの顕現性の変化やエスニック化された言論の共鳴性の変化を説明するうえで有益になる。(106) エスニックな見方や語り方を通底する認知過程を明らかにすることにより、認知的視座は「状況的エスニシティ」をより良く説明するためのミクロな基礎を提供することができる。

いったんそれぞれの立場を認知的観点から明確化しなおすと、原初主義的説明と状況主義的説明とが相互に排他的である必要はないということが明らかになる。前者が真のあるいは想定された人間の差異を自然化し、本質化する普遍的傾向性（のように見えるもの）を説明するのに役立つのに対して、後者はいかにしてエスニシティがある特定の文脈で有意味になり、重要になるのかを説明するのに役立つ。両者は相互に矛盾しているというよりも、異なった問題に向けられていると見ることができる。すなわち原初主義の問いは「いかに集団が認知され、「庶民の社会学」が構築され、維持されるのか」に向けられ、状況主義の問いは「いかにエスニシティが実践の相互作用のなかで作動するのか」に向けられている。

5. 結論

私たちはこれまで、認知的視座が研究領域としてのエスニシティを概念化する新しい方法を提起していると論じてきた。認知的視座は、経験を理解・解釈・フレーミングする方法としてエスニシティを扱うことにより、実体主義的ないし集団主義的な存在論への代替案を提起しているのである。認知的視座は、エスニシティ・人種・ネーションを複数の研究領域ではなく、単一の研究領域として扱うべき強力な根拠を与えている。さらにこの視座は、エスニシティに関する原初主義的説明と状況主義的説明のあいだの長い論争を再構成する、新鮮で実り多い方法を示してもいる。くわえて、認知研究の経験的知見と概念的道具《ツール》は、人種・エスニシティ・ナショナリズムのミクロなダイナミズムをマクロレベルの構造や過程に結びつけるメカニズムについて明らかにしてくれる。

　認知研究にまともに取り組んでしまうと、社会構築主義の了解事項を手放し、心理主義的・個人主義的アプローチに陥る危険があると考える懐疑論者もいるだろう。そこで私たちは結論において、認知研究は決して本来的に個人主義的なものではないということに注意を喚起したい。「心的（mental）」な領域は個人の領域と同一ではない。私たちが関心をもっている種類の知識、すなわち社会的世界が人種・エスニシティ・ネーションの観点で経験される際に用いられている認知と解釈の図式は、二重の意味で社会的である。すなわちそれは、社会的対象についての社会的に共有された知識なのである。エスニシティ研究への認知的アプローチは、私たちの関心を個人の心理学ではなく、文化と認知、ミクロとマクロをリンクさせる「社会心的（sociomental）」[107]な現象へと向かわせる。[108]要するに、認知的構築こそが社会的構築なのである。認知的な過程とメカニズムにおいてのみ、またそれらを介することによってのみ、人種・エスニシティ・ネーションが社会的に構築されることがよく理解できるのである。

　認知的視座はまた、ほとんどの構築主義のもつエリート的バイアスを修正することにより、構築主義の了解事項を改善することもできる。ここでエリート的バイアスとは、政治的活動家、上級の国家官僚、公共的知識人などによる人目につきやすい構築過程に注目し、それほど人目につかない（あまり「建設的」でない）普通の人々の日常生活における活動を無視する傾向のことを指している。社会運動研究におけるフレーミング論の「内部批判」のなかで、ベンフォードは「一般人」によるフレーミングの研究が必要であると指摘している。(109) 同じように、社会構築主義は人種・エスニシティ・ネーションの「現実」についての「一般人」の構築を研究する必要がある。認知研究はそのような研究のための概念用語と分析道具《ツール》を提供する。

最後に、認知的視座は人種・エスニシティ・ネーションの関係論的でダイナミックな性質を把握しようという構築主義の願望を実現するための手助けになる。認知的視座は人種・エスニシティ・ネーションを、カテゴリー化し、コード化し、フレーミングし、解釈する反復的・蓄積的過程のもたらす流動的で不確定な産物として扱うからである。「人種とは何か」「エスニック集団とは何か」「ネーションとは何か」を問うのではなく、人々がいかに、いつ、なぜ社会的経験を人種、エスニシティ、あるいはネーションの観点によって解釈するのかを問おうとするのが認知的視座なのである。

私たちが人種・エスニシティ・ネーションと呼ぶ現象は、たしかに近代社会のなかで最も重要な社会構造や文化構造に属し、最も重要な社会運動や政治運動に属する。しかし人種・エスニシティ・ネーションは名もなき無数の諸個人が日常的に考え、語り、活動する過程の中で日々再生産されることによってのみ存在し続けている。このことは原則としては広く認められている。だが、その日々の再生産のメカニズムについてはあまり知られていない。社会的世界の視界《ヴィジョン》と区分《ディヴィジョン》という重要原理が、意味のなさそうに見える日常行動のなかで作用する過程を明確化することにより、世界一般のなかでこの原理が作用する過程を理解すること。これに寄与することを認知的視座はめざしている。

[注]

1　これは単に「エスニシティ・人種・ネーション」を繰り返す煩わしさを避けるための方法でもある。だがそれは、エスニシティ、人種、ネーションはそれぞれに区別された領域としてではなく、一まとまりの領域として扱うことが最良であるという私たちの考え方を反映しているものでもある。このことについては、本章の最後の節で論じる。

2　「認知的転回」は二〇世紀最後の三〇年間における最も重要な知的発展のひとつであり、人文科学の様々な分野を変化させた。例えば心理学を革新し、言語学での論争を刷新し、人類学に新たな下位分野をつくり、人工知能や認知科学のようなまったく新しい学問分野を生み出した。社会学や社会学に関連する分野では、認知的転回は新たな研究領域や新たな分析志向を開拓した。とりわけ組織、境界、リスク、知識社会学、社会運動の研究に影響を与えている。しかし、エスニシティ研究の分野では、本章で私たちが論じる理由により、認知的転回はまだ始まったばかりであり、大部分は明示的でない。認知的転回についての広範な概観として Howard Gardner, *The Mind's New Science* (New York: Basic Books, 1987) を参照されたい。心理学については B. J. Baars, *The Cognitive Revolution in Psychology* (New York: Guilford, 1986)、言語学については Noam Chomsky, "A Review of B. F. Skinner's Verbal Behavior," in Jerry A. Fodor and Jerrold J. Katz, eds., *The Structure of Language: Readings in the Philosophy of Language* (Englewood Cli¡s, N.J.: Prentice-Hall, 1964 [1959]), pp.547-78, 哲学については Jerry A. Fodor, *The Modularity of Mind* (Cambridge, Mass.: MIT Press, 1983)［=1985, 伊藤笏康・信原幸弘訳『精神のモジュール形式――人工知能と心の哲学』産業図書］、人類学については Roy G. D'Andrade, *The Development of Cognitive Anthropology* (New York: Cambridge University Press, 1995) をそれぞれ参照されたい。社会学の認知的転回については Paul J. DiMaggio and Walter W. Powell, "Introduction," in Walter W. Powell and Paul J. DiMaggio, eds., *The New Institutionalism in Organizational Analysis* (Chicago: University of Chicago Press, 1991), esp.pp.14-27, Paul DiMaggio, "Culture and Cognition," *Annual Review of Sociology* 23 (1997):

263-87, Eviatar Zerubavel, *The Fine Line: Making Distinctions in Everyday Life* (New York: The Free Press, 1991), Eviatar Zerubavel, *Social Mindscapes: An Invitation to Cognitive Sociology* (Cambridge: Harvard University Press, 1997), Karen A. Cerulo, ed., *Culture In Mind: Toward a Sociology of Culture and Cognition* (New York: Routledge, 2002), Michéle Lamont and Virág Molnár, "The Study of Boundaries in the Social Sciences," *Annual Review of Sociology* 28 (2002): 167-95, Carol A. Heimer, "Social Structure, Psychology and the Estimation of Risk," *Annual Review of Sociology* 14 (1988): 491-519, Ann Swidler and Jorge Arditi, "The New Sociology of Knowledge," *Annual Review of Sociology* 20 (1994): 305-29 などを参照されたい。ゴッフマンのフレーミングについての研究を通じて、認知的転回は社会運動研究にも影響を与えている。Erving Goffman, *Frame Analysis* (San Francisco: Harper Colophon Books, 1974), David A. Snow, E. B. Rochford Jr., Steven K. Worden and Robert D. Benford, "Frame Alignment Processes, Micromobilization, and Movement Participation," *American Sociological Review* 51 (1986): 464-81, David A. Snow and Robert D. Benford, "Ideology, Frame Resonance, and Participant Mobilization," *International Social Movement Research* 1 (1988): 197-217, William A. Gamson and Andre Modigliani, "Media Discourse and Public Opinion on Nuclear Power: A Constructionist Approach," *American Journal of Sociology* 95 (1989): 1-37, William A. Gamson, *Talking Politics* (New York: Cambridge University Press, 1992), Hank Johnston, "A Methodology for Frame Analysis: From Discourse to Cognitive Schemata" in Hank Johnston and Bert Klandermans, eds., *Social Movements and Culture* (Minneapolis: University of Minnesota Press, 1995), 217-46 などを参照されたい。政治学に関しては Richard Herrmann, "The Empirical Challenge of the Cognitive Revolution: A Strategy for Drawing Inferences About Perceptions," *International Studies Quarterly* 32 (1988): 175-203, 経済学に関しては Herbert Simon et al., *Economics, Bounded Rationality and the Cognitive Revolution*, Massimo Egidi and Robin Marris, eds. (Brookfield, VT: Edward Elgar, 1992), 科学史に関しては Nancy J. Nersessian, "Opening the Black Box: Cognitive Science and History of Science," *Osiris* 10 (1995): 194-211, 歴史学に関しては Kenneth Gouwens, "Perceiving the Past: Renaissance Humanism After the 'Cognitive Turn,'" *American Historical Review* 103 (1998): 55-82 をそれぞれ参照されたい。

3　この点において、私たちはディマジオの論文“Culture and Cognition”に従う。この論文は認知研究の知見を文化の研究に適用したものである。Paul J. DiMaggio, “Why Cognitive (and Cultural) Sociology Needs Cognitive Psychology” in Cerulo, ed., *Culture In Mind*, pp.274-81 も参照されたい。

4　Rogers Brubaker, “Ethnicity without Groups,” *Archives européenes de sociologie* XLIII/2 (2002): 163-89 を参照されたい。

5　Émile Durkheim and Marcel Mauss, *Primitive Classification* (London: Cohen & West, 1963 [1903]), Claude Lévi-Strauss〔=1980, 小関藤一郎訳『分類の未開形態』法政大学出版局〕, *The Savage Mind* (Chicago: University of Chicago Press, 1966)〔=1976, 大橋保夫訳『野生の思考』みすず書房〕, Rodney Needham, *Symbolic Classification* (Santa Monica, California: Goodyear Publishing Company, 1979).

6　Fredrik Barth, “Introduction” in Fredrik Barth, ed., *Ethnic Groups and Boundaries: The Social Organization of Cultural Difference* (London: Allen & Unwin, 1969), pp.9-38.

7　Richard Jenkins, *Rethinking Ethnicity* (London: SAGE, 1997) を参照されたい。分類とカテゴリー化は、この分野の研究動向についての近年のいくつかの概説のなかで中心的なものになっている。例えば Marcus Banks, *Ethnicity: Anthropological Constructions* (London: Routledge, 1996), Stephen Cornell and Douglas Hartmann, *Ethnicity and Race: Making Identities in a Changing World* (Thousand Oaks: Pine Forge Press, 1998), Thomas H. Eriksen, *Ethnicity and Nationalism: Anthropological Perspectives* (London: Pluto Press, 1993)〔=2006, 鈴木清史訳『エスニシティとナショナリズム――人類学的視点から』明石書店〕、Steve Fenton, *Ethnicity: Racism, Class and Culture* (Lanham: Rowman & Littlefield, 1999) などがその例である。また、Scott Leon Washington, “Social Classification: An Integrative Approach,”（査読中の草稿）(2002) はエスニシティとナショナリティをジェンダー、年齢、階級、カースト、セクシュアリティとともに「社会的分類の原初形態」として扱っている。

8　Loïc Wacquant, “For an Analytic of Racial Domination,” *Political Power and Social Theory* 11 (1997): 221-34, 229.

9　Bernard Boxill, “Introduction” in Bernard Boxill, ed., *Race and Racism* (Oxford: Oxford University Press, 2001), p.1.

10 http://www.aaanet.org/stmts/racepp.htm を参照されたい。

11 Michael Omi and Howard Winant, *Racial Formation in the United States: From the 1960s to the 1990s*, 2nd edition (New York: Routledge, 1994), p.4. たしかに、人種についての研究の多くにおいて（またエスニックやナショナル、その他のアイデンティティについての研究のいくつかにおいても）、構築主義的な用語法が本質主義的、あるいは少なくとも実体主義的な前提を覆い隠している（Mara Loveman, "Is 'Race' Essential?" *American Sociological Review* 64 (1999): 891-8; Rogers Brubaker and Frederick Cooper, "Beyond 'Identity,'" *Theory and Society* 29/1 (2000): 1-47）。

12 Hugh Seton-Watson, *Nations and States* (Boulder, CO: Westview, 1977), p.5.

13 Katherine Verdery, "Whither 'Nation' and 'Nationalism,'" *Daedalus* 122 (1993): 37.

14 Rogers Brubaker, *Nationalism Reframed: Nationhood and the National Question in the New Europe* (New York: Cambridge University Press, 1996), Chapter 1.

15 境界、カテゴリー、分類へのこの焦点の転換は、エスニシティそれ自体を中心的テーマにする研究だけでなく、社会的排除や格差といったより広くより一般的な社会的過程をテーマとする最近の研究でも明らかである。例えば、Charles Tilly, *Durable Inequality* (Berkeley: University of California Press, 1998) を参照されたい。この研究は、「持続する格差」の構造とダイナミズムについての理論的議論において「カテゴリー的格差」が重要であるとしている。

16 Graham Burchell, Colin Gordon and Peter Miller, eds., *The Foucault Effect: Studies in Governmentality* (Chicago: University of Chicago Press, 1991).

17 Pierre Bourdieu, "Rethinking the State: Genesis and Structure of the Bureaucratic Field," *Sociological Theory* 12/1 (1994): 1-18.

18 例えば、Crawford Young, *The Politics of Cultural Pluralism* (Madison: University of Wisconsin Press, 1976); Clifford Geertz, "The Integrative Revolution" in Clifford Geertz, ed., *Old Societies and New States: The Quest for Modernity in Asia and Africa* (New York: Free Press, 1963), 105-57; Donald L. Horowitz, *Ethnic Groups in Conflict*

(Berkeley, CA: University of California Press, 1985) を参照されたい。

19 Benedict Anderson, *Imagined Communities: Reflections on the Origin and Spread of Nationalism* (London: Verso, 1991 [1983]) [=2007, 白石隆・白石さや訳『定本　想像の共同体——ナショナリズムの起源と流行』書籍工房早山], Chapter 10; Arjun Appadurai, *Modernity at Large: Cultural Dimensions of Globalization* (Minneapolis: University of Minnesota Press, 1996); Nicholas B. Dirks, "Castes of Mind: the Original Caste," *Representations* 37 (1992): 56-78; Charles Hirschman, "The Making of Race in Colonial Malaya: Political Economy and Racial Ideology," *Sociological Forum* 1 (1986): 330-61; Robert H. Jackson, *Race, Caste, and Status: Indians in Colonial Spanish America* (Albuquerque: University of New Mexico Press, 1999); Robert H. Jackson and Gregory Maddox, "The Creation of Identity: Colonial Society in Bolivia and Tanzania," *Comparative Studies in Society and History* 35 (1993): 263-84.

20 Silvana Patriarca, *Numbers and Nationhood: Writing Statistics in Nineteenth-Century Italy* (Cambridge: Cambridge University Press, 1996); David I. Kertzer and Dominique Arel, *Census and Identity: The Politics of Race, Ethnicity, and Language in National Censuses* (Cambridge: Cambridge University Press, 2002), 5-6; Melissa Nobles, *Shades of Citizenship: Race and the Census in Modern Politics* (Stanford: Stanford University Press, 2000); Mara Loveman, "Nation- State Building, 'Race,' and the Production of Official Statistics: Brazil in Comparative Perspective," Ph.D. Dissertation (University of California, Los Angeles, 2001).

21 Paul Starr, "The Sociology of Official Statistics," in William Alonso and Paul Starr, eds., *The Politics of Numbers* (New York: Russell Sage Foundation, 1987), pp.7-57; Joan Nagel, "American Indian Ethnic Revival: Politics and the Resurgence of Identity," *American Sociological Review* 60 (1995): 947-65; William Petersen, "Politics and the Measurement of Ethnicity," in Alonso and Starr, eds., *The Politics of Numbers*; William Petersen, *Ethnicity Counts* (New Brunswick: Transaction, 1997).

22 Ian Hacking, "Making Up People" in Thomas C. Heller, Morton Sosna and David E. Wellbery, eds., *Reconstructing Individualism: Autonomy, Individuality, and the Self in Western Thought* (Stanford: Stanford University Press, 1986),

pp.222-36.

23 David T. Goldberg, "Taking Stock: Counting by Race" in Goldberg, *Racial Subjects: Writing on Race in America* (New York: Routledge, 1997), pp.29-30.

24 Goldberg, "Taking Stock," p.30.

25 Jenkins, *Rethinking Ethnicity*, p.69.

26 Michael Burleigh and Wolfgang Wippermann, *The Racial State: Germany 1933-1945* (New York: Cambridge University Press, 1991)［=2001, 柴田敬二訳『人種主義国家ドイツ ―― 1933-45』刀水書房］

27 Geoffrey C. Bowker and Susan L. Star, *Sorting Things Out: Classification and Its Consequences* (Cambridge: MIT Press, 1999), Chapter 6.

28 Timothy Longman, "Identity Cards, Ethnic Self-Perception, and Genocide in Rwanda" in Jane Caplan and John Torpey, eds., *Documenting Individual Identity: The Development of State Practices in the Modern World* (Princeton: Princeton University Press, 2001), pp.345-57; James Fussell, "Group Classification on National ID Cards as a Factor in Genocide and Ethnic Cleansing," presented on November 15, 2001 to the Seminar Series of the Yale University Genocide Studies Program http://www.preventgenocide.org/prevent/removing-facilitating- factors/IDcards/. 国ごとの報告として以下のサイトを参照されたい。 http://www.preventgenocide.org/prevent/removing-facilitating-factors/IDcards/survey/

29 Veljko Vujacic and Victor Zaslavsky, "The Causes of Disintegration in the USSR and Yugoslavia," *Telos* 88 (1991): 120-40; Philip G. Roeder, "Soviet Federalism and Ethnic Mobilization," *World Politics* 43 (1991): 196-232; Yuri Slezkine, "The USSR As a Communal Apartment, or How a Socialist State Promoted Ethnic Particularism," *Slavic Review* 53 (1994): 414-52; Rogers Brubaker, "Nationhood and the National Question in the Soviet Union and Post-Soviet Eurasia," *Theory and Society* 23 (1994): 47-78; Terry D. Martin, *An Affirmative Action Empire: Nations and Nationalism in the Soviet Union, 1923-1939* (Ithaca: Cornell University Press, 2001)［=2011, 半谷史郎監訳『アファーマティヴ・アクションの帝国 ―― ソ連の民族とナショナリズム１９２３年～１９３９年』明石書店］

30 Marvin Harris, "Referential Ambiguity in the Calculus of Brazilian Racial Identity," *Southwestern Journal of Anthropology* 26 (1970): 1-14; Roger Sanjek, "Brazilian Racial Terms: Some Aspects of Meaning and Learning," *American Anthropologist* 73 (1971): 1126-43.

31 例えば Roger Sanjek, "Cognitive Maps of the Ethnic Domainin Urban Ghana: Reflections on Variability and Change" in Ronald W. Casson, eds., *Language, Culture, and Cognition* (New York: Macmillan, 1981), pp.305-28; Edmund Ronald Leach, *Political Systems of Highland Burma: A Study of Kachin Social Structure* (Cambridge: Harvard University Press, 1954); Peter Kunstadter, "Ethnic Group, Category and Identity: Karen in Northern Thailand" in Charles F. Keyes, ed., *Ethnic Adaptation and Identity: The Karen on the Thai Frontier With Burma* (Philadelphia: Institute for the Study of Human Issues, 1979), 119-63; Michael Moerman, "Ethnic Identification in a Complex Civilization: Who Are the Lue?" *American Anthropologist* 67/1 (1965): 1215-30 などを参照されたい。

32 Gerd Baumann, *Contesting Culture: Discourses of Identity in Multi-Ethnic London* (Cambridge: Cambridge University Press, 1996); Jack Alexander, "The Culture of Race in Middle-Class Kingston, Jamaica," *American Ethnologist* 4 (1977): 413-35; Nancy E. Levine, "Caste, State, and Ethnic Boundaries in Nepal," *Journal of Asian Studies* 46/1 (1987): 71-88; Gerald D. Berreman, "Social Categories and Social Interaction in Urban India," *American Anthropologist* 74 (1972): 567-86; Virginia R. Dominguez, *White by Definition* (New Brunswick: Rutgers University Press, 1986); Paul Kay, "Tahitian Words for Race and Class," *Journal de la Société des Océ anistes* 39 (1978): 81-93; Sanjek, "Cognitive Maps of the Ethnic Domain in Urban Ghana: Reflections on Variability and Change"; Paul D. Starr, "Ethnic Categories and Identification in Lebanon," *Urban Life* 7 (1978): 111-42.

33 実践的カテゴリー化の可変性と文脈依存性はエスニシティの領域に限られない。近代社会において、公式に認可された分類図式は様々な組織の場で利用されている。しかし、これらの場の当事者は、彼ら自身の「庶民（folk）」の分類法を発展させ、日常の諸課題を実行する際の指針としている。例えば、それは緊急時の医者（Robert Dingwall, "Categorization in Accident Departments: 'Good' Patients, 'Bad' Patients, and 'Children,'" *Sociology of Health and Illness* 5 (1983): 127-48）や米国の移民審査官（Janet A. Gilboy, "Deciding Who Gets In:

Decision making by Immigration Inspectors," *Law & Society Review* 25/3 (1991): 571-99）の事例に見られる。同じように、近代国家は職業や社会階級を分類するための図式をコード化し、高度に発展させているが（S. R. S. Szreter, "The Official Representation of Social Classes in Britain, the United States, and France: the Professional Model and 'Les Cadres,'" *Comparative Studies in Society and History* 35 (1993): 285-317）、日常的な職業や階級のカテゴリー化は可変的で文脈依存的なものである（Luc Boltanski and Laurent Thévenot, "Finding One's Way in Social Space: A Study Based on Games," *Social Science Information* 22 (1983): 631-80）。

34　カテゴリーについてのサックスの議論は、Harvey Sacks, *Lectures on Conversation*, edited by Gail Jefferson (Oxford: Blackwell, 1995), I, pp.40-8, 333-40, 396-403, 578-96; II, pp.184-7 を参照されたい。

35　Michael Moerman, "Accomplishing Ethnicity," in Roy Turner, ed., *Ethno-methodology: Selected Readings* (Baltimore: Penguin Education, 1974), 54-68; Dennis Day, "Being Ascribed, and Resisting, Membership of an Ethnic Group," in Charles Antaki and Sue Widdicombe, eds., *Identities in Talk* (London: Sage, 1998), 151-70; Emanuel A. Schegloff, "Conversation Analysis, Then and Now," paper prepared for American Sociological Association Annual Meetings (2002); Rogers Brubaker, Jon Fox, Liana Grancea and Margit Feischmidt, *Nationalism and Ethnicity in a Transylvanian Town*, book manuscript (2004) を参照されたい。

36　Charles Antaki and Sue Widdicombe, eds., *Identities in Talk* (London: Sage, 1998), p.2.

37　注目すべき例外は、ホロヴィッツの古典的な研究 *Ethnic Groups in Conflict* である。この研究は、政治組織体が拡大・縮小するとともに変化するエスニック・アイデンティティの程度を、社会的判断理論における同化効果と対比効果を利用して説明しようとしている。より最近のものとしては Hal B. Levine, "Reconstructing Ethnicity," *Journal of the Royal Anthropological Institute* (New Series) 5 (1999): 165-80 や Francisco Gil-White, "Are Ethnic Groups Biological 'Species' to the Human Brain? Essentialism in Our Cognition of Some Social Categories," *Current Anthropology* 42 (2001): 515-54 がある。

38　DiMaggio, "Culture and Cognition," pp.264-6.

39　Zerubavel, *Social Mindscapes*, p.5.

40 Derek Edwards, "Categories Are for Talking: On the Cognitive and Discursive Bases of Categorization," *Theory and Psychology* 1 (1991): 517.

41 Ibid. 認知主義への言説論からの批判としては Michael Billig, "Prejudice, Categorization and Particularization: From a Perceptual to a Rhetorical Approach," *European Journal of Social Psychology* 15 (1985): 79-103, Jonathan Potter and Margaret Wetherell, *Discourse and Social Psychology: Beyond Attitudes and Behaviour* (London: Sage, 1987), Derek Edwards and Jonathan Potter, *Discursive Psychology* (London: Sage, 1992), Derek Edwards, *Discourse and Cognition* (London: Sage, 1997) などを参照されたい。

42 Edwards, *Discourse and Cognition*, 32, 19.

43 DiMaggio, "Culture and Cognition"; Edwards and Potter, *Discursive Psychology*, pp.14-5, 21, 23.

44 George Lakoff, *Women, Fire, and Dangerous Things: What Categories Reveal About the Mind* (Chicago: University of Chicago Press, 1987)［=1933, 池上嘉彦・河上誓作訳『認知意味論——言語から見た人間の心』紀伊國屋書店］, pp.5-6.

45 Eleanor Rosch, "Principles of Categorization" in Eleanor Rosch and Barbara B. Lloyd, eds., *Cognition and Categorization* (Hillsdale, NJ: Lawrence Erlbaum Associates, 1978), p.28.

46 Douglas L. Medin, "Concepts and Conceptual Structure," *The American Psychologist* 44 (1989): 1469-81.

47 ステレオタイプに関する膨大な社会心理学的研究については David L. Hamilton and Jeffrey W. Sherman, "Stereotypes" in Robert S. Wyer and Thomas K. Srull, eds., *Handbook of Social Cognition*, 2nd edition (Hillsdale, NJ: L. Erlbaum Associates, 1994), pp.1-68 を参照されたい。

48 Hamilton and Sherman, "Stereotypes," pp.2-3.

49 Gordon W. Allport, *The Nature of Prejudice* (Cambridge, MA: Addison-Wesley Publishing Co., 1954).

50 Jerome S. Bruner, "Going Beyond the Information Given" in Bruner, *Beyond the Information Given: Studies in the Psychology of Knowing*, edited by Jeremy M. Anglin (Cambridge: Harvard University Press, 1973 [1957]), pp.218-38.

51 Patricia G. Devine, "Stereotypes and Prejudice: Their Automatic and Controlled Components," *Journal of*

Personality and Social Psychology 56 (1989): 5-18.

52 Henri Tajfel and John Turner, "The Social Identity Theory of Intergroup Behavior" in Stephen Worchel and William G. Austin, eds., *Psychology of Intergroup Relations* (Chicago: Nelson-Hall Publishers, 1986), p.13. 修正されたリサーチ・デザインを用いた研究は、内集団偏好の産出において「単なるカテゴリー化」以上のものが作用しているらしいということを結果として示している。「集団図式」と競合の妥当性に関する付加的な情報との組み合わせが、内集団偏好を生み出す認知的メカニズムになるとされている（Chester A. Insko and John Schopler, "Categorization, Competition, and Collectivity," in Clyde Hendrick, ed., *Group Processes* (Newbury Park: Sage, 1987), pp.213-51）。

53 Michael A. Hogg and Dominic Abrams, *Social Identifications: A Social Psychology of Intergroup Relations and Group Processes* (London: Routledge, 1988), p.19.

54 人は外集団が内集団よりも均質であると判断することを示す研究として、David M. Messick and Diane M. Mackie, "Intergroup Relations," *Annual Review of Psychology* 40 (1989): 55-9 を参照されたい。

55 Levine, "Reconstructing Ethnicity," p.169.

56 Donald T. Campbell, "Common Fate, Similarity, and Other Indices of the Status of Aggregates of Persons As Social Entities," *Behavioral Science* 3 (1958): 14-25; David L. Hamilton and Steven J. Sherman, "Perceiving Persons and Groups," *Psychological Review* 103 (1996): 336-55; David L. Hamilton, Steven J. Sherman and Brian Lickel, "Perceiving Social Groups: The Importance of the Entitativity Continuum" in Constantine Sedikides, John Schopler and Chester A. Insko, eds., *Intergroup Cognition and Intergroup Behavior* (Mahwah, NJ: Lawrence Erlbaum Associates, 1998), 47-74; Steven J. Sherman, David L. Hamilton and Amy C. Lewis, "Perceived Entitativity and the Social Identity Value of Group Memberships" in Dominic Abrams and Michael A. Hogg, eds., *Social Identity and Social Cognition* (Oxford: Blackwell, 1999), pp.80-110.

57 概観として David E. Rumelhart, "Schemata: The Building Blocks of Cognition" in Rand J. Spiro, Bertram C. Bruce and William F. Brewer, eds., *Theoretical Issues in Reading Comprehension: Perspectives From Cognitive*

Psychology, Linguistics, Artificial Intelligence, and Education (Hillsdale, N.J.: Lawrence Erlbaum Associates, 1980), pp.33-58, Ronald W. Casson, "Schemata in Cognitive Anthropology," *Annual Review of Anthropology* 12 (1983): 429-62, Hazel Markus and R. B. Zajonc, "The Cognitive Perspective in Social Psychology" in Gardner Lindzey and Elliot Aronson, eds., *Handbook of Social Psychology*, 3rd edition (New York: Random House, 1985), 137-230, D'Andrade, *The Development of Cognitive Anthropology*, Chapter 6; Claudia Strauss and Naomi Quinn, *A Cognitive Theory of Cultural Meaning* (Cambridge: Cambridge University Press, 1997), Chapter 3 などを参照されたい。

58 Pierre Bourdieu, *Outline of a Theory of Practice* (Cambridge: Cambridge University Press, 1977); Anthony Giddens, *The Constitution of Society* (Los Angeles: University of California Press, 1984);（これらを総合したものとして）William H. Sewell Jr., "A Theory of Structure: Duality, Agency, and Transformation," *American Journal of Sociology* 98 (1992): 1-29; DiMaggio, "Culture and Cognition."

59 Goffman, *Frame Analysis*; Gamson, *Talking Politics*; Johnston, "A Methodology for Frame Analysis."

60 Casson, "Schemata in Cognitive Anthropology," p.440.

61 D'Andrade, *The Development of Cognitive Anthropology*, p.132; Roy G. D'Andrade, "The Cultural Part of Cognition," *Cognitive Science* 5 (1981): 179-95; Zerubavel, *Social Mindscapes*. を参照されたい。

62 Rumelhart, "Schemata," 39; Casson, "Schemata in Cognitive Anthropology," p.438; D'Andrade, *The Development of Cognitive Anthropology*, pp.122, 136.

63 D'Andrade, *The Development of Cognitive Anthropology*, p.136.

64 Susan T. Fiske, "Schema-Based Versus Piecemeal Politics: A Patchwork Quilt, but Not a Blanket of Evidence," in Richard R. Lau and David O. Sears, eds., *Political Cognition: The 19th Annual Carnegie Symposium on Cognition* (Hillsdale, NJ: Lawrence Erlbaum, 1986), pp.41-53.

65 D'Andrade, *The Development of Cognitive Anthropology*, p.180.

66 Bourdieu, *Outline of a Theory of Practice*; Pierre Bourdieu, *The Logic of Practice* (Stanford: Stanford University Press, 1990a)［=2001, 今村仁司・港道隆訳『実践感覚１・２』みすず書房］; Andreas Wimmer, "Variationen

über ein Schema. Zur Infrapolitik des Denkens am Beispiel eines Mythos der Mixe," *Zeitschrift für Ethnologie* 120 (1995): 51-71, 62ff.; Strauss and Quinn, *A Cognitive Theory of Cultural Meaning*, pp.44-7. 図式概念は「道具箱（toolkit）」としての文化というメタファーと強く共鳴していて、文化的「道具」が実際にいかに用いられているのか特定する方法の一つである（Ann Swidler, "Culture in Action: Symbols and Strategies," *American Sociological Review* 51 (1986): 273-86; DiMaggio, "Culture and Cognition"; DiMaggio, "Why Cognitive (and Cultural) Sociology Needs Cognitive Psychology"を参照されたい）。近年影響力の強い文化分析の方法は、シンボル間の意味論的関係を優先して議論するが（その分析と批判としてRichard Biernacki, "Method and Metaphor After the New Cultural History" in Victoria E. Bonnell and Lynn Hunt, eds., *Beyond the Cultural Turn: New Directions in the Study of Society and Culture* [Berkeley: University of California Press, 1999], pp.62-92を参照されたい）、図式概念はシンボルの語用論について、すなわちシンボルや観念がいかに表象され、呼び出され、伝えられ、普及し、作動させられ、使い古され、無視されるかについて、私たちの関心を向かわせる。

67　Casson, "Schemata in Cognitive Anthropology," 431-2; D'Andrade, *The Development of Cognitive Anthropology*, pp.123, 136, 139f.

68　DiMaggio, "Culture and Cognition," p.274. 図式はその利用可能性や顕現性の点で様々である。絶えず利用可能であったり、容易かつ頻繁に作動するような図式、いったん作動すると顕現性が際立つような図式は、稀にしか作動しなかったり、顕現性に欠ける図式よりも経験を組織化し、世界解釈を構造化するものとしてより重要である。しかし、作動中でかつ顕現性の高い場合であっても、通常は特定の図式が、特定の振る舞いに直接的に作用するわけではない（Markus and Zajonc, "The Cognitive Perspective in Social Psychology," pp.162-3）。むしろ図式は、間接的で相互作用的な方法で（例えば目的を活性化するなどして）行動を方向づけていく（Roy G. D'Andrade, "Some Propositions about the Relations Between Culture and Human Cognition" in James W. Stigler, Richard A. Shweder and Gilbert H. Herdt, eds., *Cultural Psychology: Essays on Comparative Human Development* (Cambridge: Cambridge University Press, 1990), pp.115-8.）。

69　概説としてCasson, "Schemata in Cognitive Anthropology"; D'Andrade, *The Development of Cognitive*

Anthropology; Naomi Quinn and Dorothy Holland, "Culture and Cognition" in Dorothy Holland and Naomi Quinn, eds., *Cultural Models in Language and Thought* (Cambridge: Cambridge University Press, 1987), pp.3-40を参照されたい。

70 Medin, "Concepts and Conceptual Structure."

71 Lakoff, *Women, Fire, and Dangerous Things*, p.6.

72 Roger Schank and Robert Abelson, *Scripts, Plans, Goals and Understanding* (Hillsdale, N.J.: Lawrence Erlbaum Associates, 1977).

73 Herbert Blumer, "Race Prejudice As a Sense of Group Position," *Pacific Sociological Review* 1/1 (1958): 3-7; Lawrence D. Bobo, "Prejudice As Group Position: Microfoundations of a Sociological Approach to Racism and Race Relations," *Journal of Social Issues* 55/3 (1999): 445-72.

74 「集団主義」の分析と批判についてはBrubaker, "Ethnicity without Groups"を参照されたい。

75 米国における多様性の多元主義的およびコスモポリタン的理解についてはDavid A. Hollinger, *Postethnic America: Beyond Multiculturalism* (New York: Basic Books, 1995)を参照されたい。同じように（想定上）境界づけられたエスノ宗教的・エスノ文化的集団を物象化してとらえる、イギリスの公共的言論で影響力をもつ「エスニック還元主義」についての批判としてBaumann, *Contesting Culture*（特に1章と2章）を参照されたい。文化を境界づけられた全体としてとらえる物象化された集団主義的理解は、近年そのような文化概念が人類学や社会学の理論によって強く批判されるなか、皮肉にも多文化主義のイデオロギーと実践のなかで制度化されてきた。例えば、Steven Vertovec, "Multiculturalism, Culturalism and Public Incorporation," *Ethnic and Racial Studies* 19 (1996): 49-69; Lila Abu-Lughod, "Writing Against Culture" in Richard G. Fox, ed., *Recapturing Anthropology: Working in the Present* (Santa Fe, NM: School of American Research Press, 1991), pp.137-62; Straus and Quinn, *A Cognitive Theory of Cultural Meaning*などを参照されたい。

76 エマニュエル・シェグロフが私たちに気づかせてくれたように、この表現は誤解を招くかもしれない。なぜなら、世界についての見方は（大学一年生が受講する「社会学入門」の学生が皆教えられるように）それ自体が世界のなかにあり、他の事物とまったく同様に「現実的《リアル》」なものなのである（しかし、人種・エスニシティ・ネーションは実体的実在としてではなく、世界についての見方として「世界のなかに」ある）。

77 集団の実体主義的概念や、集団および階級の主観主義的理解と客観主義的理解との虚偽の対立についてのブルデューの批判がここで関連してくる（例えば Pierre Bourdieu, "The Social Space and the Genesis of Groups," *Theory and Society* 14/6 (1985): 723-44; Pierre Bourdieu, "Social Space and Symbolic Power" in Pierre Bourdieu, *In Other Words: Essays Towards a Reflexive Sociology* (Stanford: Stanford University Press, 1990)［=1991, 石崎晴己訳『構造と実践――ブルデュー自身によるブルデュー』藤原書店］, pp.122-39 を参照されたい）。ブルデューは特にエスニシティについて書いているわけではないが、彼の地域主義に関する論文はエスニシティ研究にとってもきわめて示唆に富むものである（Pierre Bourdieu, "Identity and Representation: Elements for a Critical Reflection on the Idea of Region" in Pierre Bourdieu, *Language and Symbolic Power* (Cambridge: Harvard University Press, 1991), pp.220-8）。

78 Dan Sperber, "Anthropology and Psychology: Towards an Epidemiology of Representations," *Man* 20 (1985): 73-89.

79 スペルベルにとって、表象を「公共的」なものにしているのはオーディエンスの規模や特性ではなく、他者にも原則アクセス可能であるという形式における外在性であり具現性である。

80 Lawrence A. Hirschfeld, *Race in the Making: Cognition, Culture and the Child's Construction of Human Kinds* (Cambridge, MA: MIT Press, 1996); Gil-White, "Are Ethnic Groups Biological 'Species' to the Human Brain?".

81 明確に認知研究に依拠したものではないが、カンチャン・チャンドラは、情報の限られた文脈のなかで容易にコストをかけずに確認することが可能なエスニシティが結果として「見やすい」ものであると論じている。彼女の見方では、このことがパトロン型民主主義（patronage democracy）においてエスニックな愛顧関係の政治が優勢になることを説明するのに役立つ（Kanchan Chandra, *Why Ethnic Parties Succeed: Patronage and Ethnic Headcounts in India* (Cambridge: Cambridge University Press, 2003), Chapters 2 and 3 を参照されたい）。

82 例えば Charles Tilly, *From Mobilization to Revolution* (Reading, Mass.: Addison-Wesley Publishing Company, 1978), pp.62ff. を参照されたい。

83　実体性（entativity）については注56に引用した文献を参照されたい。

84　単なる表象の内容ではなく、その分布に関心を寄せることで、人種・エスニシティ・ネーション研究においてきわめて一般的なバイアスを修正することができる。このバイアスは、集団の利害、欲求、信念などを当該集団の少数の（しばしば自らそう任じている）代表者による公的表明によって特徴づけてしまう結果として起こるものである。バイアスは心的表象よりも公的表象を優先的に扱うことだけでなく、公的表象のなかでも比較的入手しやすい文章、声明文、新聞報道、インタビューなどとして残されている素材を、日々の相互行為の中で生み出されたより入手しにくい公的表象よりも優先的に扱うことから来ている。

85　DiMaggio, "Culture and Cognition," p.280 を参照されたい。

86　この地平の拡大と境界の曖昧化を示す研究として Joseph Rothschild, *Ethnopolitics: A Conceptual Framework* (New York: Columbia University Press, 1981)［=1994, 大津留厚訳『大戦間期の東欧——民族国家の幻影』刀水書房］; Eriksen, *Ethnicity and Nationalism*; Craig Calhoun, "Nationalism and Ethnicity," *Annual Review of Sociology* 19 (1993): 211-39; Banks, *Ethnicity*; Jenkins, *Rethkinking Ethnicity*; Cornell and Hartmann, *Ethnicity and Race* を参照されたい。

87　Anderson, *Imagined Communities*; M. R. Lepsius, "The Nation and Nationalism in Germany," *Social Research* 52 (1985): 43-64.

88　論争の概観として James McKay, "An Exploratory Synthesis of Primordial and Mobilizationist Approaches to Ethnic Phenomena," *Ethnic and Racial Studies* 5/4 (1982): 395-420; George M. Scott Jr., "A Resynthesis of the Primordial and Circumstantial Approaches to Ethnic Group Solidarity: Towards an Explanatory Model," *Ethnic and Racial Studies* 13/2 (1990): 147-71; Jack D. Eller and Reed M. Coughlan, "The Poverty of Primordialism: The Demystification of Ethnic Attachments," *Ethnic and Racial Studies* 16/2 (1993): 183-201; Anthony D. Smith, *Nationalism and Modernism: A Critical Survey of Recent Theories of Nations and Nationalism* (London: Routledge, 1998); Francisco Gil-White, "How Thick Is Blood? The Plot Thickens...: If Ethnic Actors Are Primordialists, What Remains of the Circumstantialist/ Primordialist Controversy?" *Ethnic and Racial Studies* 22 (1999): 803.

89　分析用語として、「原初的（primordial）」はエドワード・シルズによって（エスニシティとの関連ではなく）導入され（Edward Shils, "Primordial, Personal, Sacred and Civil Ties," *British Journal of Sociology* 8 (1957): 130-45）、ギアーツによってエスニシティへと拡大された（Geertz, "The Integrative Revolution"）。

90　Geertz, "The Integrative Revolution," p.109.

91　Gil-White, "How Thick Is Blood?," p.803.

92　Medin, "Concepts and Conceptual Structure," pp.1476-7.

93　Susan A. Gelman and Henry M. Wellman, "Insides and Essences: Early Understandings of the Non-Obvious," *Cognition* 38 (1991): 213-44.

94　Myron Rothbart and Marjorie Taylor, "Category Labels and Social Reality: Do We View Social Categories As Natural Kinds? " in Gün R. Semin and Klaus Fiedler, eds., *Language, Interaction and Social Cognition* (London: SAGE, 1992), p.12.

95　ハーシュフェルドは心を単一の一般目的のための認知の道具ではなく、複数の特定目的のための認知装置の集積とみなす研究者のグループに属している。この見方（その先例は言語学のチョムスキー革命にまで遡ることができるが）では、特殊で、特定目的で、進化的に適応した認知メカニズムと装置が存在し、それぞれが言語学習、色の識別、エッジ検出、顔認識、その他様々な認知的機能と結びついている（Lawrence A. Hirschfeld and Susan A. Gelman, "Toward a Topography of Mind: An Introduction to Domain Specificity" in Lawrence A. Hirschfeld and Susan A. Gelman, eds., *Mapping the Mind* (Cambridge: Cambridge University Press, 1994), pp.3-38; Leda Cosmides and John Tooby, "Origins of Domain Specificity: the Evolution of Functional Organization" in ibid., pp.85-116）。

96　Hirschfeld, *Race in the Making.* ハーシュフェルドは、顕現性の高い身体的差異の素朴な（いわば「帰納的」な）観察を通じて、あるいは単に支配的な分類コードや習慣への社会化を通じて、子どもが人種カテゴリーを発達させるものととらえる支配的な見方を否定する。顕現性の高い視覚的事象も文化的社会化も、幼児が人間の多様性を理解する試みにとって中心的なものではないと彼は論じる。彼は実験で得られた結果をもとに、幼児は単に人種を「見」たり、人種「について学ん」だりするのではなく、社会的世界を「人種」らしき固有種の観点から、実際に見るものや語られるものの差異とはほとんど無関係に解釈する認知的傾向を本来的に備えていると述べている。

97 Hirschfeld, *Race in the Making*, p.20.

98 Gil-White, "Are Ethnic Groups Biological 'Species' to the Human Brain?".

99 Smith, *Nationalism and Modernism*, p.158.

100 Walker Connor, "Beyond Reason: The Nature of the Ethnonational Bond," *Ethnic and Racial Studies* 16/3 (1993): 373-89.

101 アイデンティティ概念の批判的分析としてBrubaker and Cooper, "Beyond 'Identity'"を参照されたい。

102 Shils, "Primordial, Personal, Sacred and Civil Ties," p.142.

103 この点を違った観点から論じた説明としてGil-White, "How Thick Is Blood?," pp.804ff. を参照されたい。

104 Jonathan Y. Okamura, "Situational Ethnicity," *Ethnic and Racial Studies* 4 (1981): 454.

105 もちろん、直接的状況でのこうした暗示《キュー》の分布は、制度的文脈、文化的ないし社会的なミリュー、政治的契機などのより広い次元において様々な方法で形成される。

106 ここで状況主義者は社会運動研究を有効に活用することができるだろう。社会運動研究におけるフレーミング論を認知研究に結びつけた先駆的研究としてJohnston, "A Methodology for Frame Analysis"を参照されたい。

107 Zerubavel, *Social Mindscapes*.

108 DiMaggio, "Culture and Cognition"; Strauss and Quinn, *A Cognitive Theory of Cultural Meaning*.

109 Robert D. Benford, "An Insider's Critique of the Social Movements Framing Perspective," *Sociological Inquiry* 67 (1997): 409-30.

第7章　分析のカテゴリーと実践のカテゴリー
――ヨーロッパの移民諸国におけるムスリムの研究に関する一考察

ムスリム研究の増加

近年、エスニシティ・人種・ナショナリズムの研究者のあいだで宗教への関心の高まりが見られるようになっている。その傾向は［この分野の代表的学術雑誌の一つである］『エスニシティ・人種研究（*Ethnic and Racial Studies*）』においても顕著である。当誌に掲載されたすべての論文のうち、宗教を扱った論文は、一九七八年から一九九六年までは約五パーセント、一九九七年から二〇〇九年まででは七パーセントであったのに対し、二〇一〇年以後に発表された論文においては一四パーセントを占めている。宗教に関する最初の特集が組まれたのは、雑誌創刊から二〇年目の年であった（「宗教とエスニシティ」、一九九七）。それ以来、当誌ではヒンドゥー・ナショナリズム（二〇〇〇）、ジェンダー・人種・宗教（二〇〇九）、トランスナショナルな宗教とディアスポラ的ネットワーク（二〇一二）、組織化されていないムスリム・マイノリティの研究における方法（二〇一二）といった特集が組まれてきた。また、二〇一〇年には西欧におけるムスリム・マイノリティというテーマのセクションがもうけられた。

宗教に関する論文が、ますますヨーロッパのムスリムに焦点を当てるようになっていることは驚くべきことではない。一九九〇年以前には宗教に関する一五本の論文のうち、ムスリムやイスラームに主な関心を向けたものはなかった。しかしながらその後は、宗教に関する八八本の論文のうち約六〇パーセントは主としてムスリムに関するものとなっており、さらにその七五パーセントはヨーロッパの移民国におけるムスリムを扱ったものである。

「ムスリム」としての自己同定と他者同定

ところで、ヨーロッパの移民国における「ムスリム」を研究するということは何を意味するのだろうか。私たちが「ムスリム」について語るとき、誰（そして、何）について語っているのだろうか。その答えは決して自明ではない（Grillo 2004）。多くの社会科学のカテゴリーと同様に、「ムスリム」というカテゴリーも分析のカテゴリーであるとともに社会的、政治的、そして宗教的な実践のカテゴリーでもある。くわえて、分析・実践双方のカテゴリーのあいだで互いに大量の使い回しがあるため、私たちはジャーナリズム、政治、宗教といった場で常識として用いられているあらかじめ構築されたカテゴリーを、私たちの分析のカテゴリーとして用いてしまうリスクにさらされている。(1)

実践のカテゴリーとしての「ムスリム」は、自分自身を同定し、かつ他者を同定するために用いられる。集合的自己同一化という重要な事例では、「ムスリム」のカテゴリーは自分自身と他者とを同時に同定するために用いられる。すなわち、他者についてだけでなく他者のために語るために、また自分自身とともに他者を集合的な「われわれ」に組み込むために、そのカテゴリーが用いられるのである。

すべてのアイデンティティ（自己同一性）のカテゴリーがそうであるように（Jenkins 1997: 52-73）、自己による同定（自己同定）と他者による同定（他者同定）は相互依存的である。すなわち、自己同定はその根本において、広く一般的に他者からどのように同定されているのかによって形成され、また他者同定も、有力な自己同定のイディオム、特に公共的に語られる集合的自己同定によって形成される（ただし後者の場合、権力の非対称性が大きければ、形成される他者同定はそれほど根本的なものではない）。

移民出自の人々に対する有力な他者同定は、過去一〇年ほどのあいだに大きく変化した。北欧と西欧のいたるところで、かつてはナショナルな出自、出身地域、社会経済上の地位、人口統計上の項目、法的地位、人種などのカテゴリー（例えば、アルジェリア人、北アフリカ、ゲストワーカー、移民、外国人、あるいは〔特にイギリスでは〕黒人などのカテゴリー）によって同定され、ラベリングされていた人々が、ムスリムという宗教的な用語で同定され、ラベリングされることが増えている（Allievi 2005; Yildiz 2009）。このような変化は、政治、行政、メディア、学問、そして日常的な相互作用のなかで起きている。部分的には、この変化は公共的な自己同定の変化に対応したものである。それは一九八〇年代末のイギリスで最も著しかった。当時、ラシュディ事件によって駆り立てられたアジア系ムスリム活動家たちが、イギリスのムスリムがムスリムとして承認されることを求め、それまで彼らが組み込まれてきた「政治的黒人性」という標語と「人種関係」の制度化された枠組に挑戦したのである(Modood 1994; 2006)。しかし、このような公共的な他者同定におけるゲストワーカーから「ムスリム」への変化は、単に本人の自己同定の変化への反応ではなかったし、主としてその変化に応じて起きたものでもなかった。それは独自の源泉とダイナミクスを有し、そうカテゴリー化された人々が自分自身をいかに同定したのかということとは関係なしにかなりの程度進行したのである。この言説の変化は九・一一より前に、その四半世紀以前から起きているイスラームの公共的な場での可視性の増大と、イスラームの承認や配慮に対する要求の増大への反応としてすでに始まっていた。とはいえ、もちろん九・一一とそれに続くヨーロッパでのテロ攻撃は、それを非常に大きく後押しした。

　こうした公共的な表象における大規模な変化は、移民出自の人々がそのなかで彼ら自身の自己理解や自己同定を形成している言論環境・制度環境の景観に大きな変更をもたらした。いくつかの自己同定は、支配的な他者同定に直接反応したものである。これは、他者同定が強力なスティグマ化として経験された場合に最も明白となる。例えば、日々の相互行為や公共的な言論のなかでムスリムとしてスティグマ化された経験が、それへの反応として自分がムスリムとして同定されることを主張し、これまで貶められてきたムスリムの価値を再評価しようという行動につながることがある。[2] しかし、「ムスリム」としての自己同定はスティグマ化の経験への反応というばかりではない。より一般的に言ってそれは、公共の言論や私的な相互行為においてムスリムとしての役割が与えられ、分類され、数えられ、質問を受け、説明が求められる経験に対する反応なのである。それは、ムスリムとしての自分自身についての説明だけではなく、ムスリムとしての他人の言動についての説明を求められる経験への反応でもある（Schiffauer 2004: 348）。この経験は、宗教的に信仰深くない人たちをムスリムとして（時として、はっきりと「世俗的」ムスリムないし「文化的」ムスリムとして）同定することへと（場合によっては、以前よりもより強力に同定することへと）つながった（Spielhaus 2010）[3]。

自己同定と他者同定のあいだの相互作用は、単純にムスリムと非ムスリムのあいだの相互作用というわけではない。それはムスリム同士のあいだでの相互作用でもある。ムスリムたちは、非ムスリムからムスリムとして同定され、説明を求められるだけではない。同様に重要なこととして、他のムスリムからもムスリムとして同定され、説明を求められるのである。ムスリムとして説明を求められるということは、単に「他者にされる」というだけのことではない。同様にそれは、「自己にされる」ということでもある。つまり、他のムスリムから、その人が保有すべきムスリムとしてのアイデンティティによって自己を同定することを命ぜられるのである。そこでの有意味な他者は、近くにいる他者だけでなく、「言及し、討論しあうトランスナショナルなイスラームの空間」の一部である遠隔地の他者でもある（Bowen 2004: 891）。それは家族、友人、ジャーナリスト、知識人、地域のイマーム、テレビの説教師、イスラーム世界に拠点を置く名声のある研究者、インターネットに拠点を置き宗教的な教えと助言を提供する人々、精神改革運動であるタブリーグ・ジャマートのようなトランスナショナルな宗教組織のメンバーなどを含む。

この自己同定と他者同定のあいだの相互作用は、ムスリムとしての自己同定の質を変化させる。自己同定のカテゴリーとして、「ムスリム」は単に自明視されるだけでなく、ますます自省的に受け入れられ、信奉されるものとなっている（もちろん、それは拒否されたり、はっきりと否定されることもある。だが、非ムスリムあるいは元ムスリムを自称する人々の数は、若干の増加の徴候が見られるものの比較的ごく少数にとどまっている）(4)。

ムスリムが多数派を占める地域において、「ムスリム」は自己同定としても他者同定としても、長いあいだ自明なものとされてきた。もちろんこの自明性は、ムスリム世界の外への移住によって大きく崩壊している。しかし、ムスリム世界の内部でもまた、グローバル化や西洋化、家族構造と教育パターンの変化、宗教的コミュニケーションの新たな様式、伝統的な宗教指導者の権威に対する挑戦、地域に埋め込まれた社会的・宗教的な再生産の様式の侵食、そしてイスラームを文化的な外殻から解放し、純化された普遍的なイスラームの再構築を試みる多様な宗教的運動の出現などによって、その自明性は崩壊させられてきた。これらはすべて、宗教性の大幅な個人化や宗教活動のあり方に対する自覚の高まり、そしてイスラームに対する自意識、自省性、明示性を高めるイスラームの「客観化」に寄与した(5)。

このような傾向はムスリムが多数派を占める地域において明らかだが、彼らが移住した西欧諸国においてはいっそう顕著で強力である。特にムスリム移民の子どもや孫たちにとって、自明視された「ムスリム」としてのアイデンティティを発達させ、維持することは難しい。両親や祖父母の祖国において、そのようなアイデンティティの形成を当然であり問題のないものにしている（もっとも、その当然であり問題のない性質は失われつつあるが）文化的・制度的な環境全体が、彼らには存在していないのである。家族が、そのような自明視されたアイデンティティ形成の支えになるのかもしれない。

しかしながら実際のところ、移民の家族はイスラームについての解釈や、よきムスリムとは何を意味するのかをめぐって絶え間なく闘争が行われる場になっている（Jacobson 1997; Kibria 2008）。そのような闘争は、自明視されたアイデンティティではなく、むしろ自覚的で自省的なアイデンティティを生み出す。

家族の外にも、ムスリムとしての自明視されたアイデンティティ形成を支える社会的・文化的環境はない。その代わりにムスリム移民の子どもや孫たちは、ムスリムと非ムスリムの双方が生み出す、イスラームとムスリムについて明示化された言論の広大な網の目のなかに置かれている。その結果、ムスリム移民の子どもや孫たちは、イスラームが宗教・社会・文化生活における自明視された媒体であるような世界で成長することはない。彼らが成長するのは、イスラームが絶えず議論と討論の対象とされ、イスラームについての自覚的で明示的な議論に満ちた世界なのである。一部においてこの言論の網の目は、ムスリム自身とナショナルおよびトランスナショナルな公衆に対し、イスラームを表象しようとする高度に自覚的な闘争を中心に構造化されている。この闘争は、単に内部と外部、「ムスリム」と「非ムスリム」のあいだのイスラームの表象をめぐる闘争ではない。おそらくより重要なのは、これがイスラーム内部で競合しあう表象のあいだの闘争であるとともに、イスラーム外部で競合しあう表象のあいだの闘争でもあるということである。イスラームをめぐる言論上の明確化と「客観化」の競合に満ちたこのような文脈のなかでは、ムスリムとしての無反省で自明視された同定が可能となる余地はない。「ムスリム」というカテゴリーに対し、誰もが何らかのスタンスをとらねばならない。誰もこれに無反省でいることはできないのである。

研究者にとっての「ムスリム」

これまで私は、ここ数十年のあいだに変化してきた実践のカテゴリーとしての「ムスリム」（自己同定および他者同定のカテゴリーとしての「ムスリム」）のいくつかの用いられ方について描いてきた。最後に、分析のカテゴリーとしての「ムスリム」の用いられ方について簡単に述べることにしたい。

分析のカテゴリーと実践のカテゴリーを区別することは有用であり、また必要不可欠でさえある。それにもかかわらず、両者のあいだの境界はしばしば不鮮明にされている。研究者たちは、移民出自の人々がムスリムへと変化する過程の外側にいるわけではない。彼らはこの変化を単純に記録しているわけではない。彼らはヨーロッパにおけるムスリムに関する学術文献を量産することで、移民出自の人々がムスリムとなる過程の一因を担っているのである。ヨーロッパのムスリム形成は、かつては異なる用語で同定され、分類されていた人々をムスリムとしてラベリングしなおしたことだけではなく、ムスリムの公共的表象の生産とムスリムについての知識の創出とも関わっている。意図するとせざるとにかかわらず、研究者はこの継続中の過程に関与してきたのである。

例えば、「ムスリム」を分析の対象として同定することは、宗教的所属と（少なくとも暗黙的には）宗教性に光を当てることになる。それはまた、関心の対象となる人々を宗教と宗教性の両方において周囲の人々と異なるものとして特徴づける。これには、他のより重要度の高い可能性のある枠組を犠牲にして、宗教（および宗教的差異）という枠組を優先してしまう危険性がある。[6] 例えば、移民出自の人々の社会経済的な地位を左右する社会的な過程の方が、宗教よりも移民たちの社会的出自や労働市場、学校、近隣地域、家族の力学に関係している。ヨーロッパにおけるムスリムは、実際に深刻かつ複合的に恵まれない境遇にある。しかしながら、彼らは何よりもまずムスリムとして恵まれない境遇にあるわけではない。もちろん、多くのムスリムは、ムスリムとして嫌疑をかけられ、敵意にさらされ、スティグマ化される。しかし、社会経済的周辺性の力学は、主として宗教的な排除を引き起こすわけではない（Joppke and Torpey 2013）。それらは他の形態の社会的閉鎖や周辺化を引き起こすのである。したがって、都市の周辺性に関する研究において、宗教という項目の下に移民出自の人々をグループ化することは、もしかすると混乱を招き、誤解を招くことになる可能性がある。それは主として、社会経済的な現象に対し文化的な説明を試みるという危険を冒すことになるのである（Thomson and Crul 2007: 1026）。

たしかに、他の分析的な目的のために、宗教に注目することには強い理由がある。そして、ヨーロッパの移民国におけるムスリムに関する研究は、移民の社会経済的な統合や政治的なコンフリクトといった問題に注目する一方で、信仰や宗教的実践といった事柄にほとんど注意を払っていないと主張することができるかもしれない[7]。それにもかかわらず、宗教の中心性を強調しすぎることにもまたリスクがともなうのである。多くのムスリムにとって、宗教が大変に重要であることを否定するわけではない。宗教は彼らにとって疑いなく、高度に世俗化されたヨーロッパの移民国のほとんどの非ムスリムにとってよりも重要なものである。しかしながら、ムスリムとして自己を同定する人々は（他の宗教と自己を同一化する人々と同様に）、唯一、あるいは常にムスリムとして自己を同定しているわけではなく、主としてムスリムとして自己を同定しているわけでもないだろう。もちろん、そのような人々もいるかもしれないが（Schielke 2010; Jeldtoft 2012）。多くの研究がそうであるように、目立ちやすく、声高に主張をし、信心深い実践者に注目してムスリムの宗教性を研究することは、「ムスリムを特に（危険なほどに）宗教的であるとみなす公共の理解」（Schmidt 2011: 1217）を強化する危険性をもっている。またその一方で、「イスラーム主義者やイスラーム復興運動のイデオロギー的野心」（Schielke 2010: 2）を、彼らによる「生活のあらゆる領域における最高の指針としてのイスラームの特権化」とともに再生産することにもなる。それはムスリムの「ムスリム性」のみに焦点を当て、「ムスリム」を主要な地位であり、継続して重要な自己同一化として扱うことにより、「方法論的イスラーム主義[8]」とでも呼ぶべきものに陥るリスクを冒すことになる。

ムスリムとイスラームに関する社会科学的研究は、ムスリムとイスラームの競合しあう公共的表象ですでにぎっしりと満たされた場のなかに置かれている。公共的表象の範囲は、一方の極であるイスラーム主義者の表象から、もう一方の極である明確に反イスラーム・反ムスリムの表象にまで広がっており、そのあいだに他の多くの表象が存在している。私たちの分析的なカテゴリーが同時に激しく論争的な実践のカテゴリーでもあるようなこの文脈において、私たちが用いるカテゴリーについて批判的に自省することはきわめて重要である。

私は、研究者は「ムスリム」を分析のカテゴリーとして用いることを控えるべきだと言っているわけではない。ある用語を実践のカテゴリーとして用いることが、それを分析のカテゴリーとして用いる資格を奪うわけではない。もしそうであったら、私たちの分析的な語彙はきわめて乏しいものになるだろう。移民出自の人々からムスリムへという言論上の変容を残念に思う人もいるかもしれないが、その変容を元に戻すことはできない。そして、誤った情報が公共の場に普及しているのであれば、研究者がムスリムについて研究し、公共の場で語られているものよりも細かく分化されたムスリム像を広く公衆に伝えていくことこそが緊要であると言うことができる。

分析対象としてのカテゴリー

私は、私たちは何のカテゴリーを用いるべきかについてではなく、どのようにカテゴリーを用いるべきかについて議論してきた。私たちにとって、感情的・イデオロギー的な意味を強く帯び、非常に論争をはらんだ実践のカテゴリーを、分析的なカテゴリーとして使用することの他によい選択肢はないだろう。しかし、私たちは研究者として、私たちのカテゴリーに対し批判的で自省的なスタンスをとることができるし、またとらねばならない。これは何よりもまず、「ムスリム」が均質で連帯的な集団ではなく、異質性をはらんだカテゴリーを指していることを強調することを意味する。さらにより実質的には、「ムスリム」というカテゴリーが分析のカテゴリーとして、また自己同定と他者同定の実践におけるカテゴリーとしていかに作用し、またその作用の仕方がどのように変化しているのかに注目するということを意味する。このようにして私たちは、「ムスリム」というカテゴリーを単に分析の道具として使用するのではなく、分析の対象とすることができるのである。例えば私たちは、イスラーム主義と反ムスリム主義の言論において、競合して用いられているムスリム概念の物象化を、無意識のうちに強化してしまうのではなく、分析することができるのである。

［注］

1　人種とレイシズムの研究におけるこれと同様の問題についてはWacquant（1997）を参照されたい。

2　Kashyap and Lewis（2012）は同定のメカニズムについて考察しなかったものの、彼らが示した調査データ（イギリスにおけるムスリムの若者は旧世代のムスリムほど宗教的には信仰深くないが、彼らの個人的なアイデンティティにとってイスラームは、旧世代以上に重要性が高くなっている）はこの解釈と一致する。

3　公共圏における「世俗的ムスリム」ないし「文化的ムスリム」といった自己同定の出現は、誰がムスリムを代表する正統性をもち（Spiellhaus 2010）、いかにムスリムが国家に支援された協議体において代表されるべきか（Laurence 2012: 163-97）をめぐる論争にさらに複雑な問題を付け加えることとなった。

4　Mliepaard, Lubbers and Gjisberts（2010）は、オランダにおけるトルコ系およびモロッコ系の移民の第二世代の一二パーセントが自らを「ムスリム」とみなしていないこと（初期の移民集団ではわずか五パーセントだった）を明らかにした。調査では、まずは何らかの宗教集団に属しているかどうかを聞き、そのうえでどの集団に属しているのかを尋ねた。そのため、どの集団にもカウントされていないが文化的ないしエスニックな意味で「ムスリム」と自己同定している者がいる可能性がある。

5　Roy（2004）。客観化についてはEickelman and Piscatori（1996: 37-45）を参照されたい。

6　エスニシティを強調しすぎることの似たような危険性に関する議論についてはBrubaker et al.（2006: 15）を参照されたい。

7　ジョン・ボーウェン（John Bowen）との個人的コミュニケーションによる。

8　「方法論的ナショナリズム」（Wimmer and Glick Schiller 2003）との類比による。

【参考文献】

Allevi, Stefano., 2005, "How the Immigrant has become Muslim," *Revue Européenne des Migrations Internationales* 21(2): 2-21.

Bowen, Hohn R., 2004, "Beyond Migration: Islam as a transnational Public Space," *Journal of Ethnic and Migration Studies* 30(5): 879-94.

Brubaker, Rogers et al., 2006, *Nationalist Politics and Everyday Ethnicity in a Transylvanian Town*, Princeton: Princcton University Press.

Eickelman, Dale F. and James P. Piscatori., 1996, *Muslim Politics*, Princeton: Princeton University Press.

Grillo, Ralph., 2004, "Islam and Transnationalism," *Journal of Ethnic and Migration Studies* 30(5): 861-78.

Kashyap, Ridhi and Valerie A. Lewis., 2012, "British Muslim Youth and Religious Fundamentalism: A Quantitative Investigation," *Ethnic and Racial Studies*, DOI:10.1080/01419870.2012.672761.

Kibria, Nazli., 2008, "The 'New Islam' and Bangladeshi Youth in Britain and the US," *Ethnic and Racial Studies* 31(2): 243-66.

Jacobson, Jessica., 1997, "Religion and Ethnicity: Dual and Alternative Source of Identity among Young British Pakistanis," *Ethnic and Racial Studies* 20(2): 238-56.

Jeldtoft, Nadia., 2012, "Everyday Lived Islam: Religious Reconfigurations and Secular Sensibilities among Muslim Minorities on the West," Ph.D. Dissertation, Copenhagen University, Denmark.

Jenkins Richard., 1997, *Rethinking Ethnicity: Arguments and Explorations,* London: Sage.

Joppke, Christian and John Torpey., 2013, *Legal Integration of Islam: A Transatlantic Comparison*, Cambridge: Harvard University Press.

Laurence, Jonathan., 2012, *The Emancipation of Europe's Muslim: The State's Role in Minority Integration*, Princeton: Princeton University Press.

Maliepaard, Mieke, Marcel Lubbers and Mérove Gjisberts., 2010, "Generational Differences in Ethnic and Religious Attachment and their Interrelation: A Study among Muslim Minorities in the Netherlands," *Ethnic and Racial Studies* 33(3): 451-72.

Modood, Tariq., 1994, "Political Blackness and British Asians," *Sociology* 28(4): 859-76.

——., 2006, "British Muslims and the Politics of Multiculturalism," Tariq Modood, Anna Triandafyllidou and Richard Zapata-Barrero, eds., *Multiculturalism, Muslim and Citizenship*, New York: Routledge, pp.37-56.

Roy, Olivier., 2004, *Globalized Islam: The Search for the New Ummah*, New York: Columbia University Press.

Schielke, Samuli., 2010, "Second Thoughts about the Anthropology of Islam, or How to make Sense of Grand Schemes in Everyday Life," *Zentrum Moderner Orient Working Papers*, Number 2. Available from: http://www.zmo.de/publikationen/WorkingPapers/schielke_2010.pdf.

Schiffauer, Werner., 2004, "Vom Exil-zum Diaspora-Islam: Muslimische Identiäten in Europa," *Soziale Welt* 55(4): 347-68.

Schmidt, Garbi., 2011, "Understanding and Approaching Muslim Visibilities: Lessons Learned from a Fieldwork-based study of Muslim in Copenhagen," *Ethnic and Racial Studies* 34(7): 1216-29.

Spielhaus, Riem., 2010, "Media making Muslims: The Construction of a Muslim Community in Germany through Media Debate," *Contemporary Islam* 4(1): 11-27.

Thomson, Mark and Maurice Crul., 2007, "The Second Generation in Europe and the United States: How is the Transatlantic Debate Relevant for Further Research on the European Second Generation?," *Journal of Ethnic and Migration Studies* 33(7): 1025-41.

Wacquant, Löic., 1997, "For an Analytic of Racial Domination," *Political Power and Social Theory* 11: 221-34.

Wimmer, Andreas and Nina Glick Schiller., 2003, "Methodological Nationalism, the Social Sciences, and the Study of Migration: An Essay in Historical Epistemology," *International Migration Review* 37(3): 576-610.

Yildiz, Yasemin., 2009, "Turkish Girls, Allah's Daughters, and the Contemporary German Subject: Itinerary of a Figure," *German Life and Letters* 62(4): 465-81.

《編訳者解説》

グローバル化する世界において「ネーション」を再考する
――ロジャース・ブルーベイカーのネーション中心的アプローチについて

佐藤成基

1．はじめに――「国民国家の相対化」を越えて

アメリカの社会学者ロジャース・ブルーベイカーは、一九八九年に編著『欧州・北米における移民とシティズンシップの政治』（Brubaker 1989）、一九九二年に博士論文をもとにして書かれた『フランスとドイツの国籍とネーション』を公刊して以後（Brubaker 1992, 邦訳は二〇〇五年）、三〇年余りのあいだ移民、シティズンシップ、エスニシティ、ナショナリズムという相互に関連しあうテーマに取り組んできた。本書は、そのような彼の業績のなかから、二〇〇〇年代以降に書かれた論文のうち、彼の研究上の分析方法やアプローチがよく読み取れる論文を中心に収載したも

のである。

本書の序章（本書への書き下ろし）のなかで、ブルーベイカーは彼自身の三〇年間余りの研究史をふり返り、最新作『トランス』（Brubaker 2016）も含めた彼のこれまでの著作の内容にふれながら、本書に掲載した諸論文についても簡単な紹介を行っている。よって、ここで各論文の内容をあらためて紹介することはしない。本書の編訳者解説として、本論考ではブルーベイカーのアプローチやスタンスについて、私なりの視点からまとめてみることにする。

さて、移民、シティズンシップ、エスニシティ、ナショナリズムといったテーマは、日本でゆるやかに「国際社会学」という名で括られている社会学の一下位領域によって扱われている。近年欧米で"global sociology"や"transnational sociology"などの名で呼ばれている社会学の下位領域があるが、これも日本の「国際社会学」とほぼ同一のテーマを扱っている。どちらも国民国家の境界を越えた「トランスナショナル」な現象が主な研究対象である。(1) 例えば、国境を越えた移民のトランスナショナルなネットワークや生活空間、エスニック・マイノリティのアイデンティティ、ローカルからグローバルに至る様々な次元へと分化するシティズンシップなどが考察されている。(2)

このようなテーマ群を扱う研究者のなかで、ブルーベイカーは国民国家やナショナリズムに重点を置いた研究を行っている点で特異な位置を占めている。例えば、一九九二年の『フランスとドイツの国籍とネーション』では、フランスとドイツにおける異なった国籍法の形成について、「ネーションの自己理解」の差異と結びつけた分析を行っている（Brubaker 1992=2005）。また、一九九〇年代半ばからは、中東欧における民族マイノリティと「祖国」国家との関係に着目した「越境的（transborder）」なナショナリズムについての比較分析も行っている（Brubaker 1996）。

本書に収録した諸論文においても、ブルーベイカーは、グローバル化する現代世界において、国民国家は「帰属の政治」や「メンバーシップの政治」の中心的な場であり続けていると論じている。例えば、移民と国民国家の関係に関して、彼は次のように述べている。

移民は人類史と同じくらい古いが、メンバーシップや帰属の問題も同じように古い。近代国民国家の発展は移民とメンバーシップを根本的に再編し、両者を国民国家の分類と規制の格子のなかに組み入れた。国民国家を越えた移動が現在、脱国民的《ポストナショナル》な様式で移民やメンバーシップを再編していると論じる者がいるが、そのような歴史的転換を示す証拠はほとんどない。

（Brubaker 2015: 143 = 本書第1章：55-6）

このような認識からブルーベイカーは、グローバルでトランスナショナルな次元における移民やシティズンシップの問題についても、国民国家を中心に置いた観点から分析を行う。「国民国家を相対化」し、「国民国家を越える」視点を打ち出すことが、「国際社会学」と呼ばれている研究分野においてめざされている課題であるとすれば、国民国家の現状をそのまま認めたようなブルーベイカーのスタンスは、その課題とは逆方向に向いているかのようにも見える。

では、ブルーベイカーは、いかなる理由でこのような（「反動的」ともとれる）スタンスをとるのか。そのアプローチにどのような意味があるのか。本論考ではまず、次の2節において彼の国民国家を中心に置くアプローチの意味について論じてみることにする。

続く3節では、ブルーベイカーが提唱している「認知的視座」について論じる。これはエスニシティ、ネーション、人種などの単位を実際に存在する集団とみなすのではなく、人々が用いるカテゴリーとして扱う分析の方法である。本書の序章でも明らかにされているように、認知的視座は、ブルーベイカーの研究全体を通底する分析の方法であり、戦略となっている。

4節では、ブルーベイカーのナショナリズムや国民国家に関する規範的なスタンスについて論じる。いわゆる国際社会学の分野において、国民国家を脱すること、乗り越えることは一般に「良いこと」とするスタンスが自明視されている。しかし、このスタンス自体が問われることはほとんどない。だが、果たして国民国家を越えることが「良いこと」で、国民国家に留まることが「悪いこと」なのだろうか。この問題についても、ブルーベイカーは国際社会学の一般的志向とは逆の選択をしている。もちろん、ナショナリズムや国民国家には他者を排除し、敵視する「暗い側面《ダークサイド》」がある。彼はそれを認識しつつも（中東欧を主たるフィールドにしている彼が、この「暗い側面」についてよく理解していることは言うまでもない）、あえて限定付きでナショナリズムを擁護するというスタンスをとる。

最後の5節では、このように「ネーション」の役割を再考察・再評価するブルーベイカーのアプローチをここでは「ネーション中心的」と呼び、そのアプローチが現在の私たちに問いかけている意味は何かという観点から全体の簡単なまとめを行う。

2. 国民国家の中心性——「帰属の政治」をめぐって

トランスナショナリズム論批判

一九八〇年代以後、いわゆるグローバル化により、人、財、貨幣、情報、イメージ、思想、文化的生産物などが国家の垣根を越え、それまで以上に自由かつ迅速に移動し、流通するようになった。しかしながら、グローバル化とともに「ナショナル」な世界が「ポストナショナル」ないし「トランスナショナル」な世界に「転換」したという見方に、ブルーベイカーは懐疑的かつ批判的である。たしかにトランスナショナリズム論が強調するように、国境を越えた社会的関係性、生活空間、意識や文化が形成されている。このような国境を越えた移動やつながりが「新しい」ものであるかどうかは別にしても、その規模と速さはかつてないほどのものになっている。それは現代の私たちの生活にとっては不可避の大前提であると言ってよい。

しかしながら、ブルーベイカーによれば、現代世界における人々の「帰属」先として最も重要な「場」は、依然として国民国家にある。彼は二〇一六年に書かれた本書の序章のなかで、次のように述べている。

　その後退や衰微が繰り返し主張されているにもかかわらず、国民国家は急速にグローバル化しつつある世界においても依然として帰属の決定的要因であり、国民国家における帰属と、国民国家への帰属をめぐる闘争はメンバーシップ政治の最も重要な形態であり続けている。

（本書序章：24）

「国民国家を越えた」現象にのみ着目する研究のアプローチは、このような国民国家の持続的な役割を見過ごしてしまう可能性がある。このような観点から、ブルーベイカーは、国民国家を分析の中心に置きながら、移民、シティズンシップ、エスニシティをめぐる「越境的」な次元での変化についての考察を行い、「帰属の政治」や「メンバーシップ政治」について論じていくのである。

理念化されたモデルとしての国民国家

ところで、「国民国家」という言葉で何が意味されているのであろうか。ポストナショナリズム論やトランスナショナリズム論のなかで批判されるときの国民国家とは、一般的には「ナショナル」な文化と国家の領域とが一体になり、同質的で明確に境界づけられた政治組織体のことを指している。しかしブルーベイカーによれば、そのように理解された国民国家は「社会学的想像力の産物」（Brubaker 2005 [=Brubaker 2015: 127] =2009: 392）にすぎず、現在も過去も、現実には存在したことがない。

しかし、ブルーベイカーにとって国民国家とはこのような実在する政治組織体ではない。彼が問題にするのは理念化されたモデルとしての国民国家である。それは現実に存在する政治組織体を把握するための概念モデルではなく、実際に社会・政治・文化を組織化し、改変するために用いられる概念モデルなのである。そのような実践的な概念モデルとして、国民国家概念はフランス革命の時代以来、現在に至るまで重要な作用を果たし続けている。

この理念化されたモデルにおいては、国民と国家、文化と国家の領域、文化的ナショナリティと国籍、定住と完全なメンバーシップなどが一致すべきものとされる。現実の世界が、この理念化されたモデルの求める一致の原理と合致しないことが明らかになったとき、「誰が国民国家の（完全な）メンバーなのか」「誰がわれわれの「同胞」なのか」をめぐって「帰属の政治」が引き起こされることになる。実際のところ、現実がこの理念モデルと完全に一致することはほとんどない。そのため、マイノリティや「外国人」の帰属先をめぐって、あるいは国外にいる「我が同胞」の帰属先をめぐって、現在に至るまで世界各地で（もちろん先進諸国でも）様々な論争や政争が絶えず続けられてきたのである。

本書第1章において、ブルーベイカーはこのような国民国家モデルと帰属の政治との関係について、次のように述べている。

理念化された国民国家の概念モデルの中心には、領土と国民の一致、国家とネーションの一致、政治組織体と文化の一致、法的なシティズンシップとエスノ文化的なナショナリティの一致などの一連の一致の原理がある。もちろん実際には、そうした一致が完全に実現することはめったにない。（中略）このような一致の欠如こそが、内的な帰属の政治と外的な帰属の政治の双方を引き起こすのである。

（Brubaker 2015: 136＝本書第1章：45）

逆に言えば、実際にこのモデルが想定するような「完全な一致」を実現した国民国家が成立していたとすれば、国民国家モデルが引き合いに出されることはなく、帰属の政治も発生しないということになる。

内的な帰属の政治／外的な帰属の政治

右の引用文でも示されているように、帰属の政治には「内的」なものと「外的」なものとがある。ここで内的な帰属の政治とは、ある国家における長期居住者でありながら、その国家の（さらにはその国名となっているネーションの）完全なメンバーではない人々をめぐる一致の欠如によって引き起こされる。例えば、移民やその子孫たちの居住国における「帰属」をめぐる問題がある。移民が長期にわたり居住し、あるいはその第二・第三世代が育つようになると、彼らの国家への法的帰属（すなわち国籍）や、彼らの社会的・文化的な「完全な」メンバーとしての帰属（先住メンバーとの社会的格差や文化的差異などの縮小）が問題になる。これは現在、多くの先進諸国（特にヨーロッパ諸国）で重大な内政上の課題になっている「統合」の問題である。

それに対し、外的な帰属の政治とは、ある国家の長期居住者（しばしばその国家の国民）でありながら、他の国家の国名となっているネーションに（エスノ文化的な意味で）帰属している人々をめぐる一致の欠如によって引き起こされる。例えば、過去の国境変更によって他国に属することになった旧国民、他国に住みながらも自国のネーションとエスノ文化的に同一と想定される人々（つまり在外の「民族同胞」）、かつて他国に移住した人々（出移民）などの帰属の問題がある。これらの「在外同胞」は、しばしば彼らの「祖国」国家に帰属を求め、あるいは「祖国」国家は彼らの帰属を要求する。例えば、ロシアにとってのクリミアは後者の例である。

ブルーベイカーが現在、特に強い関心をもっているのは、外的な帰属の政治の方である。「ドイツと朝鮮における越境的メンバーシップの政治」（Brubaker and Kim 2011＝本書第4章）は、ドイツと朝鮮における第二次大戦後の外的帰属の政治の比較を行ったものである。この論文でブルーベイカーとその共著者である韓国出身の社会学者ジェウン・キムは、第二次大戦以後の東西ドイツ国家（および統一後のドイツ国家）と南北朝鮮国家の国境外の「民族同胞」に対する政策の形成・変遷の過程を、歴史的な視点から分析している。この分析における重要なポイントは、国家と国境外の「同胞」の「民族的」帰属は、決して所与のものではないという前提から出発しているところにある。朝鮮の「在外国民」はみな、戦後に両朝鮮国家が成立する以前、近代的な意味での国籍をもっていなかったし、東欧の「在外ドイツ人」の多くもまたかつて一度もドイツ国籍をもったことのない人々だった。にもかかわらず、戦後の朝鮮とドイツの国家は、その国境外の「同胞」とのあいだにいかに「民族的」な帰属の認識を形成していったのか。これが、この論文の主要なテーマになる。しかも、その「民族的」な帰属の意味も一様ではなかった。ドイツでは、ドイツ連邦共和国（西ドイツ）が東欧から来る「民族同胞」（アウスジードラー）に対し、ドイツ国籍を自動的に付与し、しかも社会政策上の特権までも与えて彼らを受け入れたのに対し、東の民主共和国は国境外の「ドイツ人」に向けて何ら特別な政策を行わなかった。民主共和国にとって彼らは、それぞれの居住国の国民（ポーランド人であったりソ連人であったり）にすぎなかったのである。他方、朝鮮の両国家は、建国当初から日本に居住する朝鮮人を「在外国民」とみなし、それぞれに強い関心をもち続けたのに対し、中国やソ連に居住する朝鮮人に対しては、一九九〇年代に至るまでほとんどその存在を無視してきた。また、冷戦終結後、統一されたドイツは西ドイツ時代以来続けてきたアウスジードラー政策に終止符を打つ方向に進んでいるのに対し、韓国は中国の朝鮮族を「外国籍同胞」として処遇するようになった。

　このように、外的な帰属の政治において、誰が国境外の「同胞」であると同定されるのかは決して自明なことではなく、地政学的状況や国内の政治状況などによって大きく左右される。よって、ドイツと朝鮮の国境外の民族同胞政策を単純に「エスニック・ナショナリズム」の概念によって説明することはできない。「ドイツと朝鮮が国境外の民族同胞を受け入れてきた選択的で可変的な方法を説明するツールとして、エスニック・ナショナリズムの概念はあまりに切れ味が悪すぎるのである」（Ibid.: 69=179）。しかし双方の国境外の民族同胞政策が、国民国家の概念モデルの原理によって促され、意味づけられていた点は共通している。

　外的な帰属の政治は、現在のグローバル化する世界のなかでその形態を変化させている。かつて国民国家モデルが求める「一致」の原理は、国家の領土と（想像された）「ネーション」の領域的範囲の一致を意味することが多かった。それは失地回復主義《イレデンティスト》的な国境変更の主張につながり、しばしば領土紛争へと発展した（例えば両大戦間期の中東欧など）[3]。しかし近年のグローバル化の進展により、国民国家の外的メンバーシップが領域化されない方法で解釈されるようになった。国民国家は国境外の（想定上の）メンバーに対して、その帰属（例えば彼らの国籍、権利、忠誠心、アイデンティティなど）を主張することが可能になっている。例えばメキシコは、二重国籍を認めることにより、アメリカに移民し、帰化した「同胞」との関係を維持できるようになった。このように、移民送り出し国が移民した（旧）国民やその子孫に対する保護や管理を主張したり、彼らと「母国」との連携を強めようとしたりする動きが、現在広く見られるようになっている。ブルーベイカーによれば、このような外的な帰属の政治（しばしば「ディアスポラの政治」と呼ばれる）は「国家を越えた《トランスステート》ものでも、ネーションを越えた《トランスナショナル》ものでもない。それは越境的ナショナリズムの形態として、国民国家モデルの拡張と適応を示すもの」（Brubaker 2015: 144 = 本書第1章：58）とされる。

他方、内的な帰属の政治は、定住化する移民の形式的なメンバーシップ（国籍取得）や、移民出自の住民の実質的なメンバーシップ（収入・教育レベルなどでの包摂や文化的な適応など）をめぐる論争として現われる。前者は「国籍なき定住という変則性」（Ibid.: 139=50）の問題として、特に移民第二・第三世代において顕著となる。この問題に関してドイツでは、旧国籍法の改定をめぐって論争が起こり、一九九九年に出生地主義の要素を導入した新たな国籍法の制定に至った。現在の欧米先進諸国では実質的なメンバーシップをめぐる闘争へと内的な帰属の政治の中心が移行している。

ここで注目されるのが、ブルーベイカーが「同化への回帰」と呼んでいる現象である（Brubaker 2001＝本書第5章）。「同化への回帰」とは一九九〇年代以後欧米先進国（特に西欧諸国）において見られた政策・言論上の変化のことであり、一九七〇年代から八〇年代に強まったマイノリティのエスノ文化的な「差異」を尊重・奨励し、社会の文化的な多様性を賛美する「多文化主義」的な風潮の後退と、それに代わる移民の社会的・文化的な「統合」に対する関心の強まりを意味している。[4] 差異よりも共通性を重んじるようになったこうした移民政策の転換においてもまた、国民国家のモデルが作用している。増大する移民出自の住民と先住国民とのあいだに存在する文化的「差異」のみならず、収入や教育レベルなどでの社会的な「格差」が、国民国家モデルが求める「ネーションと国家の一致」の原理に照らして問題視されたのである。

移民と彼らの子孫の多くが今や居住国の国籍（法的メンバーシップ）をもっている。今や問題になるのは、彼らが「ネーション」の実質的なメンバーとして定住国にしっかりと生活が根づいた住民になるのかどうかなのである。そのような問題は多くの西欧諸国において現在、「同化主義的」な帰属の政治を生み出している。

国家の力

ほとんどの場合において、「ネーションと国家の一致」という国民国家モデルの原理が現実と整合していないにもかかわらず、なぜこの概念モデルが繰り返し呼び出され、しかもそれが作用し続けているのであろうか。この問いはブルーベイカーの著作のなかでは必ずしも明確にテーマ化されてはいない。だが随所でこの問いへの解答が示唆されている。ひと言で言えば、その答えは国家の力にある。国家は国内の住民の生活に介入し、その保護や統制を行い、国境での人や財の出入りを管理している。たしかに資本主義のグローバル化は、経済を規制する国家の力をある程度低下させたかもしれない。しかし禁煙、ペットの飼育、家族関係、中絶など、「これまで私的な行為とみなされてきた領域に対する規制」は強まっている（Brubaker 2004: 119＝本書第2章：74）。また、たしかに国家は国境を完全に密閉することはできないかもしれない。しかし「パスポートやビザから統合的なデータベース、そして生体認証装置に至るまで、国家はますます精巧な身元確認・監視・管理技術を配備してきた」（Ibid.: 119＝73-4）のである。それだけではない。一八世紀以来、国家の統治がより直接的・介入的になるにつれ、それまで他の組織や集団が担ってきた様々な集合財の供給を国家が中心的に引き受けるようになった。現在でも国家は（特に比較的安定し、繁栄した国家は）財、機会、自由を提供することで、国家のメンバーの生活の基盤を維持する役割を担っている。そのため国民は（合法的な長期定住者も含め）、国境外の「非国民」に比べ、様々な「特権」を享受している。

大多数の非国民を日常的に領土内から排除することによって、繁栄し平和な諸国の国民は広範な経済的・政治的・社会的・文化的な財や機会や自由（比較的クリーンな空気や水などの基本財だけでなく、公共の医療基盤、公共の秩序や治安などは言うまでもなく）の大部分を自分たちのために確保しておくことができる。（本書序章：一一）

国民国家モデルが呼び出されるのは、これらの「特権」を享受できる人間の範囲を（すなわち国民国家に帰属する「同胞」が誰なのかを）規定する必要に迫られたときである。この時に国家のメンバーシップをめぐる「帰属の政治」が発生する。

3．認知的視座――集団からカテゴリーへ

カテゴリーへの着目

ブルーベイカーは、エスニシティ、人種、ネーションに対する分析の方法として「認知的視座」を提唱している。認知的視座とは、分析の焦点を集団それ自体ではなく、集団を同定するカテゴリーへと向ける社会学的な方法論のことである。ブルーベイカーはこれまで一貫してこの方法を追求してきた。二〇〇〇年代には、「二〇世紀最後の三〇年間における最も重要な知的発展のひとつ」である「認知的転回（cognitive turn）」以後の認知心理学、認知人類学の知見を取り入れてこの認知的視座を発展させている。[5] だが、カテゴリーそれ自体への関心の基底には、彼が若い頃から注目してきたピエール・ブルデューの関係論的なアプローチ（実体論的アプローチと対比された）からの影響がある。[6] ブルデューにならって、ブルーベイカーはネーションが（またエスニシティや人種が）社会的世界の「視界と区分（vision and division）」であり、「世界のなかの事物

(things *in* the world)」ではなく「世界についての、見方(perspectives *on* the world)」であると繰り返し述べている(7)。例えば、ブルーベイカーは認知的視座について次のように説明している。

「人種とは何か」「エスニック集団とは何か」「ネーションとは何か」を問うのではなく、人々がいかに、いつ、なぜ社会的経験を人種、エスニシティ、あるいはネーションの観点によって解釈するのかを問おうとするのが認知的視座なのである。(中略)社会的世界の視界《ヴィジョン》と区分《ディヴィジョン》という重要原理が、意味のなさそうに見える日常行動のなかで作用する過程を明確化することにより、世界一般のなかでこの原理が作用する過程を理解すること。これに寄与することを認知的視座はめざしている。(Brubaker et al. 2004: 53 = 本書第6章:270)

ブルーベイカーはこの認知的視座の観点から、エスニシティ、人種、ネーションに関するメディアでの報道や政策論議、日常的な会話のみならず多くの学術研究においても広く前提にされている「集団主義(groupism)」を厳しく批判している。ここで集団主義とは、エスニシティ、人種、ネーションという社会的カテゴリーを実在する「集団」ととらえ、そこに「意志」「利益」「アイデンティティ」などの行為者性を読み取る傾向のことである。集団主義を前提にすれば、エスニシティは共通の目標をもった集合的行為者であり、エスニック紛争の主要なアクターであり、社会分析における根本単位とみなされる。

だが、実のところ、エスニシティにしろ、ネーションにしろ、それらは明確に境界づけられた集団として存在しているわけではない。実際に存在しているのはエスニシティ（あるいはネーション）の名を冠した集団や組織であり、エスニシティの名における運動や抗議であり、エスニシティの観点から行われる制度設計や資源配分であり、あるエスニシティを名乗る人々のネットワークであり、エスニシティの概念によって語られ、思考された言論や世界理解の方法なのである。そこでは、境界づけられた集団としてのエスニシティ（ないしネーション）が存在しているわけではなく、エスニシティ（ないしネーション）というカテゴリーを用いて営まれる社会的・政治的実践があるにすぎない。ブルーベイカーの認知的視座は、この実践の経緯・過程を研究の対象とするのである。

ブルーベイカーはまた、「分析のカテゴリー」と「実践のカテゴリー」を区別することの必要性を繰り返し主張している。分析のカテゴリーとは、研究者が分析のために用いるカテゴリーのことであり、実践のカテゴリーは当事者が日常的な実践のなかで用いるカテゴリーのことである。認知的アプローチにおいて対象とされるのは、もちろん実践のカテゴリーの方である。

前節で紹介した国民国家のモデルも、実践のカテゴリーのひとつである。国民国家は分析のための理念型として見た場合、今やあまり有効な概念ツールではなくなっているかもしれない。しかし、実践のための理念型として見た場合、前節でも論じたように、国民国家は政治的・社会的・文化的組織化の規範モデルとして一定の有効性をもち続けているのである。

構築主義と認知的視座

認知的視座は、エスニシティ、人種、ネーションの研究において現在広く受け入れられている「構築主義」のアプローチとどのように違うのだろうか。構築主義はエスニシティ・人種・ネーションが自然で不変な所与ではなく、社会的に構築されたカテゴリーであるととらえる。構築主義的視点から見れば、エスニシティやネーションを実体的な集団として見るのではなく、カテゴリーととらえる認知的視座にはとりたてて新しいものはないようにも思える。

しかしブルーベイカーは、むしろ構築主義があまりに自明になりすぎているところに問題を見いだしている。彼によれば、構築主義は「あまりにも明らかに正しすぎ、あまりにも自明視されすぎているため、さらに議論を進め、新たな洞察を生み出すために必要な摩擦、力、新鮮さをもたらさなくなっている」。そのため「エスニシティやネーションが構築されているということはありふれた文言だが、いかにそれが構築されたのかが明示化されることはほとんどない」(Brubaker et al. 2006: 7, 強調は原文通り)。つまり構築主義はエスニシティやネーションが「社会的に構築されている」という事態を指摘することには余念がないが、それらが構築される過程やメカニズムについて十分な分析を行っていないのである。

そこで問題になるのは、構築主義が明らかにする構築されたエスニシティやネーションの世界と、現実の世界におけるエスニシティやネーション現象とのギャップである。たしかに、学術研究の世界では構築主義がほぼ定説化し、エスニシティやネーションが構築されたものであることは広く知られているが、実際の政治やメディア、日常のコミュニケーションの世界では、依然エスニシティやネーションは「意志」や「利害関心」をもった実体的な集団であるかのように語られることが多い。たしかに構築主義は、分析者の集団主義は「乗り越え」たかもしれないが、当事者の集団主義は「乗り越え」られたわけではない。構築主義は、現在も広く日常的に蔓延している集団主義の根強さを十分に説明しているとは思われない。

さらにブルーベイカーは、構築主義的アプローチを掲げた研究それ自体においても、集団主義が無自覚に前提されていることが少なくないという（Ibid.: 8）。例えば、エスニシティやネーションが「アイデンティティ」をもつ集合的主体とみなされ（「○○族のアイデンティティ」などのように）たり、紛争の利害当事者として人格化される（「○○人と○○人の紛争」などのように）例があげられる。

そのうえ皮肉なことに、構築主義がしばしば依拠する古典的分析枠組それ自体が、集団主義を強化する役割さえ果たす。例えば、フレドリック・バルトはエスニック集団を実体的な文化集団として扱う従来の見方を批判し、集団を区別する境界の創出過程に注目するべきであると主張し、その後のエスニシティ研究に大きな影響を与えた（Barth 1969）。だが、この枠組はエスニック集団に境界があることを前提にしており、その境界がエスニック集団の境界を意味しているかぎり、結果として集団の存在それ自体を自明視する集団主義の前提を強化することになる（Brubaker 2009: 29）。また、ベネディクト・アンダーソンの有名なナショナリズム研究も、ネーションが「想像の共同体」であることを明らかにしているが（Anderson 1991=2007）、それはたとえ「想像された」ものであるとはいえ、境界づけられた単一の「共同体」が前提にされている点において、やはり集団主義の轍に陥っている。要するに、構築主義のアプローチにおいても、構築される（とされる）対象は、内部に同質で外的に境界づけられた「集団」ないし「共同体」なのである。しかし、だからといってブルーベイカーは、構築主義の知見を完全に否定しようとしているわけではない。たしかに構築主義が論じるように、エスニシティやネーションは社会的に構築されたものである。その知見を踏まえつつ、さらにそれを「一歩先に進める」(Brubaker 2002: 175) というのがブルーベイカーのスタンスであり、それを可能にする方法が認知的視座なのである。つまり、エスニシティやネーションがいかに語られ、いかに制度化され、いかに愛着の対象となり（あるいは憎しみの対象となり）、いかに「集団」としての現実性を帯びるようになるのか。その、社会的かつ認知的なメカニズムの解明が認知的視座に求められる課題であり、そこで主たる考察の対象となるのが、エスニシティやネーションを表象するカテゴリーそれ自体であり、そのカテゴリーを産出するカテゴリー化の過程なのである。

カテゴリーと図式《スキーマ》

認知的視座は、まずカテゴリーが世界を理解可能、コミュニケーション可能にする作用に着目することから出発する。ブルーベイカーはこの作用について以下のように述べる。

カテゴリーは私たちにとっての世界を構造化し、秩序づける。私たちは、カテゴリーを用いて、経験の流れを識別可能で解釈可能な物体、属性、事件などへと分節化するのである。

(Brubaker et al. 2004: 38 = 本書第6章：246)

エスニシティやネーションに関するカテゴリーはいかに形成され、いかに作用するのか。ブルーベイカーはその過程について、大きく二つの方向からのアプローチをあげている。

ひとつは「上から」のアプローチである。これは公式のカテゴリー化実践、すなわち主として国家によってカテゴリーが提案され、喧伝され、課され、組織的に固定化され、統治機構のなかに埋め込まれ、統治実践のなかでルーティン化される過程についての解明である。例えば国家は、人口統計を通じてエスニシティを「名づけ、数え、分類し」、その分類に従って資源を配分する。さらにそのような「上から」の公式のカテゴリー化が、一般の人々の自己理解や社会的組織化、政治的主張などにどのような影響を与えているのかも解明される必要がある。

もうひとつは「下から」のアプローチ、すなわちインフォーマルな日常的実践に向けられたものである。それは、エスニシティが他者の行動を予期するための材料として用いられ、ステレオタイプとなり、自分(たち)や他者(たち)の行動を説明し、存在を意味づけるために用いられ、さらには感情的連想の素材や価値判断の根拠として用いられる過程についての解明に向けられる。

このようなカテゴリー化の作用は、「道具主義」や「状況主義」と呼ばれるアプローチが示すように、当事者の社会経済的あるいは政治的利害関心に合致するように人為的に操作され、配置され、動員されるものではない(8)。ブルーベイカーは、「認知的転回」以後の認知心理学や認知人類学の知見にもとづきながら、このようなアプローチが示す人間の認知に対する理解がきわめて狭いものであることを指摘する。認知的視座によれば、「認知のほとんどが意図的でコントロールされたものではなく、意識されず、なかば自動的なものであること」は「明らか」だからである（Ibid.: 51=267）。

そのような認知の過程は「最小の労力で最大の情報を提供する」という「認知のエコノミー」の原理に従う（Ibid.: 38=246）。例えば、私たちは見ず知らずの他者をあるエスニシティへと分類し、その個々の人格の特徴を知ることなしに、その他者が属するエスニシティの特徴によってその他者を「理解」することができる。単純化されたカテゴリーを用いることで、私たちは手元にある情報を越えた推論を、最小限の認知処理で行うことが可能になるのである。その反面、カテゴリー化は、内部の同質性と外部との異質性を強調し、ステレオタイプ的な世界理解につながる傾向を常にもっている。

また、私たちの認知過程には、カテゴリーよりも複雑な「図式《スキーマ》」と呼ばれる認知装置がある。図式とは、定型化された物語《スクリプト》の筋書きである。これもまた「認知のエコノミー」に従い、最小限の情報からより複雑な解釈を生み出す。例えば、「エスニックな競合図式」がある（Ibid.: 44=256）。これはエスニック集団間で職業を奪い合っているととらえる認知の図式である。この図式に従うならば、ある人間が失業したということが、「他のエスニック集団の人間に職を奪われたから」という理解につながる。実際の失業の理由が会社の経営の失敗や経済全体の景気の悪さ、あるいは政府の経済政策の失敗にあったとしても、この図式が作動することで「奴らに職を奪われた」という解釈が生み出されることになる。

このようなカテゴリーや図式がほぼ自動的に、当事者に自覚されることなく作動することにより、エスニシティやネーションが当事者にとって現実的《リアル》なものとして存在することになるのである。

当事者の原初主義

認知的視座がもつもうひとつの特徴は、いわゆる「原初主義」のアプローチを新たな観点からとらえなおしているところにある。原初主義とは、エスニシティ、人種、ナショナリズムの研究において、それらを自然な所与であり、変化しないものととらえる見方である。(9) 原初主義的アプローチは「近代主義」「構築主義」などの立場をとる研究者から「反科学的」であるとして批判を受けてきた。しかしブルーベイカーによれば、現在研究者のなかで素朴に原初主義を採用している者は見当たらない。「実際のところ原初主義的説明において、エスニシティを自然な所与であり変化しないものとして扱う真の原初主義者は、研究者ではなく当事者なのである」(Brubaker et al. 2004 = 本書第6章：265)。そうであるとすると原初主義とは、分析のためのアプローチではなく、現実の場でエスニシティについて語り、エスニシティのために行動している当事者の見方なのであり、研究者が分析の対象とすべきものなのである。

そのような観点から、ブルーベイカーは原初主義を「当事者の原初主義」としてとらえなおし、認知的な視座から新たに概念化してみせようとする。(10) まずブルーベイカーは、原初主義の代表的論者として知られているクリフォード・ギアーツの議論を再評価し、ギアーツが指摘しているエスニシティやネーションへの「原初的愛着」が、実は単なる素朴な「所与」ではなく、「想定された「所与」」すなわち「知覚された「所与」」[11]であったと論じる（Brubaker et al. 2004: 49 = 本書第6章：264-5; Brubaker 2015: 150 = 本書第3章：103-4）。さらにブルーベイカーは、認知心理学や認知人類学の知見を参照しつつ、人がエスニシティ、人種、ネーションを自然な所与としてとらえる認知的傾向について考察を進める。心理学者のダグラス・メディンによれば、私たちには「物事にはあたかもその物事を現にあるようにさせている本質や根本的本性があるかのように振る舞う」傾向があるからである（Brubaker et al. 2004: 50 = 本書第6章での引用）。このような原初主義的認知傾向が、エスニシティ、人種、ネーションにおいてどのようなかたちで現われるのか。ブルーベイカーは、認知人類学者のローレンス・ハーシュフェルドやフランシスコ・ギル = ホワイトの研究成果を紹介し、人間を遺伝する不変の「本質」をもった「自然種（natural kinds）」のメンバーへと分類する、根深い認知的性向について明らかにしようとする。例えばハーシュフェルドは、幼児を対象とした実験で、幼児が社会的世界を「自然種」へと分類する「特定目的の認知装置」を持ち合わせており、それが決して（生物学を学んだ）大人から学習したものではないことを指摘している。この議論を踏まえるならば、エスニシティ、人種、ネーションなどの原初的（なものと知覚される）集団は、社会的世界を「自然種」へと分類するこの認知装置のレンズを通してつくり出され、当事者たちにとっての現実性を帯びるようになるのである。

変数としての「集団性」

しかしながらブルーベイカーは、エスニシティやネーションを人間の心的メカニズムに還元する心理主義的・個人主義的還元論を提唱しているわけではない。たしかに認知の過程それ自体は心理的なものである。だが、ここで問題にされるエスニシティやネーションなどは社会的なカテゴリーであり、「社会的対象についての社会的に共有された知識」（Brubaker et al. 2004: 52 = 本書第6章：269, 強調は原文通り）なのである。すなわちそれらは公共の記憶や言論のなかでコード化され、制度的・組織的ルーティンのなかに埋め込まれ、文化的に共有された認知のテンプレートとして作用している。ただし、それらのカテゴリーがどの程度波及し、どの程度社会的共鳴性が高いのかは、その都度検証していかなければならない。

また、認知的視座は、エスニシティやネーションが実体としての集団であることを否定するが、エスニシティ（あるいはネーション）が強い連帯感を共有し、明確に境界づけられた集団として作用する場合もないわけではない。だが、それはエスニシティの存在様式のひとつにすぎない。エスニシティにおける「集団性（groupness）」の度合いは、想定される集団ごとに異なり、その内部でも状況に応じて変化する。そこでブルーベイカーはエスニシティ（ないしネーション）の「集団性」を変数として扱うことを提唱する。すなわち集団性は所与で固定的なものではなく、可変的で状況依存的なものである。そうとらえることにより、「特に団結性が高い局面や強烈な集合的連帯が感じられている瞬間を、高レベルの集団性を一定で永続的なものと無自覚に取り扱うことなく説明することが可能になる」（Brubaker 2002: 168）。

では、集団性を高める要因は何なのか。ブルーベイカーは、少数の武装集団により開始された暴力の応酬が民族の集団性を相互に高めたケース（コソボにおけるアルバニア人とセルビア人の対立の事例）（Brubaker 1999）、大帝国の解体などの地政学的環境の変化にともなう権力闘争（第一次大戦後や冷戦終結後の中東欧の事例）（Brubaker 1998）、エスニシティやネーションのカテゴリーの既存の文化表象（虐殺の記憶など）との接合のしやすさ（ユーゴスラビア解体期のセルビアの事例として〔Brubaker 1996: 70-1〕）などを具体的な事例研究のなかで指摘している。だが、集団性をめぐる体系的な分析は行われていない。おそらくブルーベイカーは、強力な集団性が発生する一般的な条件について理論化することの意義を積極的には認めていない。なぜならばそれは、不確定な歴史的過程の状況に依存するものだからである。結局それは、実際の現場において観察し、明示化していく以外にはないのである。

そもそも人は、日常の社会生活のなかで常にエスニシティやネーションへの帰属にとらわれて生きているわけではない。エスニシティやネーションは「意味あるものとなるときに「生起する（happen）」」（Brubaker et al. 2004: 35 = 本書第6章：242）にすぎない。それが強力な集団性を帯びる場面は、例外的な「事件（event）」（Brubaker 2002: 168）であり、持続するものではない。エスニシティやネーションが当事者にとって「意味あるもの」になった場合、いかにしてそうなったのかをそれぞれの文脈のなかで考察していかなければならない。

認知的視座はエスニシティ、人種、ネーションの領域に限定されたものではない。それは階級、ジェンダー、宗教など、社会学が扱う社会的カテゴリー全般にも適用できる。ブルーベイカーは現在、認知的視座の射程を宗教やジェンダーのカテゴリーにまで広げている。

例えば「分析のカテゴリーと実践のカテゴリー」と題された短い論文（Brubaker 2014＝本書第7章）では、西欧諸国において、「外国人」や「○○人」などネーションやエスニシティのカテゴリーでとらえられていた移民が、「ムスリム」と読み替えられていく過程について分析している。これは「ムスリム」に対する排外主義が高まっている現在の西欧諸国の状況を考察する際の一助となる論考である。さらに、近著『トランス』では、身体にもとづく人種とジェンダーのカテゴリー化の問題を、ケイトリン・ジェンナー（それまでブルース・ジェンナーとして知られていた男性アスリート）の性転換と、レイチェル・ドレザル（それまで黒人活動家として知られていた）の黒人「詐称」をめぐり、二〇〇六年にアメリカで高まった議論を題材にした考察を行っている（Brubaker 2016）。

このように、認知的視座の射程はジェンダーにまで広がった。しかしブルーベイカーは「基本的な社会的カテゴリーの作用への関心は私の研究を統合する一貫した特徴である」と述べる（本書序章：30）。人々が社会的カテゴリーを用いて、いかに物事を考え、いかに物事を行っているのか。社会的カテゴリーがいかに社会的相互作用を導き、常識的な知識や思考をフレーミングしているのか。社会的カテゴリーはまた、いかに組織のなかに制度化され、記憶や言論のなかに埋め込まれているのか。これらが認知的視座の観点からの分析の対象となる。

4. 限定的なナショナリズム擁護――ネーションの包摂性をめぐって

アメリカのネーション

ブルーベイカーが規範的な問題について論じることは稀である[12]。しかし「ネーションの名において」（Brubaker 2004 = 本書第2章）は例外的に、ナショナリズムをめぐる規範的な問題について正面から論じている。この論文のなかでブルーベイカーは、九・一一以後のアメリカの単独行動主義的外交政策を批判しながら、ナショナリズムを限定付きで擁護するスタンスを打ち出しているのである。

ここでもまたブルーベイカーは、実践のカテゴリーとしてのネーションという視座から出発する。ネーションというカテゴリーは「世界を変え、人々が自分自身を理解する方法を変え、忠誠心を動員し、エネルギーを発火させ、要求を明確化するために用いられる」（Ibid.: 117=67）。それは想定上の「ネーション」のメンバーの自己理解にアピールし、国家に向けて「ネーション」の要求を表明する。そのような「ネーション」の名による政治的実践はいかなる役割を果たすのか、それは規範的に擁護可能なのかが問われることになる。

まずブルーベイカーは、この問いに対する一般的な解答はありえないとする。「ネーション」

は様々なかたちで「想像」され、その作用の仕方は文脈によって異なる。そのため、「リベラル・ナショナリズム」論のようなあまりに包括的にすぎる議論をブルーベイカーは行わない。その代わりにブルーベイカーが試みるのは、文脈限定的な議論である。彼はポスト九・一一のアメリカ合衆国に限定しながら、ナショナリズムの限定付き擁護論を展開するのである。

ブルーベイカーが重視するのは、アメリカのネーションがもつ包摂的な側面である。包摂的に理解されたネーション概念には、差異や格差を乗り越えてメンバー相互の連帯感覚を形成する作用がある。そこでは「ベネディクト・アンダーソンが述べたように、ネーションは「深く水平的な同志愛」として理解される。こうした想像の共同体の仲間との同一化によって、彼らの問題はある程度、私の問題であり、その問題に私も特別な責任をもつ感覚が養われる」のである（Ibid.: 121=78）。

たしかにアメリカでも、一九世紀以来のネイティビスト運動の系譜が示す通り（また、現在の移民排斥運動に見られる通り）、ネーションが排他的に理解される場合も少なくない。

> しかしながら、総じてアメリカというネーションは、既存のメンバーおよび将来のメンバーによって、相対的に開かれていて加わりやすいもの（疑いなく他のほとんどのネーションよりもはるかに加わりやすいもの）として想像されてきた。（中略）このような広く共有されたネーションの想像の仕方は、九・一一の衝撃の後でも存続していると私は考えている。
> （Ibid.: 122=81）

ネーションとは常に「限定されたものとして想像される」共同体であり、その外部は排除されている。しかしアンダーソンによれば、「血でなく言語によって思い描かれる」かぎり、ネーションはまた「いずれは加わることのできる（joinable in time）」ものでもある（Anderson 1991: 145=2007: 239［訳文は変更した］）。アメリカのネーションは、この後者の面において際立っているとブルーベイカーは考えている。それが「「いずれは加わることができる」（実際、比較的短期間に加わることのできる）ものとして想像されているとすれば、たしかにナショナリズムは移民統合のための価値ある資源として役立ちうる」のである（Brubaker 2004: 122 = 本書第2章：81）。

たしかに九・一一以後、独善的な善悪二元論にもとづく過剰な愛国主義と攻撃的単独行動主義が台頭した。それに対するブルーベイカーの立場は、ナショナリズムの否定ではなく、代替となるナショナリズムの提唱である。

ナショナリズムと愛国主義がこのように広く九・一一以後の攻撃的単独行動主義や独善的善悪二元論と結びつけられて理解されているからこそ、「国旗を奪還する」ことがいっそう喫緊の課題となる。つまり、論戦に加わり、「ネーション」の表徴が喚起されている条件に異を唱えることが、より喫緊の課題となるのである。（中略）九・一一以後の政策を批判する者は、広い意味での祖国の安全保障にコミットし、またネーションとしてのアメリカ合衆国の定義の一部である自由（それは反対意見をもつ自由も含む）の護持にコミットする愛国者として、効果的な主張を立てることができるのである。（中略）ネーションの名において進行している現在の政策を批判する者は、その進行中の議論に参加して物語を語り、自分自身の自己理解を表明する必要がある。（Ibid.: 123=82-3）

ここでブルーベイカーが提唱するのは、国民レベルでの連帯や相互責任、市民的コミットメントをネーションの名において涵養するようなナショナリズムである。もちろん「国民よりも広い連帯や共感を涵養すること、つまり道徳的な想像力を地球人すべての人々を包摂するまで拡大することもまた、望ましいことではある」。しかしその点ばかりを強調しすぎると、国民国家がもつ重要性を見失う。「たとえ不完全であれ、国民国家は公共圏と制度的形式を備えた唯一の重要な力の中心であり、それがある程度の有意味で効果的な市民参加を可能にしている」のだから（Ibid.: 124=85）。そこでナショナリズムは、国民レベルでの連帯やコミットメントの感覚を涵養する役割を果たすことができるのである。

「同化」概念の再評価

アメリカのネーションの包摂性に対するブルーベイカーの一定の評価は、「同化への回帰か？」と題された論文（Brubaker 2001 = 本書第5章）における「同化」概念の再評価にも通じている。

これまで「同化」の概念は、文化的な多様性を否定し、同一文化を強制するものとして批判されてきた。しかし、多文化主義の後退にともなって西欧・北米諸国で一九九〇年代以後「回帰」

しているとされる「同化」は、古典的に理解された「同化主義的」な同化の概念とは異なっている。ブルーベイカーはこの同化概念を再検討し、それを分析的にも規範的にも擁護可能なものとして再構成している。

では、多文化主義の後退以後に「回帰」している同化の概念はどのようなものなのか。それは古典的な同化概念とどう異なるのか。

第一にそれは、他動詞的ではなく自動詞的であるとされる。つまり、誰かを同化するのではなく、自らが同化するという意味での同化である。よって自動詞的な同化は、誰かによって強要されるものではない。しかし、直接個人の意志によるものでもない。それは個々人の無数の選択（居住地、進学、職業、友人関係、婚姻など）の後、意図せざる結果として発生する創発的な現象としての同化であるとされるのである。あるいは個人による選択でさえなく、多世代にわたる変化でもある（大人たちが新たな言語を学習しなくても、子どもはそれを習得するなど）。このように自動詞的同化は、個人レベルでの現象ではなく、集合レベルでの現象ととらえることができる。

第二に、同化は、同化したか、しないかという最終的な結果の二者択一ではなく（あるいはその結果における「類似の程度」で判断されるものではなく）、常に進行中の過程であり、「変化の方向」を示すものである。

第三に、同化の過程は全体論的・一次元的なものではなく、どのような領域で、どのような集団に準拠して進行しているのかが問われるような、解析的・多次元的な過程である。例えば、それは所得や教育のレベル、社会的地位のレベル、言語習得、エスニック・エンクレイブの消滅の程度、特殊伝統的な職業の衰退、婚姻率のエスニシティ間の境界線の浸食、アイデンティティの変化など、様々な領域において異なるリズムと経路で進行する過程である。

同化の概念がこのように複合的にとらえられるのであれば、同化という現象を一括りに批判したり、肯定したりすることができなくなる。「同化は常にそれぞれの領域に特定的なものであり、対象となる特定の集団と相関したものである。同化に対する規範的スタンスもまた、対象となる領域や集団いかんで変わってくる」(Brubaker 2001: 542 = 本書第5章:220)。そのため、「同化の可能性と望ましさ」に関しては「不可知論的なスタンス」がとられる。ただし、一定の領域に限定するのであれば、その同化を望ましいものとして擁護することも可能になる。例えばブルーベイカーは、「学校教育における成功や職業の移動、公共生活への完全な参加を可能とするのに十分なレベルの英語の習得」であれば、「明らかに望ましい」としている(Ibid.: 541=218)。総じて同化が社会経済的機会、法的・政治的権利へのアクセスの可能性を高めるのであれば、それはその領域に関して「望ましい」と判断することができるであろう。

この論文が書かれてから一五年後、ブルーベイカーは本書の序章のなかで、その評価について「今の私にはあまりに楽観的すぎたように思われる」と述べている(本書序章:15)。多数のムスリム移民とその子孫の「統合」の問題に直面している現在のヨーロッパ諸国において、彼らに「統合」を強いる「偏狭な(illiberal)リベラリズム」が強まっているからである。同化を強いるような現在の強硬な政策は批判されるべきであろう。しかし、同化そのものの「望ましさ」は、その複合的で多次元的な過程のなかで限定的に判断していかなければならない。

5. おわりに――「ネーション中心的」なアプローチからの問いかけ

本論考では、認知的視座を方法のベースとしながら、グローバル化する世界における帰属の政治やメンバーシップの政治のダイナミズムについて国民国家を中心に置いた視点から分析を試み、規範的にはナショナリズムを限定的に擁護するというブルーベイカーの研究スタンスを紹介してきた。このような彼のアプローチを、「ネーション中心的」と呼ぶことにしよう。彼はあえてこのネーション中心的なアプローチをとることによって、グローバル化し、「越境」化する世界におけるネーションの役割を再考察し、それに一定の再評価を行い、「国民国家の相対化」を課題とするトランスナショナリズム論やポストナショナリズム論が、国民国家やナショナリズムの持続的な重要性を見失うリスクに警鐘を鳴らしている。

例えば近年、アメリカの大統領選挙におけるドナルド・トランプの躍進、イギリス国民投票でのEU離脱決議、イギリスも含めたヨーロッパ諸国での反移民排外主義、ロシアのクリミア併合や中国の東アジア海域での領有権の主張などに見られるように、世界各地で「自国中心主義」的な動向（「アメリカのことが第一《アメリカ・ファースト》」などのような）が高まっている。もちろん、安倍政権下での日本もその動向と無縁ではない。こうした一連の動きは、一九九〇年代に進展したように見えたグローバル化（それにともなう国民国家の乗り越え）からの「後退」とも受け取れる。しかし、国民国家は単にグローバル化に抗して復活してきたわけではない。ブルーベイカーに従うなら、国民国家は決して「後退」することなく同一化、帰属、組織化、政治的権威の主要な場であり続けてきた。国内での社会経済的格差の拡大、テロリズムの発生による治安への不安の増大、また（ヨーロッパでの）EUの規制の強化や組織体制の硬直化など、グローバル化による諸問題が顕在化したことにより、国民国家に（しばしば過剰な）期待が寄せられるようになったことが、現在の動向につながっていると見ることができる。[13] ブルーベイカーのネーション中心的アプローチから見ると、このような最近の動向は、歴史の進歩と後退の対立関係としてではなく、継続性のなかの揺れ動きとして把握することが可能になる。

ブルーベイカーは近代化の歴史的理解について論じた論文「ナショナリズム、エスニシティ、近代」（Brubaker 2015: Chapter 7 = 本書第3章）において、ネーション、国家、シティズンシップ、人民主権からなる組織・理念モデルのセットが政治的主張、社会的組織化、文化的理解のための近代世界共通の基本形式であると述べ、それが「近代のカテゴリー的基盤構造《インフラストラクチャー》」の一部を構成しているとしている（本書序章：26）。このパッケージ化された基本形式のセットは、フランス革命以後、過去二〇〇年のあいだにワールドワイドに波及してきたものである。現在の国民国家は、ネーション、国家、シティズンシップ、人民主権という組織・理念モデルを様々な方法で解釈し、利用することによって成立している。近年急速に進展しているグローバル化は、それらのセットを共通のベースとした近代世界からの根本的断絶をもたらしているわけではない。ブルーベイカーのネーション中心的アプローチは、このような歴史理解を前提にしている。そうであるとすると、問われるべき問題は、グローバル化が進むことによって、ネーション、国家、シティズンシップ、人民主権という組織・理念のモデルの解釈や使用の方法がいかに変化しているのかということになる。

［注］

1　「国際社会学」という研究領域については、宮島・佐藤・小ヶ谷（2015: 1-5）、樽本（2016: 2-5）、西原・樽本（2016: 2-18）などを参照されたい。

2　Kivist and Faist（2007）、田嶋（2010）、樽本（2012）、西原・樽本（2016）など多くの研究がある。

3　両大戦間期中東欧における、失地回復をめざす「祖国ナショナリズム」の高揚については、ブルーベイカーの枠組を用いて論じられたZimmer（2003: 80-106=2009）を参照されたい。

4　このような移民の「市民的」統合政策に向けた欧米先進諸国の全般的変化について、Joppke（2004）、佐藤（2009）を参照されたい。

5　ブルーベイカーによれば、「認知的転回」は「人文科学の様々な分野を変化させ」、「心理学を革新し、言語学での論争を刷新し、人類学に新たな下位分野をつくり、人工知能や認知科学のようなまったく新しい学問分野を生み出した」（Brubaker et al. 2004: 54-5 = 本書第6章：271）。

6　ブルデューはマックス・ヴェーバーとならび、ブルーベイカーの分析枠組、分析手法に大きな影響を与えた社会学者である。ブルーベイカーが最初に発表した論文（Brubaker 1985）はブルデューの紹介論文である。彼はすでにこの論文のなかで、ブルデューの『ディスタンクシオン』におけるカテゴリー化と差異の問題に注目している。また、ブルデューの「関係論的」な視座については、Bourdieu and Wacquant（1992）を参照されたい。この英語によるブルデュー入門は、ブルーベイカーが頻繁に参照する理論的文献のひとつである。

7　ブルーベイカーは、エスニシティ、人種、ネーションを明確に概念的な区別をせず、一括りの領域として扱うことを提唱している。「われわれ」と「彼ら」を区分する社会的カテゴリーとして、この三つには共通の認知作用が働いており、その共通性が相互の相違よりも重要であると考えられるからである。本論文の以下の記述のなかでも、三つの語は互換的に用いられている。

8　エスニシティやネーションに関する「道具主義的」ないし「状況主義的」な見方としてBrass（1991）やBarth（1969）などがある。

9　「原初主義」の代表的論者としてエドワード・シルズとクリフォード・ギアーツなどがいる。「原初主義」に対する典型的な批判としてEller and Coughlan（1993）がある。

10　「当事者の原初主義（participants' primordialism）」はナショナリズム研究者アンソニー・スミスの用いた用語である（Smith 1998: 158）。

11　一九六三年刊行の『古い社会、新しい国家』のなかに収録された「統合革命（The Integrative Revolution）」と題された論文。この論文は、『文化の解釈学』（Geertz 1973=1987）のなかに再録されている。

12　筆者は一九九〇年代に約六年間、UCLAにおいてブルーベイカーの指導を受けたが、筆者が記憶するかぎり、学術的な議論の場で彼は一度も規範的な主張（「善し悪し」を判断するような主張）を直接的に行ったことはなかった。規範的な問題に関する彼の発言は、一般に流布している規範的判断に限定を付けたり、留保を置いたりするようなものに限られていた。彼は規範的な問題に関し、可能なかぎり不可知論的なスタンスをとっているように思われた。

13　グローバル化がもたらす「セキュリティ不安」の増大により、国民国家に過剰な期待が注がれるという点に関しては、佐藤（2014: 300-4）も参照されたい。

【参考文献】

Anderson, Benedict., 1991, *Imagined Communities: Reflections on the Origin and Spread of Nationalism,* Revised ed., London: Verso.〔=2007, 白石隆・白石さや訳『定本　想像の共同体――ナショナリズムの起源と流行』書籍工房早山〕

Barth, Frederik., 1969, "Introduction" in Barth, ed., *Ethnic Groups and Boundaries: The Social Organization of Cultural Difference,* London: Allen & Unwin.〔=1996, 青柳まち子編・監訳『「エスニック」とは何か――エスニシティ基本論文選』新泉社〕

Bourdieu, Pierre and Loïc J. D. Wacquant., 1992, *An Invitation to Reflexive Sociology*, Chicago: Chicago University Press.〔=2007, 水島和則訳『リフレクシヴ・ソシオロジーへの招待――ブルデュー、社会学を語る』藤原書店〕

Brass, Paul., 1991, *Ethnicity and Nationalism*, London: Sage.

Brubaker, Rogers., 1985, "Rethinking Classical Theory: The Sociological Vision of Pierre Bourdieu," *Theory and Society* 14: 745-75.

――., 1992, *Citizenship and Nationhood in France and Germany*, Cambridge, Mass.: Harvard University Press.〔=2005, 佐藤成基・佐々木てる監訳『フランスとドイツの国籍とネーション――国籍形成の比較歴史社会学』明石書店〕

――., 1996, *Nationalism Reframed: Nationhood and the National Question in the New Europe*, Cambridge University Press.

――., 1998, "Migrations of Ethnic Unmixing in the 'New Europe'," *International Migration Review* 32(4): 1047-65.

――., 1999, "A Shameful Debacle," *UCLA Magazine* (Summer): 15-6.

――., 2001, "The Return of Assimilation?: Changing Perspectives on Immigration and its Sequels in France,

Germany, and the United States," *Ethnic and Racial Studies* 24(4): 531-48. Reprinted in *Ethnicity without Groups*: 116-31. ［＝本書第5章］（*Ethnicity without Groups* に再録）

———., 2002, "Ethnicity without Groups," *Archives Européenes de Sociologie* XLIII(2): 163-89. Reprinted in *Ethnicity without Groups*: 7-27.

———., 2004a, *Ethnicity without Groups*, Cambridge, Mass.: Harvard University Press.

———., 2004b, "In the Name of the Nation: Reflections on Nationalism and Patriotism," *Citizenship Studies* 8(2): 115-27. ［＝本書第2章］

———., 2005, "The 'Diaspora' Diaspora," *Ethnic and Racial Studies* 28: 1-19. Reprinted in *Grounds for Difference*: 119-30. ［=2009, 赤尾光春訳「『ディアスポラ』のディアスポラ」臼杵陽監修、赤尾光春・早尾貴紀編集『ディアスポラから世界を読む——離散を架橋するために』明石書店、三七五－四一〇頁］（*Grounds for difference* に再録）

———., 2009, "Ethnicity, Race, and Nationalism," *Annual Review of Sociology* 35: 21-42.

———., 2013, "Categories of Analysis and Categories of Practice: a Note on the Study of Muslims in European Countries of Immigration," *Ethnic and Racial Studies* 36: 1-8. ［＝本書第7章］

———., 2015, *Grounds for Difference*, Cambridge, Mass.: Harvard University Press.

———., 2016, *Trans: Gender And Race in an Age of Unsettled Identities*, Princeton: Princeton University Press.

Brubaker, Rogers (ed.), 1989, *Immigration and the Politics of Citizenship in Europe and North America*, Lanham, Md.: The German Marshall Fund of the United States and University Press of America.

Brubaker, Rogers, Mara Loveman and Peter Stamatov., 2004, "Ethnicity as Cognition," *Theory and Society* 33: 31-64. Reprinted in *Ethnicity without Group*: 64-87. ［本書第6章］

Brubaker, Rogers, Feischmidt, Margit, Fox, Jon and Grancea, Liana., 2006, *Nationalist Politics and Everyday Ethnicity in a Transylvanian Town*, Princeton: Princeton University Press.

Brubaker, Rogers and Jaeeun Kim., 2011, "Transborder Membership Politics in Germany and Korea," *Archives européennes de sociologie/European Journal of Sociology* 52(1): 21-75.［＝本書第５章］

Eller, Jack and Reed Coughlan., 1993, "The Poverty of Primordialism: The Demystification of Ethnic Attachments," *Ethnic and Racial Studies* 16(2): 183-202.

Geertz, Clifford., 1973, *The Interpretation of Cultures*, New York: Basic Books, Inc.［=1987, 吉田禎吾ほか訳『文化の解釈学（全２巻）』岩波書店］

Joppke, Christian., 2004, "The Retreat of Multiculturalism in the Liberal State: Theory and Policy," *The British Journal of Sociology* 55(2): 237-57.

Kivisto, Peter and Thomas Faist., 2007, *Citizenship: Discourse, Theory, and Transnational Prospects*, Malden: Blackwell.

宮島喬・佐藤成基・小ヶ谷千穂編 2015『国際社会学』有斐閣

西原和久・樽本英樹編 2016『現代人の国際社会学・入門――トランスナショナリズムという視点』有斐閣

佐藤成基 2009「国民国家と移民の統合――欧米先進諸国における新たな「ネーション・ビルディング」の模索」『社会学評論』第六〇巻、三号、三四八－三六三頁

――. 2014『国家の社会学』青弓社

Smith, Anthony., 1998, *Nationalism and Modernism: A Critical Survey of Recent Theories of Nations and Nationalism*, London: Routledge.

田嶋淳子 2010『国際移住の社会学――東アジアのグローバル化を考える』明石書店

樽本英樹 2012『国際移民と市民権ガバナンス――日英比較の国際社会学』ミネルヴァ書房

――. 2016『よくわかる国際社会学』（第二版）ミネルヴァ書房

Zimmer, Olive., 2003, *Nationalism in Europe* 1890-1940.［=2009, 福井憲彦訳『ナショナリズム――1890-1940』岩波書店］

後記

本書は、アメリカの社会学者ロジャース・ブルーベイカーが二〇〇一年以降に発表した論文を七本選んで邦訳し、一冊の本にまとめたものである。

ブルーベイカーはシティズンシップ、移民、ナショナリズム、エスニシティをめぐる問題について多くの業績があり、この分野ではすでに世界的に著名な研究者の一人である。例えば、一九九二年に刊行された『フランスとドイツの国籍とネーション』（邦訳は二〇〇五年、明石書店）はシティズンシップ研究に新機軸を開いた研究として世界的に広く知られている。本書では、この分野における最近の彼の分析方法やアプローチが明瞭に示されているものを選んだ。一九九〇年代半ば以降の彼の主な研究のフィールドは東欧だが、この地域についての論文は本書からは省いてある。収録した論文は移民とシティズンシップ、国民国家や「帰属の政治」に関する概論的なもの、あるいは日本の読者に馴染みのある西欧・北米の事例を扱ったものを中心にしている。また、それに加えてドイツと朝鮮の比較分析を試みた論文も収めている。

ブルーベイカーは二〇〇〇年代に入ってから論文集をすでに二冊刊行している。一冊は二〇〇四年の『集団なきエスニシティ（*Ethnicity without Groups*）』であり、もう一冊は二〇一五年の『差異の根拠（*Grounds for Difference*）』である。本書に収録した論文の一部はこの二冊にも収録されている。にもかかわらず、ここにあえて新しい論文集を編集し、日本語で刊行することにしたのは、この二冊が刊行時点での既出の論文を中心に集めたものであり、どちらも彼の広範な研究関心を反映し、扱われているテーマが広く、それだけを読むとやや散漫な印象を与えかねないと思われたからである。例えば『集団なきエスニシティ』には、東欧・ソ連圏のナショナリズムに関する論文が数本収録されており、『差異の根拠』には宗教や格差に関する論文も含まれている。それに対し本書はテーマを絞った構成にした。

これまでブルーベイカーの研究業績は、『フランスとドイツの国籍とネーション』以外、論文「「ディアスポラ」のディアスポラ」（二〇〇九年、明石書店）しか邦訳されていない。そのため日本においては、引用される機会こそ少なくないものの、彼の研究の全体像は研究者のあいだでさえあまり広く知られているとは言いがたかった。しかし「認知的視座」と呼ばれる最近の彼の分析方法や、国民国家やネーションを中心にした観点から越境化し、グローバル化する世界を考察するアプローチは、移民、シティズンシップ、ナショナリズム、エスニシティといったテーマ群をめぐる「国際社会学」的研究のなかでユニークな位置を占めるものである。また彼の著作や論文は、常にその分析枠組が理論的に明晰化されている点でも際立っている。

本書は、そのようなブルーベイカーの研究の方法論、アプローチ、分析枠組を、できる限りわかりやすくかつ正確に伝えられるように配慮して編集したつもりである。この分野の研究者のみならず、この分野を勉強している大学生・大学院生にも広く手に取って読んでもらいたい。

また、本書を刊行するにあたり、著者ブルーベイカーに序章の執筆を依頼した。そこで、これまでの彼自身の研究の軌跡についてふれながら、本書に収録した諸論文をそのなかに位置づけることや、『フランスとドイツの国籍とネーション』以来、彼の関心やアプローチがどのように変化し、またどのように継続しているのかについて論述してもらうように求めた。

*

本書は、本書のために書き下ろされた序章の後、七つの論文を三部に分けて並べている。第1部は、グローバル化する世界における国民国家の位置づけについて概説的に論じた論文を集めた。第1章「移民、メンバーシップ、国民国家」では、国民国家と「帰属の政治」をめぐる基本的な分析枠組が論じられている。第2章「ネーションの名において」では、ナショナリズムが規範的に擁護できるか否かが論じられている。この論文は、ブルーベイカーが規範的問題について中心的に論じた、おそらく唯一のものだと思われる。第3章「ナショナリズム、エスニシティ、近代」は、近代とナショナリズムとの関係について、マクロな歴史的視点から考察したものである。

第2部は、在外同胞政策や移民政策における「帰属の政治」の具体的事例を考察した論文を集めた。第4章「ドイツと朝鮮における越境的なメンバーシップの政治」（ジェウン・キムとの共著）は、戦後のドイツと朝鮮の在外同胞政策の比較を試みたものであり、本書に収録した論文のなかでは最も長大で、かつ実質的な比較事例分析が行われているものである。第5章「同化への回帰か？」では、フランス、ドイツ、アメリカにおける移民をめぐる政策・言論における多文化主義の後退と「同化」への回帰が論じられている。これは一九九〇年代以後の欧米先進諸国における移民政策の全般的変化を最も早く指摘した論文として広く知られ、引用される回数も多い論文である。

第3部は、ブルーベイカーの分析方法を通底する「認知的視座」に関する論文を2つ集めた。第6章「認知としてのエスニシティ」（マラ・ラブマン、ピーター・スタマトフとの共著）は、認知人類学や認知心理学についての考察も行っていて、彼の論文のなかでは最も深く認知的視座について論じた論文である。それに対し第7章「分析のカテゴリーと実践のカテゴリー」は、認知的視座をヨーロッパの移民諸国における「ムスリム」のカテゴリーに適用した短い論文である。

だが、本書は章の順を追って読まれることを想定しているわけではない。どの章から読んだとしても、各論文の理解のしやすさにはほとんど影響しない。よって、読者の関心のあるところから自由に読み進めていただきたい。例えば、ブルーベイカーの国民国家概念について知りたい読者であれば、第1章から始めることを勧めたい。ドイツと朝鮮の在外同胞政策の具体的経緯に関心のある読者は第4章から読むのが適当であろう。あるいは、ブルーベイカーの研究それ自体に関心がある読者は、まずは序章を読むべきであろう。また、「認知的視座」というブルーベイカー独自の分析方法について関心をもつ読者には、第6章を読むことが勧められる。ブルーベイカーの規範的なスタンスについて知りたい読者は、まず第2章を読むのがよい。しかし各章はそれぞれ関連しており、ある章で言及されている論点が、他の章で詳しく展開されていたりする。全体を通して、ブルーベイカーのアプローチや分析枠組が一通り概観できるよう、本書は構成されている。

なお、本書に収録した論文の初出等は以下の通りである。

序　章　集団からカテゴリーへ
——エスニシティ、ナショナリズム、移民、シティズンシップに関する三十余年間の研究をふり返って
"Introduction"（本書のための書き下ろし）

第1章　移民、メンバーシップ、国民国家
"Migration, Membership, and the Nation-State," in Rogers Brubaker, *Grounds for Difference* (Harvard University Press 2015): 131-44.
（"Migration, Membership, and the Modern Nation-State: Internal and External Dimensions of the Politics of Belonging," *Journal of Interdisciplinary History* 41 (2010): 61-78 に加筆修正を行ったものである。）

第2章　ネーションの名において——ナショナリズムと愛国主義の考察
"In the Name of the Nation: Reflections on Nationalism and Patriotism," *Citizenship Studies* 8(2) (2004): 115-27.

第3章　ナショナリズム、エスニシティ、近代

"Nationalism, Ethnicity, and Modernity," in Rogers Brubaker, *Grounds for Difference* (Harvard University Press 2015): 145-54.

（イタリア語で出版された論文 "Naionalismo, etnicitá et modernitá" in Consuelo Corradi and Donatella Pacelli, ed., *Dalla modernitá alle modernitá multiple*, Soveria Mannelli: Rubbettino, 2011: 83-93 を英訳したもの）

第4章　ドイツと朝鮮における越境的メンバーシップの政治
——国境外の民族同胞問題の再編成

"Transborder Membership Politics in Germany and Korea," *European Journal of Sociology* 52(1) (2011): 21-75 (co-authored with Jaeeun Kim)

第5章　同化への回帰か？
——フランス、ドイツ、アメリカにおける移民をめぐる視座の変化とその帰結

"The Return of Assimilation?: Changing Perspectives on Immigration and its Sequels in France, Germany, and the United States," *Ethnic and Racial Studies* 24(4) (2001): 531-48.

（Rogers Brubaker, *Ethnicity without Groups*, Cambridge, Mass. and London: Harvard University Press, 2004:

116-31 に再録）

第6章　認知としてのエスニシティ

"Ethnicity as Cognition," *Theory and Society* 33(2004): 31-64 (co-authored with Mara Loveman and Peter Stamatov).

（Rogers Brubaker, *Ethnicity without Groups*, Cambridge, Mass. and London: Harvard University Press, 2004: 64-87 に再録）

第7章　分析のカテゴリーと実践のカテゴリー
――ヨーロッパの移民諸国におけるムスリムの研究に関する一考察

"Categories of Analysis and Categories of Practice: A Note on the Studies of Muslims in European Countries of Immigration," *Ethnic and Racial Studies* 36(1) (2013): 1-8.

第4章「ドイツと朝鮮における越境的メンバーシップの政治」と第6章「認知としてのエスニシティ」の共著者について簡単に紹介しておこう。「ドイツと朝鮮における越境的メンバーシップの政治」の共著者ジェウン・キム（キム・ジェウン）は韓国出身の社会学者で、現在はミシガン大学の助教授をつとめている。ＵＣＬＡ（カリフォルニア大学ロサンゼルス校）でブルーベイカーの指導を受け、朝鮮における越境的メンバーシップの政治に関する論文で博士号を得ている。本書に収録した論文における朝鮮のパートは、彼女の博士論文の研究に基づいたものである。その博士論文をもとにした単著 *Contested Embrace: Transborder Membership Politics in Twentieth-Century Korea* もスタンフォード大学出版から二〇一六年に刊行されている。

「認知としてのエスニシティ」の二人の共著者もまた、ブルーベイカーの指導を受けた社会学者である。マラ・ラブマンは現在カリフォルニア大学バークレイ校の教授であり、ブルデューの「象徴権力」概念を用いながらラテンアメリカ諸国における人種分類の形成を論じた著書 *National Colors: Racial Classification and the State in Latin America* がオックスフォード大学出版から二〇一四年に出版されている。ピーター・スタマトフは現在イェール大学准教授で、グローバルな人道主義活動の起源について論じた *The Origins of Global Humanitarianism: Religion, Empires, and Advocacy* がケンブリッジ大学出版から二〇一三年に刊行されている。

＊

本書の編集と翻訳の作業は、法政大学の「グローバル化と移民問題研究所」の活動の一部として行われた。当研究所の所長（二〇一六年現在）をつとめる佐藤成基を中心に、研究員の髙橋誠一、岩城邦義、吉田公記が協同でこの作業に当たった。

訳業は序章を佐藤、第1章と第2章を吉田、第3章を岩城、第4章を佐藤、第5章を髙橋、第6章を佐藤、第7章を髙橋が分担してまず下訳を作成し、その後全員で訳文の検討を行った。最終的な訳文のチェックは佐藤が担当した。

原文では序章にタイトルが、序章、第2章、第7章には原文中に節や小見出しが付けられていなかったが、読者の便をはかりそれらを適宜挿入した。また、他の章でも原文冒頭の部分には節名が付けられていなかったが、そこでもそれを挿入した。

本書の最後に置かれた「編訳者解説」は、編訳者を代表して佐藤が執筆した。本書に収めた論文を中心にブルーベイカーのアプローチについて整理し、読者にとっての本書の理解の一助となることを意図して書かれたものである。だが、「理解の一助」と言うにはいささか長大なものになってしまった。本来、翻訳書は訳文がすべてである。よって、このような「解説」を煩わしいと感じる読者もいらっしゃるかもしれないが、そのような場合、この「解説」はスキップしていただいても構わない。

*

最後になったが、出版事情の厳しい折、本書の刊行を快く引き受けていただいた明石書店のみなさま、丁寧な編集作業を行っていただいた遠藤隆郎さんに謝意をあらわしたい。

二〇一六年八月一八日

編訳者

注記：この翻訳作業のための研究の一部は、科研費基盤研究（C）「「移民国」ドイツの排外主義」（研究代表者：佐藤成基［研究課題番号：15K03874］）の助成を受けた。

ナ行

ハ行

マ行

ヤ行

ラ行

◆人名索引

ア行

カ行

サ行

タ行

ヤ行

ラ行

ハ行

マ行

ナ行

タ行

サ行

カ行

索　引

◆事項索引

ア行

[編訳者紹介]

佐藤成基（さとう・しげき）
法政大学社会学部教授
専門分野：国家とナショナリズムの比較歴史社会学、社会学理論
主著：『国家の社会学』（青弓社、2014年）、『国際社会学』（共編著、有斐閣、2015年）ほか

髙橋誠一（たかはし・せいいち）
法政大学大学院社会学研究科社会学専攻博士後期課程、法政大学社会学部兼任講師
専門分野：国際社会学、クルド研究
主著：「クルド問題をめぐる公共圏とその変容 ── 在外クルド人の展開とトルコ国内の変化に着目して」宮島喬・吉村真子編『移民・マイノリティと変容する世界』〈現代社会研究叢書7〉（法政大学出版局、2012年）、「〈他者〉の統治とシティズンシップ ── 包摂／排除のメカニズムとそのグレーゾーンをめぐって」『社会志林』第57巻4号（2011年）

岩城邦義（いわき・くによし）
法政大学大学院社会学研究科社会学専攻博士後期課程、法政大学社会学部兼任講師
専門分野：宗教社会学、アメリカ研究

吉田公記（よしだ・こうき）
法政大学大学院社会学研究科社会学専攻博士後期課程、法政大学社会学部兼任講師
専門分野：国際社会学、イギリス研究

[著者紹介]

ロジャース・ブルーベイカー (Rogers Brubaker)

1956年生まれ。ハーバード大学、サセックス大学を経て、1990年コロンビア大学で博士号（社会学）を取得。現在カリフォルニア大学ロサンゼルス校教授。専門は社会理論、移民、シティズンシップ、ナショナリズム、エスニシティ。

主な著書に *Citizenship and Nationhood in France and Germany* (Harvard University Press, 1992)（＝佐藤成基・佐々木てる監訳『フランスとドイツの国籍とネーション ―― 国籍形成の比較歴史社会学』明石書店、2005年）、*Nationalism Reframed* (Cambridge University Press, 1996), *Nationalist Politics and Everyday Ethnicity in a Transylvanian Town* (co-authored with Margit Feischmidt, Jon Fox, and Liana Grancea, Princeton University Press, 2006), *Trans: Gender, Race, and Micropolitics of Identity* (Princeton University Press, 2015) などがある。

グローバル化する世界と「帰属の政治」
――移民・シティズンシップ・国民国家

2016年10月27日　初版第1刷発行
2021年 6月30日　初版第3刷発行

著　者　ロジャース・ブルーベイカー
編訳者　佐藤　成基
　　　　髙橋　誠一
　　　　岩城　邦義
　　　　吉田　公記
発行者　大江　道雅
発行所　株式会社　明石書店

〒101-0021 東京都千代田区外神田 6-9-5
電話 03（5818）1171
FAX 03（5818）1174
振替　00100-7-24505
https://www.akashi.co.jp/

装幀　明石書店デザイン室
印刷　株式会社文化カラー印刷
製本　本間製本株式会社

（定価はカバーに表示してあります）　ISBN978-4-7503-4417-1

フランスとドイツの国籍とネーション

国籍形成の比較歴史社会学

ロジャース・ブルーベイカー［著］
佐藤成基、佐々木てる［監訳］

◎四六判／上製／464頁　◎4,500円

国籍において、領土的共同体として拡張的に定義されるフランスと、血統共同体として制限的に定義されるドイツ。この対照的な二国の国籍制度の由来と発展をたどり、徹底的に比較分析する。アメリカの比較歴史社会学における新たな方法論を開拓した労作。

【内容構成】

〈価格は本体価格です〉

現代アメリカ移民第二世代の研究 移民排斥と同化主義に代わる「第三の道」
世界人権問題叢書86　アレハンドロ・ポルテスほか著　村井忠政訳者代表　◎8000円

地域から国民国家を問い直す
スコットランド、カタルーニャ、ウイグル、琉球・沖縄などを事例として
奥野良知編著　◎2600円

政治主体としての移民／難民
人の移動が織り成す社会とシティズンシップ
錦田愛子編　◎4200円

現代ヨーロッパと移民問題の原点
1970、80年代、開かれたシティズンシップの生成と試練
宮島喬著　◎3200円

グローバル資本主義と〈放逐〉の論理
不可視化されゆく人々と空間
サスキア・サッセン著　伊藤茂訳　◎3800円

領土・権威・諸権利 グローバリゼーション・スタディーズの現在
サスキア・サッセン著　伊豫谷登士翁監修　伊藤茂訳　◎5800円

移民社会学研究 実態分析と政策提言1987-2016
駒井洋著　◎9200円

変容する移民コミュニティ 時間・空間・階層
移民・ディアスポラ研究9
駒井洋監修　小林真生編著　◎2800円

人口問題と移民 日本の人口・階層構造はどう変わるのか
移民・ディアスポラ研究8
駒井洋監修　是川夕編著　◎2800円

産業構造の変化と外国人労働者 労働現場の実態と歴史的視点
移民・ディアスポラ研究7
駒井洋監修　津崎克彦編著　◎2800円

難民問題と人権理念の危機 国民国家体制の矛盾
移民・ディアスポラ研究6
駒井洋監修　人見泰弘編著　◎2800円

マルチ・エスニック・ジャパニーズ ○○系日本人の変革力
移民・ディアスポラ研究5
駒井洋監修　佐々木てる編著　◎2800円

「グローバル人材」をめぐる政策と現実
移民・ディアスポラ研究4
駒井洋監修　五十嵐泰正、明石純一編著　◎2800円

レイシズムと外国人嫌悪
移民・ディアスポラ研究3
駒井洋監修　小林真生編著　◎2800円

東日本大震災と外国人移住者たち
移民・ディアスポラ研究2
駒井洋監修　鈴木江理子編著　◎2800円

移住労働と世界的経済危機
移民・ディアスポラ研究1
駒井洋監修　明石純一編著　◎2800円

〈価格は本体価格です〉